GAOSU GONGLU BIANPO JIANSHE GUANLI YU SHIJIAN

高速公路边坡建设管理与实践

王洪涛　等　编著

人民交通出版社股份有限公司
China Communications Press Co.,Ltd.

内 容 提 要

本书基于边坡工程基本理论与滑坡灾害整治实例，结合作者多年从事高速公路边坡建设管理与实践经验，对高速公路边坡勘察设计、施工技术、安全监控和工后评估验收方法等进行全面系统的总结，基本形成一套较完整的边坡工程建造技术和管理方法，致力于为高速公路边坡建设管理工作提供成套的解决方案。

本书可供从事公路边坡工程勘察、设计、施工和管理的技术人员等使用，亦可供有关边坡工程研究与教学人员参考。

图书在版编目(CIP)数据

高速公路边坡建设管理与实践/王洪涛等编著. —北京：人民交通出版社股份有限公司，2014.8

ISBN 978-7-114-11596-7

Ⅰ.①高… Ⅱ.①王… Ⅲ.①高速公路—边坡—道路工程 Ⅳ.U418.5

中国版本图书馆 CIP 数据核字(2014)第 177029 号

书　　名：高速公路边坡建设管理与实践
著 作 者：王洪涛　等
责任编辑：王文华(wwh@ccpress.com.cn)
出版发行：人民交通出版社股份有限公司
地　　址：(100011)北京市朝阳区安定门外外馆斜街 3 号
网　　址：http://www.ccpress.com.cn
销售电话：(010)59757973
总 经 销：人民交通出版社股份有限公司发行部
经　　销：各地新华书店
印　　刷：北京市密东印刷有限公司
开　　本：787×1092　1/16
印　　张：12.25
字　　数：280 千
版　　次：2014 年 8 月　第 1 版
印　　次：2014 年 8 月　第 1 次印刷
书　　号：ISBN 978-7-114-11596-7
定　　价：75.00 元

序

近年来，由于国民经济的快速发展和路网完善的需求，山区的高速公路建设越来越多。山区一般地形条件复杂，地质环境脆弱，地质灾害多发，高速公路建设由于其路幅宽度大、线形指标高，边坡工程问题日益突出，经常对地质环境造成严重破坏，甚至还会诱发和加剧崩塌、滑坡等各种地质灾害，增加工程投资，影响建设工期，并给运营阶段带来严重的安全隐患。

浙江省交通投资集团有限公司在编写完成《高速公路边坡养护管理与实践》一书的基础上，进一步研究总结高速公路建设管理经验和边坡工程实践成果，组织中铁西北科学研究院有限公司等专业单位相继编写其姊妹篇——《高速公路边坡建设管理与实践》，补充丰富了高速公路边坡工程技术应用与管理体系。

本书总结提炼了高速公路边坡工程的基本建设程序和管理技术方法，明确了我国当前高速公路边坡工程建设管理工作的特点和任务，特别是其中的一些边坡建设管理经验和实践成果值得推广和借鉴。

本书针对高速公路边坡建设管理程序和当前存在的主要问题，明确提出了边坡建设管理的任务和目标，并且简要概括了公路边坡工程各阶段勘察设计特点和方法，以及滑坡病害整治工程勘察设计要点；同时，系统总结了边坡工程施工技术管理内容和要求，并详细介绍了边坡施工安全监控和边坡工后评估与竣工验收方法；基本形成了一套较完整的公路边坡工程建设管理技术指导和实用方法，对边坡工程研究与实践具有重要的理论意义和实用价值。

值此出版发行之际，感谢本书作者为边坡工程研究与实践所做出的努力和奉献，相信他们的辛勤劳动将为我国公路边坡工程建设和滑坡减灾防灾工作发挥积极的推动作用和参考价值。

王恭先

2014年6月

前　言

浙江省位于我国东部沿海，山地丘陵广为分布，俗有“七山一水二分田”之称。浙江省交通投资集团有限公司是以高等级公路投资为主体的一家省级交通类国有资产营运机构，在全省高速公路网络建设中发挥主导作用。下辖沪杭甬高速公路、甬台温高速公路、杭徽高速公路、杭新景高速公路、台金高速公路、龙丽丽龙高速公路、黄衢南高速公路、申嘉湖高速公路、杭千高速公路、杭金衢高速公路、金丽温高速公路等路段，旗下高速公路通车里程从组建时的507km发展到2 380km，占全省高速公路通车总里程约70%，并且包括浙江省境内的绝大部分山区高速公路。

一方面，山区地形条件困难，经常呈现山脉相连、高低起伏、坡大沟深，以及山崖陡峭等特点。伴随着大小水系分布着大小河流及山间谷地，山区河流河床纵坡大、流量小、流速快，形成山区地形山高谷深、垂直切割明显的特点。山区道路工程路线布设在平、纵、横三个方面均不同程度地受到限制，迫使其路线平、纵断面转折频繁。

另一方面，山区地质条件复杂，一般地表坡度较大，覆盖层薄，植被稀少，坡残积层及全强风化的土石易于冲刷流失，或者岩石裸露，岩体破碎，产状多变，褶曲断裂发育等，呈现脆弱的地质环境背景。裂隙水和地下水的长期作用对地质稳定有很大的影响，加之气候变化，地表经常存在着一些不良地质情况，如岩堆、错落、崩塌、滑坡、泥石流、岩溶等。山区道路路基的稳定性多取决于其所处地段工程地质条件的稳定性，即受控于其地层岩性、岩层产状、地质构造、不利结构面或软弱夹层，以及地下水的作用和影响。

此外，山区气候条件多变，一般温度较低，昼夜温差较大，温度垂直性差异非常明显。夏季多暴雨，往往伴随着山洪暴发。由于其地形、地貌特征及雨水的作用显著，沿河路基易受冲刷。

基于山区复杂的地形条件、脆弱的地质背景和多变的气候气象因素影响，山区高速公路边坡工程建设不可避免且问题日益突出，严重影响边坡工程建设质量与水平，甚至直接危害高速公路边坡稳定和交通安全。

为了解决当前高速公路边坡工程建设管理过程中存在的诸多问题和不足，进一步规范边坡建设管理工作，使其管理理念系统化、管理行为标准化和管理手段信息化，浙江省交通投资集团有限公司组织中铁西北科学研究院有限公司等专业单位共同编写了本书。全书共分为十章，分别对高速公路边坡工程勘察设计管理、施工技术管理、施工安全监测、锚固工程试验与质量检测、边坡工后评估与竣工验收等内容进行了系统的介绍，较为全面地总结了当前高速公路边坡建设的管理工作经验和实用技术方法。为方便读者，本书还收录了有关边坡工程施工质量检验表和典型边坡病害整治工程案例等内容，为高速公路边坡建设管理与生产实践提供指导或参考。

本书由王洪涛担任主编，王伟力、谢洪波、廖小平、杨献文等担任副主编，参加编写人员还有郑文斌、李成明、邓学斌、王建松、高和斌、刘庆元、魏土荣、刘代文、王浩、吴志刚、林灿阳、赵杰、姜汶泉等。

本书编写过程中，参考和引用了部分著作及文献资料，在此表示谢意。限于编者水平有限，本书疏漏之处在所难免，恳请使用本书的单位或个人多提宝贵意见。

编者

2014 年 5 月

目　录

第一章　绪论 …… 1
第一节　边坡工程基础 …… 1
一、边坡定义与分类 …… 1
二、边坡变形与防护 …… 3
第二节　边坡工程实践 …… 9
一、高速公路与边坡工程 …… 9
二、边坡工程建设现状与发展 …… 11
第二章　边坡工程勘察设计管理 …… 14
第一节　边坡工程勘察设计概况 …… 14
一、边坡工程勘察设计特点 …… 14
二、边坡工程勘察任务及设计内容 …… 15
三、主要问题和发展趋势 …… 16
第二节　边坡工程勘察要求 …… 19
一、有关规范规定 …… 19
二、勘察技术要求 …… 20
三、勘察工作管理 …… 25
第三节　边坡工程设计要求 …… 28
一、有关规范规定 …… 28
二、边坡稳定性分析 …… 30
三、边坡设计方法 …… 38
四、边坡动态设计 …… 40
第四节　滑坡病害勘察设计 …… 43
一、滑坡病害概述 …… 43
二、滑坡工程地质勘察 …… 46
三、滑坡防治工程设计 …… 49
第五节　拓宽改建边坡设计 …… 50
一、拓宽边坡设计原则 …… 50
二、边坡拓宽设计方法 …… 51
第三章　边坡施工技术基础 …… 53
第一节　边坡施工组织设计 …… 53

一、施工准备和基本要求 …… 53
二、施工组织设计内容 …… 54
第二节 土石方工程施工 …… 56
一、土石方工程特点 …… 56
二、土方工程开挖施工 …… 56
三、石方工程爆破施工 …… 58
第三节 截排水工程施工 …… 61
一、截排水工程特点 …… 61
二、截水沟施工 …… 62
三、急流槽施工 …… 63
四、边沟施工 …… 64
五、渗沟、盲沟施工 …… 65
六、仰斜式排水孔施工 …… 67
七、泄水隧洞施工 …… 69
第四章 边坡防护工程施工技术 …… 71
第一节 砌石防护工程施工 …… 71
一、砌石防护工程特点 …… 71
二、骨架护坡施工 …… 71
三、护面墙施工 …… 73
第二节 生态防护工程施工 …… 75
一、生态防护工程特点 …… 75
二、液压喷草植灌施工 …… 76
三、客土喷草灌施工 …… 78
四、三维网(或 CF 网)喷草灌施工 …… 81
五、厚层基材(TBS)喷草灌施工 …… 85
六、CS 混合纤维喷草灌施工 …… 88
第三节 喷锚防护工程施工 …… 92
一、喷锚防护工程特点 …… 92
二、素喷防护施工 …… 93
三、挂网喷混凝土施工 …… 94
四、喷锚联合施工 …… 96
第四节 柔性防护工程施工 …… 98
一、柔性防护工程特点 …… 98
二、主动防护网施工 …… 98
三、被动防护网施工 …… 100
第五章 支挡加固工程施工技术 …… 104
第一节 挡土墙工程施工 …… 104
一、挡土墙工程特点 …… 104

二、浆砌片石挡土墙施工 …… 105
三、片石混凝土挡土墙施工 …… 107
第二节　抗滑桩工程施工 …… 111
一、抗滑桩工程特点 …… 111
二、普通抗滑桩施工 …… 112
三、锚索抗滑桩施工 …… 116
四、微型抗滑桩施工 …… 117
第三节　锚固工程施工 …… 119
一、锚固工程特点 …… 119
二、非预应力锚杆施工 …… 120
三、预应力锚杆施工 …… 121
四、预应力锚索施工 …… 124
五、框架地梁混凝土施工 …… 127
第六章　拓宽边坡工程施工技术 …… 130
第一节　拓宽边坡工程施工 …… 130
一、拓宽边坡特点 …… 130
二、拓宽边坡施工 …… 130
三、控制爆破方案 …… 132
第二节　拓宽边坡工程实例 …… 138
一、工程概况 …… 138
二、防护加固工程措施 …… 138
三、扩建边坡施工效果 …… 138
第七章　锚固工程试验与质量检测 …… 139
第一节　试验检测概述 …… 139
一、试验检测目的 …… 139
二、主要试验项目 …… 139
三、质量检测方法 …… 139
四、组织实施方式 …… 140
第二节　锚固工程现场试验 …… 140
一、锚杆(索)基本试验 …… 141
二、锚杆(索)验收试验 …… 144
第三节　锚固工程质量检测 …… 146
一、锚杆(索)长度检测 …… 146
二、预应力施加质量检测 …… 146
第八章　边坡工程施工监测 …… 148
第一节　边坡工程监测概述 …… 148
一、边坡工程监测的目的和意义 …… 148
二、边坡工程监测内容和方法 …… 148

三、边坡工程监测规定和要求 …… 149
第二节 边坡工程施工监测技术 …… 150
一、简易观测 …… 150
二、全站仪监测 …… 152
三、钻孔倾斜仪监测 …… 153
四、降雨量监测 …… 155
五、地下水动态监测 …… 156
六、岩土与结构应力监测 …… 157
第九章 边坡工程验收与评估 …… 158
第一节 边坡工程现场检查验收 …… 158
一、现场检查验收内容 …… 158
二、现场检查验收方法 …… 159
三、现场检查验收标准 …… 161
第二节 边坡工程稳定工后评估 …… 166
一、工后评估目的 …… 166
二、工后评估内容 …… 167
三、工后评估方法 …… 167
四、稳定等级与评价标准 …… 169
第十章 边坡工程病害整治案例 …… 170
第一节 工程实例一 …… 170
一、边坡工程概况 …… 170
二、工程地质特征 …… 170
三、加固工程措施 …… 171
四、加固治理效果 …… 171
第二节 工程实例二 …… 172
一、滑坡工程概况 …… 172
二、工程地质特征 …… 172
三、加固工程措施 …… 172
四、加固治理效果 …… 172
第三节 工程实例三 …… 173
一、边坡工程概况 …… 173
二、工程地质特征 …… 173
三、加固工程措施 …… 174
四、治理工程效果 …… 174
第四节 工程实例四 …… 174
一、滑坡工程概况 …… 174
二、工程地质特征 …… 174
三、加固工程措施 …… 175

四、治理工程效果 …… 175
第五节　工程实例五 …… 175
一、滑坡工程概况 …… 175
二、加固工程措施 …… 176
三、治理工程效果 …… 177
参考文献 …… 178

第一章　绪　　论

第一节　边坡工程基础

一、边坡定义与分类

1. 边坡定义

边坡是自然斜坡和人工边坡的统称，是人类生存及工程活动中最常见的自然地质环境之一。自然斜坡是在自然界地质环境中经过长期演化形成的；人工边坡则是人类为了满足生产与生活的需要，在工程建设过程中对地形地势进行改造形成的，如图 1-1 和图 1-2 所示。

图 1-1　自然斜坡

图 1-2　人工边坡

2. 边坡分类

边坡分类指标不同，分类方法各异，一般可从其形成原因、行业类别、建造方式、物质组成、坡体高度、病害性质、稳定程度、安全等级和风险等级等方面进行类别划分和界定。常见的边坡分类指标和方法可总结于表 1-1。

常见边坡分类　　表 1-1

序　号	分类指标	边坡类型
1	形成原因	自然边坡、人工边坡
2	行业类别	公路边坡、铁路边坡、水电边坡、采矿边坡、建筑边坡
3	建造方式	路堤边坡、路堑边坡
4	物质组成	土质边坡、岩质边坡、二元结构边坡
5	坡体高度	低边坡、高边坡

续上表

序　　号	分类指标	边坡类型
6	病害性质	崩塌、坍塌、滑坡等
7	稳定程度	稳定边坡、欠稳定边坡、不稳定边坡
8	安全等级	一级边坡、二级边坡、三级边坡
9	风险等级	Ⅰ类边坡、Ⅱ类边坡、Ⅲ类边坡

3. 路堑边坡

公路边坡是常见的人工边坡之一，是为满足公路工程建设要求和保障公路路基稳定而在路基两侧按一定坡率填筑或开挖形成的岩土坡面。

在公路工程建设实践中，公路边坡一般根据边坡填挖建造方式分为填方路堤边坡和挖方路堑边坡两种基本类型。

路堑边坡包括坡面、坡顶、坡脚、坡体、坡顶线、坡脚线、坡角、坡高、坡长、边坡走向、边坡倾向、边坡坡度、边坡断面、边坡立面等基本要素，如图 1-3 所示。

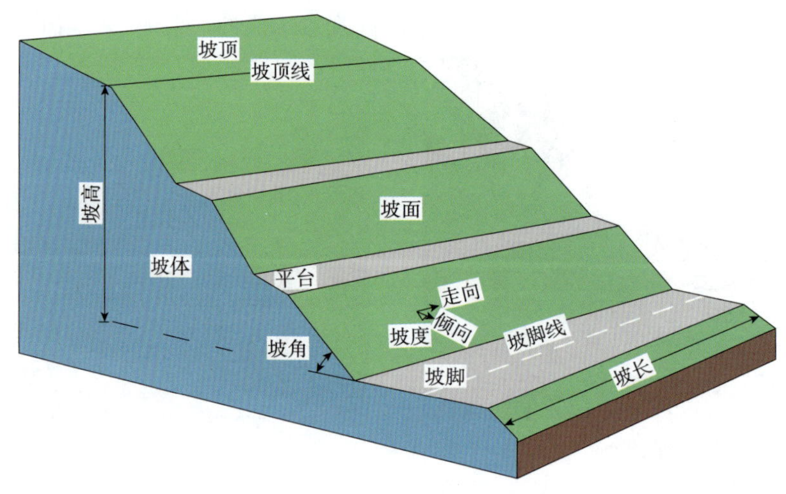

图 1-3　路堑边坡基本要素示意图

路堑边坡根据其坡体组成物质或岩性条件，可分为土质边坡、岩质边坡和二元结构边坡三种基本类型。

1)土质边坡

土质边坡是指构成边坡的主体为土类物质，如图 1-4 所示，根据土类物质均匀性程度的不同，可分为均质土边坡和类土质边坡。

2)岩质边坡

岩质边坡是指构成边坡的主体为岩石，如图 1-5 所示。基于岩体风化破碎程度和结构面特征，可分为节理岩石边坡、破碎岩石边坡和层状岩石边坡。

3)二元结构边坡

二元结构边坡是指构成边坡主体的上覆土层与下伏岩体基本相当，其工程特性主要体现其上下二元接触特征。

图 1-4 土质边坡

图 1-5 岩质边坡

根据结构面或不连续面的性质，特别是与其边坡稳定性和变形破坏模式的相关特点，路堑边坡工程的主要亚类边坡还可进一步细分，如类土质边坡、层状岩石边坡和节理岩石边坡等还可细分亚次类型，如图 1-6 所示。

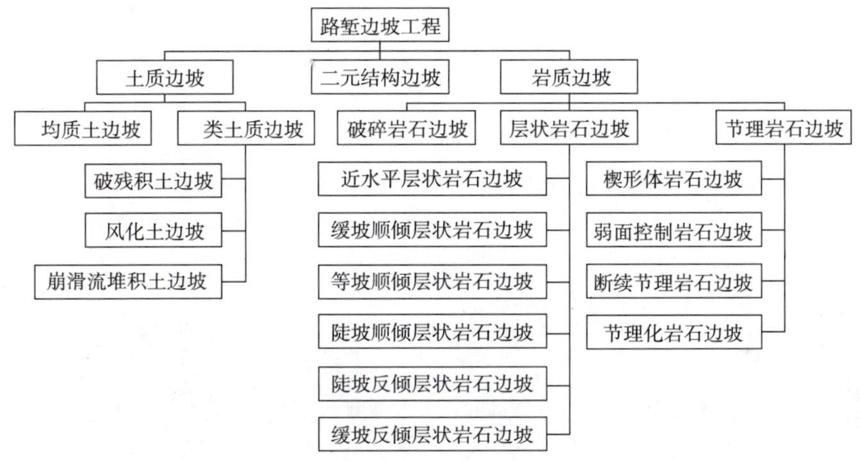

图 1-6 路堑边坡分类树型图

有关路堑高边坡的概念，一般认为：基于边坡高度，可以将边坡分为低边坡、高边坡、超高边坡或特高边坡等。土质边坡高度小于等于 20m 或岩质边坡高度小于等于 30m 的边坡称为低边坡，或称为普通边坡，其边坡设计与防护可参考相关规范或根据手册的经验处理。土质边坡高度大于 20m 或岩质边坡高度大于 30m 的边坡，常称为高边坡，其边坡高度因素对边坡稳定性具有重要作用和影响，故边坡稳定性分析和防护加固工程设计应进行个别或特别设计计算。其中边坡高度大于 50m 的边坡常称为"超高边坡"。由于其边坡高度较大，坡体稳定性普遍较差，在其勘察设计过程中需要慎重对待，确保边坡稳定与安全。针对超高边坡的管理和养护工作，需要重点关注和管控。对于边坡高度大于 100m 的边坡，也将其称为"特高边坡"，由于其特别高陡，安全风险较高，在相关工程建设中一般不宜设计，如无法避免则需特别重视和研究。

二、边坡变形与防护

1. 边坡变形破坏

因为边坡的地质环境不同，失稳孕育条件各异，触发因素多样，所以边坡的变形破坏性质、规模和危害常是各有特点和多种多样的。为了确定边坡的变形破坏类型，首先需要从坡体的物质组成、坡体结构特征、不利结构面发育状态、地下水富存条件与运移规律，以及各种自然的或人为的诱发因素对其边坡稳定性的作用和影响程度等条件出发，分析边坡常发生的各种变形破坏现象的运动学特征，明确其相关病害现象描述的概念和意义。常见边坡变形破坏的运动学特征有剥、落、倒、崩、塌、错、滑、坍、溜、流等。根据边坡变形破坏运动特征，总结归纳边坡常见病害类型有风化剥落、坡面冲刷或流石流泥、掉块落石、崩塌、倾倒、溃屈、坍塌、溜坍、坍滑、滑坡、错落等。

1）风化剥落

风化剥落是指坡面裸露的岩体在岩石物理风化和水理作用下逐渐演变成碎屑物质，剥离底层岩面而形成坠落的病害现象，如图 1-7 所示。风化剥落是较为常见的岩质路堑边坡病害类型，硬质岩剥落较缓慢，而软质岩则相对较严重。岩石特征、气候和地形条件是控制岩石风化的主要因素。不同的岩石具有不同的矿物组成和结构构造，不同矿物的溶解性差异很大。节理、层理和孔隙的分布状况，以及矿物的粒度，又决定了岩石的易碎性和表面积。

边坡风化剥落对道路安全影响不大，但是长期风化剥落可能使边坡岩体形成较大的洼崖腔，使上部硬质岩体形成危岩。

2）坡面冲刷或流石流泥

坡面冲刷或流石流泥是指坡面岩土在坡面径流或暴雨的冲刷作用下产生泥石流失的现象，规模较大时可产生坡面泥石流。这种病害在施工期十分常见，在运营期也时有发生，对于普通防护的低等级山区公路则更为普遍，如图 1-8 所示。

图 1-7　风化剥落

图 1-8　流石流泥

南方花岗岩地区常发育砂土状强风化层，颗粒较粗，黏粒含量很少，易崩解，抗冲刷能力很差，因此在雨季期间流石流泥现象十分严重，大量坡面冲刷物流向碎落台或路面，堵塞排水沟，常在坡面形成密集的冲刷沟槽，并导致喷播草籽流失而影响坡面绿化效果。

3）掉块落石

掉块落石是指坡体上由于节理、风化等形成的小型土块或岩石等分离体在重力、冰劈、根劈或其他外力的作用下从坡顶或坡面掉落的病害现象，如图 1-9 所示。

落石的物质来源有：一是坡顶或坡面由于风化破碎、植物根劈形成的碎石或崩塌残留物；二是由于结构面切割形成的小型楔体。土块的来源通常为坡顶覆盖层的解体物质。掉块落石的体积较小，其破坏力也不高，但高边坡的掉块落石，其能量不可低估，常构成较大的安全隐患和威胁。

4）崩塌

崩塌是指坡体上部岩土体在重力作用下突然脱离坡体向下坠落、翻滚，甚至碰撞，并堆积于坡脚的坡体病害现象。大小不等，零乱无序的岩块（土块）呈锥状堆积在坡脚的堆积物称为崩积物，也可称为岩堆或倒石堆，如图 1-10 所示。

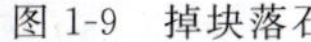
图 1-9 掉块落石

图 1-10 崩塌

崩塌一般具有突发性、破坏力强的特点，常会造成较大的危害。崩塌可分为滑移式崩塌、倾倒式崩塌和错断式崩塌三种类型。崩塌按物质可分为土崩、岩崩，以及雪崩（自然坡体）。规模大者称为山崩，发生于河库岸边者称为崩岸，另还有堤崩等。

5）倾倒

倾倒变形是在河谷下切或人工开挖作用后，经应力重分布，坡体上部岩体向外回弹松弛，并向临空方向做悬臂弯曲，逐渐向坡内发展，同时岩层之间发生错动并伴有拉裂，最后形成坡体突发失稳现象，如图 1-11 所示。

倾倒常见于反倾或陡倾层状结构边坡岩体中。这种破坏模式在沉积岩地区的反倾地层中较为多见，在似层状构造的火成岩也有发现。

6）溃屈

溃屈破坏主要发育在等坡顺倾层状岩石边坡中。当岩层倾角与坡角大致相近时，坡脚岩层因剪切变形而呈鼓起状，同时产生层面拉裂、脱层等现象，如图 1-12 所示。

7）坍塌

坍塌一般是指土质边坡或破碎岩石边坡，在降雨或地下水等触发因素的作用下，坡脚软化失去支撑，致使其上覆相应部分岩土崩解、坍落，并散堆于坡脚的坡体病害现象，如图 1-13 所示。

坍塌具有富水性和突发性，在路堑边坡工程中常见。

图 1-11　倾倒

图 1-12　溃屈

8)溜坍

溜坍是指坡面土体在强度软化和动静水压等的作用下产生浅表层沿某些沟槽溜滑，并坍移堆积于坡脚的病害现象，多发生在降雨期，一般具有塑流性质，如图 1-14 所示。

图 1-13　坍塌

图 1-14　溜坍

根据非饱和土力学理论分析，坡面岩土体的强度是由黏聚力、摩擦角和基质吸力三者共同组成的。一旦降雨使坡面岩土饱和，基质吸力急剧消失，岩土强度降低，并产生动静水压作用，容易形成溜坍病害。

图 1-15　坍滑

9)坍滑

坍滑是指坡面岩土在饱水状态下产生浅表层部分岩土整体坍移滑动的坡体病害现象。大多因暴雨触发，呈流塑状，如图 1-15 所示。

10)错落

错落来源于国内铁路部门的坡体变形分类，这种破坏与滑坡在发生条件、破坏机制和防治对策上均有所区别，因此有必要将其作为一种独立的类型来考虑。错落是指被陡倾的构造结构面与后山完整岩体分开的风化破碎岩体，一般具有软弱的岩土基座，易于压致变形和破坏，河岸边坡常因坡脚受冲刷诱发，路堑边坡常因人工开挖诱发，从而引起坡体形成以垂直下错为主的变形破坏现象，如图 1-16 所示。

在一定的结构面组合下，如变形体的后缘是沿一组陡而深的结构面发育时，变形体常比不动体易破碎。变形体在压力增大的条件下，先自行下错压密，同时挤压中前部，直至形成向临空面倾斜的底部破碎带。

11）滑坡

滑坡是指斜坡上的部分岩土体由于一些原因在重力作用下沿一定的软弱面（或软弱带）整体地向下滑动，并形成以水平运动为主的坡体地质病害现象，如图 1-17 所示。

滑坡是边坡工程常见的和重要的病害现象之一。滑坡一般性质复杂、规模相对较大、灾害后果严重、治理工程投资和难度也相对较大。

图 1-16 错落

图 1-17 滑坡

2. 边坡防护加固

边坡防护加固工程总体上可分为三种主要类型，即普通防护工程、支挡加固工程和防排水工程，如图 1-18 所示。

普通防护工程可分为砌石防护、喷锚防护和柔性防护。砌石防护包括浆砌片石护坡防护、浆砌片石护面墙防护及人字拱形或网格骨架植草防护等。

支挡加固工程可分为支挡工程措施和锚固工程措施。支挡工程措施主要有路堑挡土墙、半挡土墙（或脚墙）、预加固桩、微型桩群等；边坡锚固工程措施有锚杆（索）框架、锚杆（索）地梁、锚杆（索）墩垫（或十字面板类），以及锚杆（索）桩墙等工程措施。

防排水工程可分为地表排水、地下排水和生态防护。路堑边坡地表排水工程主要包括坡脚排水沟、平台排水沟、坡顶截水沟、坡面急流槽及其区段路基排水系统。路堑边坡地下排水工程主要包括边坡沟渗、支撑盲沟、平式钻孔排水和泄水隧洞工程等。生态防护工程又可分为普通植草防护和岩面植草防护。普通植草防护包括人工种植、液压喷播、客土喷播和三维网植草等；岩面植草防护包括砂袋镀锌网植草、喷混植生、厚层基材（TBS）植草、CF 网植草、CS 混合纤维植草和植生袋植草等。

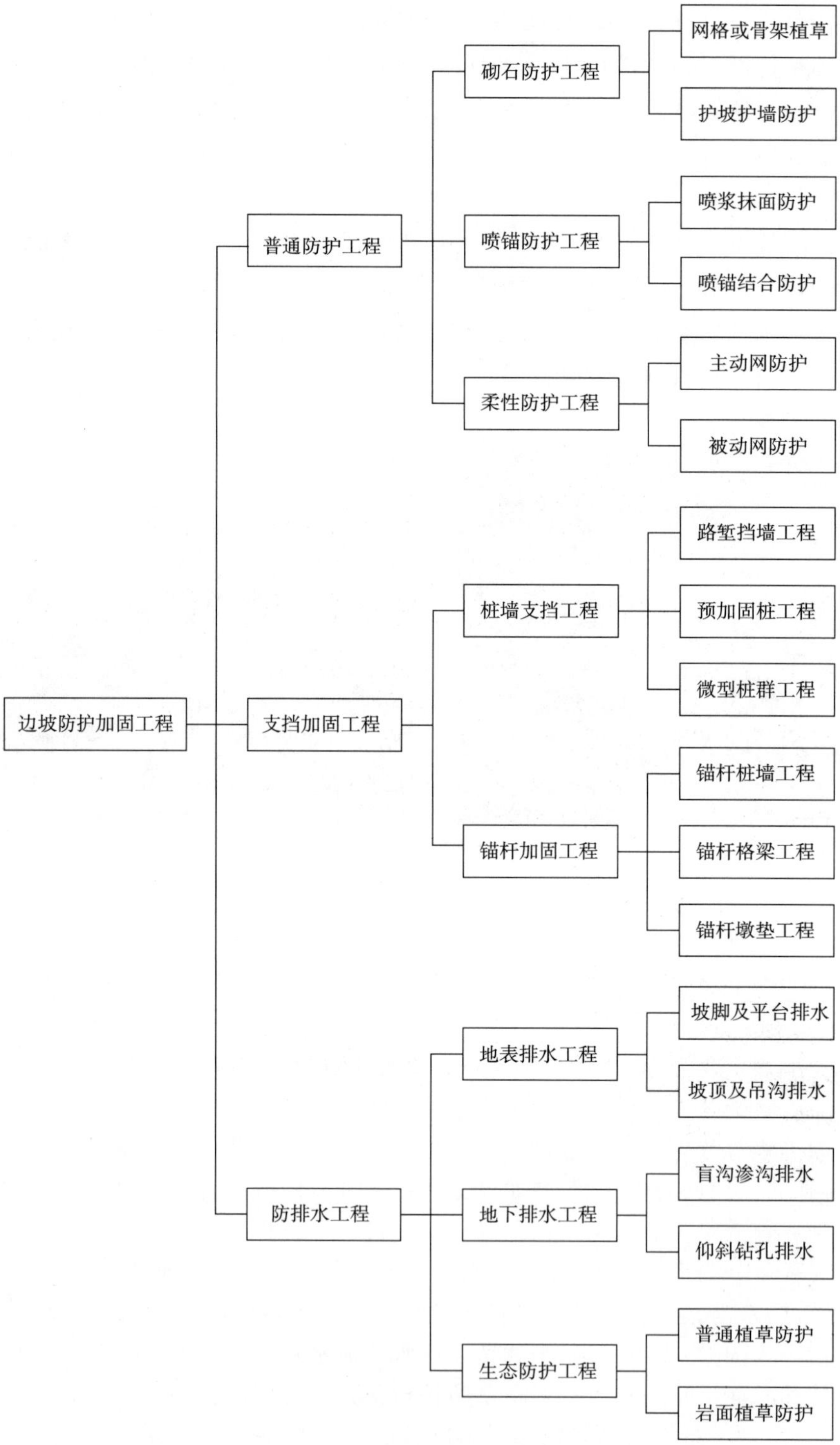

- 边坡防护加固工程
  - 普通防护工程
    - 砌石防护工程
      - 网格或骨架植草
      - 护坡护墙防护
    - 喷锚防护工程
      - 喷浆抹面防护
      - 喷锚结合防护
    - 柔性防护工程
      - 主动网防护
      - 被动网防护
  - 支挡加固工程
    - 桩墙支挡工程
      - 路堑挡墙工程
      - 预加固桩工程
      - 微型桩群工程
    - 锚杆加固工程
      - 锚杆桩墙工程
      - 锚杆格梁工程
      - 锚杆墩垫工程
  - 防排水工程
    - 地表排水工程
      - 坡脚及平台排水
      - 坡顶及吊沟排水
    - 地下排水工程
      - 盲沟渗沟排水
      - 仰斜钻孔排水
    - 生态防护工程
      - 普通植草防护
      - 岩面植草防护

图 1-18　主要边坡防护加固工程分类

第二节　边坡工程实践

一、高速公路与边坡工程

1. 高速公路建设

高速公路是在普通公路的基础上逐渐发展形成的，1988 年 12 月，沪嘉高速公路的建成通车(上海至嘉定，全长 15.9km)，标志着我国高速公路从无到有，进入高速公路快速发展时期，当前我国高速公路通车里程已跃居世界第一位。高速公路建设的快速发展是我国经济建设发展的需求与必然，特别是我国东南部沿海地区，市场经济繁荣，商品流通量大，人员旅行频次高，极大地推动了高速公路建设迅猛发展，同时又有力地促进了其经济发展、社会进步和人民生活水平的提高。浙江省是我国市场经济发展与高速公路建设相互促进和保障的一个精彩而生动的缩影。

浙江省公路路网的建设目标是"着眼于融入长三角、辐射周边省，提高区域和城乡发展协调性，增强浙江区域经济实力"。

近年来，浙江省积极构建和完善以高速公路为骨架，普通国省道干线公路为支撑，农村公路为基础的公路交通运输体系。

自 1992 年浙江省第一条高速公路——杭甬高速公路开建以来，浙江省积极推进高速公路建设，取得了突破性进展。高速网络在实现"4h 公路交通圈"的基础上，坚持"接轨上海、拓展沿海、推进腹地、贯通省外"、"加密、成网、贯通"和"高起点、高标准、高质量"的发展方向，进一步完善省内网络，强化与江苏、福建、江西、安徽等邻省的连接，新开工建设了杭浦、申嘉湖杭、诸永等一批高速公路项目以及杭州湾跨海大桥、舟山大陆连岛工程西堠门大桥等具有当今世界先进水平的特大型桥梁。截至 2013 年年底，全省高速公路累计通车里程已达 3 800 余 km，高速公路主骨架"两纵两横十八连三绕三通道"基本建成。

未来几年，浙江交通重点建设大路网，致力于增强区域经济实力。畅通对外接口，融入全国路网，形成立足长三角、辐射皖赣闽的省际路网；通过衔接其他交通方式，高速公路、干线公路、农村公路相互配套，形成城乡一体、区域协调的立体路网，重点完善港口集疏运通道，为交通率先基本实现现代化奠定坚实基础。

2. 边坡工程问题

在山区高速公路边坡工程建设过程中，经常发生因施工开挖路堑边坡产生的边坡崩塌、坍塌和滑坡等地质病害，也发生因防护不及时、施工质量和设计缺陷等因素造成的边坡冲刷严重、诱发地质病害，甚至破坏既有防护加固工程结构等问题。

1)古老滑坡病害

古老滑坡病害是指古老滑坡体部分或整体复活变形或破坏，如图 1-19 所示。如浙江省上三高速公路下岩村滑坡群 1.5km 路段，因坡脚的开挖或坡体中上部公路堆载，多达六个古老滑坡复活，治理费用达 1.2 亿元。金丽温高速公路 K81＋692～950 高边坡，路堑开挖引起古塌滑体复活，采用预应力锚索加固，增加投资近 3 000 万元。

2)高陡坡体地质病害

由于设计边坡高度较大或边坡坡率较陡,造成坡脚应力集中,超过坡脚岩土的承载能力,在边坡土石方开挖施工过程中,经常产生路堑边坡工程坍塌或坍滑变形和破坏等地质病害,如图 1-20 所示。

图 1-19　古老滑坡病害

图 1-20　高陡坡体地质病害

3)控制性不利结构面或不连续面病害

由于各种不同时期或不同成因的堆积面、地层层面、风化界面、断层和节理等不连续面的控制作用和影响,当控制性不利结构面或不连续面走向大体平行于坡面且倾向线路时,在路堑边坡开挖揭露临空的条件下,经常产生依附不利结构面或不连续面的滑移变形和破坏,如图 1-21所示。

4)防护加固工程滞后病害

在路堑边坡工程施工过程中,经常出现土石方工程开挖较快,而防护加固工程严重滞后的情况,从而产生边坡工程变形和破坏,如图 1-22 所示。

图 1-21　控制性不利结构面或不连续面病害

图 1-22　防护加固工程滞后病害

5)锚固工程不及时病害

由于锚固工程一般施工周期较长,锚固工程预应力张拉不及时时有发生,不能及时发挥锚固工程的有效主动加固作用,从而产生边坡工程变形和破坏,如图 1-23 所示。

6)坡脚支挡工程施工病害

在坡脚支挡工程基础坑槽施工过程中,因其一般开挖断面大且坡率陡,故削减坡脚岩土支撑作用显著，若因施工工序或方法不当，将在坡脚支挡工程发挥作用前产生坡体变形和破坏，如图 1-24 所示。

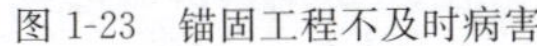

图 1-23 锚固工程不及时病害

图 1-24 坡脚支挡工程施工病害

7）支挡加固范围不足病害

在路堑边坡支挡加固工程实践中，存在个别边坡因坡体地形地质变化，在某些局部或边角部位考虑范围不足，特别是沟口部位，时有局部坡体产生变形和破坏，如图 1-25 所示。

8）持续暴雨入渗冲刷病害

路堑边坡工程在施作过程中，甚至可能在运营阶段，经常由于持续暴雨的作用，个别坡体因雨水入渗软化岩土强度，加剧各种动静水压作用，孔隙水压上升，边坡稳定程度显著降低，从而产生坡体变形和破坏，或暴雨冲刷坡面，致使坡面局部坍塌或坡面流石流泥，如图 1-26 所示。

图 1-25 支挡加固范围不足病害

图 1-26 持续暴雨入渗冲刷病害

9）设计缺陷或工程质量病害

设计缺陷病害一般表现在边坡设计坡率过陡、支挡工程不够，或锚固工程加固深度或范围不足，从而造成边坡工程失败；工程质量病害一般表现在基础工程、砌体工程和锚固工程等施工不能满足设计要求，造成边坡工程隐患病害，如图 1-27 所示。

图 1-27 设计缺陷或工程质量病害

二、边坡工程建设现状与发展

1. 边坡建设管理内容

边坡建设管理的主要内容包括勘察设计管理、施工组织管理、施工安全管理、质量检测管理和评估验收管理等。

1)勘察设计管理

边坡勘察设计管理是指在严格执行高速公路工程有关勘察设计资质管理和招投标管理程序与条例的基础上,结合边坡工程勘察设计特点和要求,明确高速公路建设边坡工程各阶段勘察设计工作任务和技术要求,监督和保证边坡工程勘察设计质量,确保边坡稳定和交通安全。

2)施工组织管理

边坡施工组织管理是指边坡工程施工人员在施工现场具体执行边坡工程施工组织设计和实施边坡工程建设的一项组织管理工作。其包括:全面了解边坡工程概况,系统落实目标组织与控制,严格执行标准化管理,以及确保按质按量达到预期目标。

3)施工安全管理

边坡施工安全管理是指边坡工程施工管理人员运用经济、法律、行政、技术、舆论和决策等手段,对施工人员、设备和边坡工程对象等施加影响或实施控制,避免不利影响,排除安全隐患。其中,施工监测与工后监测是边坡稳定与施工安全的主要监控手段。

4)质量检测管理

边坡质量检测管理是指边坡工程质量检测机构(专业单位承担)接受项目业主的委托,依据国家有关法律、法规和工程建设强制性标准,对有关边坡工程结构安全项目抽样检测,对边坡工程施工所涉及的建筑材料、构配件的见证取样检测等。

5)评估验收管理

边坡评估验收管理是指项目业主组织专业评估验收机构对边坡稳定性进行工后评估,对边坡坡形坡率及其防护加固工程结构进行竣工验收等工作。

2. 边坡建设管理程序

高速公路边坡工程建设根据其实施进程可分为边坡勘察、边坡设计、边坡施工和边坡验收等主要阶段,其管理流程如图 1-28 所示。

3. 边坡建设管理存在的问题

当前,由于项目计划、工程造价、技术水平、执行力度和安全理念等方面的原因,边坡工程建设管理经常存在以下主要矛盾和问题。

(1)边坡工程勘察工作数量布置不足,工程勘察质量不能满足设计要求。

(2)边坡工程动态设计理念缺失,信息化施工流于形式,不能达到优化设计和指导施工的目的,或者动态设计理解存在偏差,甚至沦为“三边”工程。

(3)边坡工程质量检测工程不落实,缺乏边坡安全监测与控制手段和过程,难以保证施工质量,容易留下安全隐患。

(4)边坡工程的工后评估与竣工验收工作不到位或流于形式,直接影响边坡稳定和交通安全。

(5)边坡工程建设管理缺乏系统性,相关管理制度不完善,具体执行力度不够强等。

4. 边坡建设管理发展趋势

经过近 20 年来边坡工程建设实践经验的总结和现代管理技术的发展,边坡工程建设管理总体体现管理理念系统化、管理行为标准化和管理手段信息化的发展趋势。

1)系统化管理

系统化管理是指对边坡工程建设进行全方位和全过程的质量管理与安全控制。

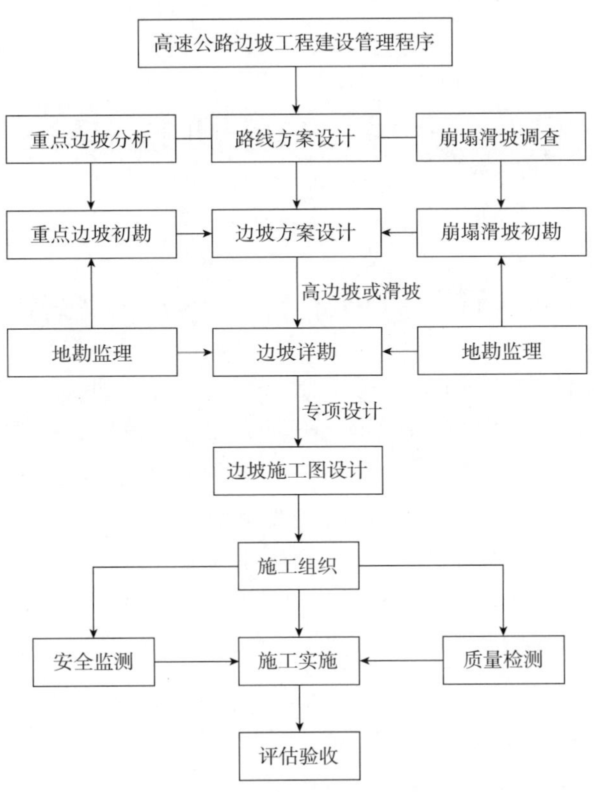

图 1-28 边坡建设管理流程

2)标准化管理

标准化管理是从边坡稳定与交通安全的整体出发,对边坡工程建设各环节的各项控制因素、实施过程、检测评价等制定制度、规定和指标等标准,并严格实施这些标准。

3)信息化管理

信息化管理是指在信息技术的支持下对边坡工程建设过程的管理,包括边坡基本信息管理、边坡动态设计管理、边坡施工反馈信息管理、边坡安全监控信息管理以及边坡检测评估信息管理等。它们的实现是不可分割的,互相支持、彼此补充、相互融合、逐步递进。

第二章　边坡工程勘察设计管理

第一节　边坡工程勘察设计概况

边坡是一种广泛分布和最常见的自然地质环境，边坡工程涉及众多的工程行业，包括采矿行业的露天采矿边坡，水利水电行业的库岸边坡、渠道边坡和土石坝边坡，建筑场地基坑开挖的建筑边坡，地质灾害等产生的滑坡，道路工程的路堑边坡和路堤边坡等。

山区公路建设是典型的线形工程，往往遭遇多种地貌单元，形成大量的深挖高填边坡工程，具有边坡工点众多、地形地貌复杂、地质条件多变等特点。如何在有限的勘察工作量投入前提下，查明边坡工程地质条件，并开展边坡稳定性评价，合理地确定边坡支挡加固及防护工程方案，保证边坡处治工程经济合理且安全可靠，是公路工程勘察设计中的重要工作之一。

一、边坡工程勘察设计特点

1. 勘察工作特点

边坡工程勘察是岩土工程勘察中的一个分支，主要是为了满足边坡工程设计、治理等情况而采用的了解边坡岩土性质及地质条件的相关措施。边坡工程勘察标准主要须满足岩土工程勘察标准，但是由于其工程特殊性，勘察要求也与常规岩土勘察存在较大差异。高速公路边坡工程勘察由于其自身工程的特点，其工作特点主要体现在：

(1)边坡工程自身工程特点决定了其勘察具有单一性和独立性，区域地质不能代表工点地质。

(2)边坡工程勘察内容由于安全等级及勘察阶段不同而各有侧重。边坡所处工程位置的重要性、稳定性要求与防护工程特点等，决定勘察的目的和要求；不同的勘察阶段，不同的安全等级，对坡体地质要求的了解程度亦不尽相同。

(3)边坡工程勘察手段的选择应与边坡工程类型及其破坏模式相协调。边坡的变形破坏形式由其不同地质条件决定。不同类型边坡，如岩质边坡、土质边坡、类土质边坡、二元结构边坡等，其勘察分析手段各不相同。

(4)不同行业的边坡工程，由于侧重点和利用形式的差别，相应的边坡勘察目的和内容也有区别。露天矿边坡(矿区边坡)、库岸边坡、水电边坡、建筑边坡、地质灾害滑坡、公路边坡等，不同工程要求勘察项目不同，勘察手段、勘察要求差异较大。永久性边坡与临时支护边坡的勘察要求也有明显差别。

2. 设计工作特点

高速公路边坡工程设计是结合公路总体线位设计，为保证挖方深路堑或填方高边坡的稳定与安全，对其坡形坡率、支挡加固、排水疏导、植被防护和工程监测等措施进行总体设计、规划和统筹实施的过程。公路边坡设计具有以下特点。

(1) 边坡设计是地质设计。边坡是将地质体的一部分改造为人为工程，其稳定性受控于地质条件和人为改造程度，设计的边坡只有符合岩土体的地层岩性、结构、构造、风化程度及强度特征，才能保持稳定。并且，由于山区高速公路高边坡工程的复杂性、多样性和重要性，要求逐一对边坡进行单独的或专门的设计。

(2)边坡设计是预测设计。因为边坡线长、点多，而且变形尚未发生，所以其设计是根据对开挖后可能产生的变形类型、规模、部位的预测来进行的。

(3)边坡设计是风险设计。山区地质条件复杂多变，前期难以勘察清楚，从而使设计依据不充分，具有一定的风险性。同时，土石方开挖必然改变坡体内的应力状态，造成坡体松弛变形、地表水下渗，对此该如何控制，目前在认识上还存在差距，从而也使设计具有较大的风险性。

(4)边坡设计是动态设计。开挖前对边坡的地质情况难以摸透，使设计难以完全符合实际，因此有必要将地质工作延伸到施工过程中，根据地质条件的变化，进行设计变更，即所谓的“动态设计，信息化施工”。

(5)边坡设计对施工程序和方法应提出严格要求。边坡变形破坏，既有设计上的原因，也有施工程序和方法不当的原因。例如，雨季施工，大量雨水渗入坡体软弱结构面；大药量爆破造成岩体破碎、软弱面松动甚至滑坡等。因此，在设计文件中对施工程序和方法须提出严格的要求。

二、边坡工程勘察任务及设计内容

1. 边坡工程勘察任务

根据公路工程建设项目主要勘测设计工作进程，其边坡工程地质勘察工作又可分为可研勘察阶段、初步勘察阶段、详细勘察阶段和施工勘察阶段。

(1)可研勘察阶段。边坡工程地质勘察的任务是为不同建设方案的比选和投资估算提供必要的基础资料，提出重要的地质说明或建议，即预备性边坡工程地质勘察。

(2)初步勘察阶段。边坡工程地质勘察的任务是为边坡防护工程设计或滑坡等不良地质整治工程设计提供必要的地质基础资料，撰写边坡工程一般地质勘察报告，即一般性边坡工程地质勘察。

(3)详细勘察阶段。边坡工程地质勘察的任务是为确定边坡防护工程设计或滑坡等不良地质病害整治工程设计所需的岩土物理力学参数，进一步查明边坡工程地质与水文地质条件，撰写边坡工程专门地质勘察报告，即专门性边坡工程地质勘察。

(4)施工勘察阶段。边坡工程地质勘察的任务是为边坡或滑坡的防护加固工程方案的比选、优化、动态设计与信息化施工等查明坡体病害的性质与规模、历史与现状、病害原因与机理，以及稳定状态和发展趋势等，撰写边坡工程补充地质勘察报告或专题地质勘察报告，即重点性边坡工程地质勘察。

2. 边坡工程设计内容

一般地，边坡工程设计主要包括以下内容。

1)边坡坡形坡率设计

边坡坡形坡率设计是在自然斜坡工程勘察资料的基础上,结合道路线位规划与工程要求,在确保边坡稳定与安全的条件下设计边坡坡形和坡率,以满足道路工程建设目的和要求。

2)稳定性分析与评价

边坡稳定性分析与评价可分为边坡稳定性的定性分析和边坡稳定性的定量评价。

边坡稳定性的定性分析主要包括自然历史分析法和工程地质类比法两种方法。目前常采用的方法是工程地质类比法。

边坡稳定性的定量分析方法有极限平衡分析法、楔体理论计算法和有限单元等数值分析计算法。目前常采用的方法是强度极限平衡分析法。

3)防护加固工程设计

防护加固工程是依据边坡稳定程度与等级标准设计,并经多方案比选优化确定。边坡一般要求严格按照相关设计规范规定的"边坡工程等级"进行设计。

4)病害防治工程设计

基于不同的病害防治目的,常用病害防治工程包括坡面变形防护、浅表层变形防护、块体变形防护、深部变形防护、坡脚应力集中防护和地表地下水引排处理等。

三、主要问题和发展趋势

1. 边坡工程勘察设计存在的问题

边坡工程勘察是公路工程建设的重要组成部分。边坡工程勘察包括各阶段勘察目的和要求、主要勘察内容和方法、边坡稳定性分析与评价,以及边坡工程地质勘察报告编写等基本内容。当前,高速公路边坡工程勘察面临的主要问题有:

(1)边坡工程勘察手段单一,技术手段落后。边坡工程地质勘察方法主要有地质测绘,专门地质调查、勘探,岩土测试和地质环境监测等。由于受一些因素(如经费、时间、环境条件等)的制约,边坡工程勘察一般以测绘和调查为主,勘探仅作为必要的论证和检验,岩土测试也以常规的室内物理力学试验为主,仅针对一些特定结构面开展少量的现场试验。但由于边坡地质环境条件复杂,较单一的勘察手段普遍存在勘察的局限性,从而有可能导致认识的不足。

(2)边坡工程勘察投入不足,成果代表性不强。高速公路边坡工程是沿线状分布,且分布零散,各工点的差异性强。由于勘察投入成本的不足,在设计阶段通常只能通过有限的钻孔资料来推测整体边坡的地质条件,代表性不强;在施工阶段往往发现实际开挖地质条件与设计资料存在明显差异,但也常因人力资源不足、各方面重视程度不够以及客观条件的限制等,对施工中揭示的各种地质现象难以做到及时收集、分析和反馈,缺乏针对地质环境的动态跟踪和及时反馈分析的完整体系。

边坡工程设计由于其具有复杂的认识和处理对象,设计计算方法繁多,但不同的设计计算方法具有不同的适用性,其工程设计并未形成系统严谨的方法,仍然存在较多问题,具体表现如下。

(1)边坡工程设计的经验性很强,设计可靠性较低。由于路堑边坡工程问题的复杂性,在其边坡工程设计实践中普遍采用工程地质类比分析和模式化处理,过分依赖具体工程经验,造成工程设计人为性较强或可靠性较低。

(2)边坡工程开挖卸荷松弛效应突出,研究成果尚不够系统和实用。路堑开挖的卸荷效应是路堑高边坡稳定性分析和加固设计中的重要问题,但目前对开挖松弛问题研究积累不足,在研究分析卸荷松弛区孕育发展的力学机理、岩体力学性质弱化效应,建立相应的分区确定方法等方面,尚未取得学术界普遍认可的结论性成果,这是当前迫切需要解决的问题。

(3)路堑边坡工程地质模式缺乏系统归纳,变形失稳机理有待深入研究。相对于土质路堑边坡,岩质路堑边坡的控制因素、破坏模式、变形机理均较为复杂,对于实际工程中的复杂边坡,采用何种手段来研究,需要注意哪些问题,怎样阐明复杂边坡的变形破坏机理,均值得在现有基础上进一步研究。

(4)边坡稳定分析计算精度较低,与工程实际可能存在较大的出入。边坡计算模式较为简单且假定较多,计算参数取值依据不足,边坡设计计算理论尚不完善,定量化计算水平和准确性较低。在路堑边坡的数值模拟过程中,由于缺乏确定岩土强度参数的简便方法,数值计算的准确性受到影响;同时,由于忽视对模拟对象的正确的和全面的认识,以及对岩土本构模型和数值计算方法的适用性分析重视不够,往往简单地生搬硬套,模拟结果与工程实际严重脱节。

(5)边坡防护加固工程对策选取依据不足或针对性不强。为了保证安全,往往简单地采用较大安全储备,提高防护工程造价,造成资源的浪费;同时也存在因工程对策选择失当,给边坡工程安全带来较大隐患的情况。

(6)边坡锚固工程的适用条件及其耐久性尚需深入研究。岩土锚固作为边坡加固的主要手段,既取得了突出进展,也存在不少问题。由于对边坡对象缺乏分析,对锚固方案的适用性论证不够,简单地采用刷坡锚固的解决方案,甚至出现造成全坡面锚固而边坡失稳的个案;同时,不规范安装操作和锚固系统本身的耐久性问题也引发工程界的忧虑。因此,需要深入研究边坡锚固的施工工艺和开发新型预应力锚固结构,以提高锚固系统的耐久性和应对突发性的锚固工程失效危险。

(7)路堑边坡的动态设计理念和信息化施工技术有待完善。动态设计理念和信息化施工技术虽已提出并在边坡工程实践中推广和应用,但结合各种类型路堑高边坡工程特点,其基本思路、动态流程、具体方法和相关技术等需要进一步研究和提高。

边坡工程勘察设计的水平与质量直接影响整个工程建设的安全、质量、成本和周期,对国家建设和环境保护具有重要意义,必须根据形势发展的要求,制定技术政策,促进行业的技术进步。

2. 边坡工程勘察设计发展趋势

1)边坡工程勘察技术发展方向

为将高新技术和先进适用技术用于边坡工程行业,提高边坡工程建设技术水平,保护并改善环境,结合当前我国岩土工程勘察行业的技术政策要求,总结提出边坡工程勘察技术进步与发展方向如下:

(1)边坡工程应遵守国家经济建设的方针、政策和法规,坚持先勘察、后设计、再施工的基本建设程序。边坡工程勘察工作应严格按照技术标准,满足各勘察阶段对工作内容与深度的要求。

(2)在广泛积累边坡工程勘察实践的基础上,不断总结经验和教训,并重视理论和方法对边坡工程勘察实践的指导作用,提高边坡工程勘察文件的技术含量,使重点复杂边坡工程项目的勘察文件和技术服务达到国际先进水平。

(3)重视边坡工程中水文地质勘察及评价问题,加强对地下水储存、渗流及动态规律、水文地质参数测定、地下水与边坡相互作用的研究与评价工作。

(4)重视对古老滑坡等既有坡体地质病害的分析和研究,总结地区经验,制定相应的技术标准。地球物理勘探技术日趋成熟,应广泛应用于滑坡、松散堆积物的勘探中。例如,采用地震浅层反射法、折射法、瑞利波法和电磁测深法查明松散堆积物的厚度、物质结构特征和下伏基岩面的形态等。

(5)加强边坡工程量化分析力度。发展边坡工程稳定性分析与工后评估方法,特别是要研究发展基于现场检测与监测的分析评价方法。对于重点复杂边坡工程项目,建议采用数值仿真分析与岩土工程反分析技术,重视计算参数的测定、选用和验证工作,提供合理的分析结果,加强概率分析、工程经济分析和风险分析方法的应用研究,提供优化的工程方案与建议。

(6)大力提倡和重视边坡工程的检测与监测。检测、监测与反分析数据,不仅对修正设计、指导施工、保证工程质量、积累工程经验有着极其重要的意义,同时也是发展边坡工程理论与方法的重要依据和基础,所以要逐步将规范规定必须进行的检测与监测纳入竣工验收程序。

(7)鼓励开发和使用新技术、新方法和新手段。密切注意计算机技术、网络技术、数字技术以及航摄和卫星遥感技术的新发展,加强不同的高新科技平台在边坡工程有关专业的应用研究,加速实际生产力的形成。计算机技术的广泛运用,实用程序的大量开发,不仅大大提高工作效率,而且可绘制边坡三维透视分析图,建立结构面几何参数概率模型及结构面网络模型等,使边坡工程地质分析整理技术得到进一步提高。

(8)改进和完善技术装备,改变技术手段的落后面貌。着力提高钻探、原状土取样、室内试验和原位测试的技术与装备,逐步实现勘探取样设备、施工机具等产品的标准化、系列化;有计划地开发具有自主知识产权的大型边坡工程分析与设计软件。钻孔取芯可以采用特殊的冲洗液(如 SM 植物胶等),以确保软弱松散岩层的取芯质量,为确定边坡岩土体结构特征和潜在滑移面提供可靠的依据。

2)边坡工程勘察设计发展方向

边坡工程设计是高速公路特殊路基设计的主要工作内容,因边坡对象及其处治措施的工程特点,表现出较大的灵活性、动态性和模糊性,是一项非标准设计,与构筑物设计存在较大的区别。总结当前研究和应用现状,提出边坡工程设计发展方向如下:

(1)加强路堑边坡的工程地质基础研究。研究总结路堑边坡常见病害类型,探讨边坡失稳的主要影响因子,以及各影响因子相互作用规律,提出路堑边坡的实用工程分类原则和方法。

(2)开展路堑边坡数值计算理论与方法研究。总结和研究当前各种边坡数值计算方法以及岩土本构模型的特点和优劣,探讨边坡岩体强度参数的评估与确定方法,提出路堑边坡数值计算理论和方法的使用原则和适用条件。

(3)开展路堑边坡开挖卸荷松弛效应研究。开挖松弛效应是挖方边坡变形破坏的基本力学问题,应重点探讨边坡开挖松弛区的力学特征和孕育过程,建立开挖松弛区的划分原则与确定方法,分析开挖松弛区的影响因素与特征规律。

(4)系统总结路堑边坡的变形破坏机理。在归纳总结路堑边坡工程地质模型的基础上,结合数值分析计算技术,研究揭示路堑边坡变形破坏的基本力学机理和典型失稳破坏模式。

(5)加强路堑边坡防护加固工程对策研究。在路堑边坡常见病害类型、潜在失稳破坏模式和主要触发因素的基础上，结合坡体稳定性条件和边坡开挖卸荷松弛带的孕育发展与影响规律，建立路堑边坡防护加固工程对策模型，为防护加固工程方案设计提供决策依据。

(6)路堑边坡动态设计与信息化施工技术研究。研究总结路堑边坡的动态设计思路，构建动态设计与信息化施工流程，重点研究路堑边坡仿真设计技术和岩土工程反分析技术，提出一套实用的路堑边坡动态设计理念和信息化施工技术方法。

3)边坡工程勘察设计原则和思路

为使高速公路边坡设计能够适应"生态路、安全路"的要求，山区公路边坡工程设计应结合项目总体设计思路、路基设计工作要求、边坡工程特点和边坡勘察基础资料，遵循以下原则和思路。

(1)并行设计。由于边坡工程地质条件复杂，严格按照岩土工程要求将边坡治理工程明确划分为勘察、设计和施工三个阶段是不现实的，三个阶段通常相互交织在一起，亦即并行设计。

(2)动态设计。动态设计又可称为反馈设计、监控设计或信息设计，它建立于监测基础之上，主要基于施工阶段逐步明朗的地质条件及监测结果，对岩体工程进行动态设计，达到优化设计结果。反馈设计的关键是根据现场施工监测资料对原设计进行正确的反分析。

(3)绿色设计。绿色设计已成为现代边坡工程设计的重要组成部分。生物环境工程是公路环境治理工程的主体，其内涵是应用先进的绿化工程技术恢复与重建植被。因此，在路基边坡设计时，应结合公路沿线的地形、地貌、地质和气候特征，正确设计边坡植被防护与加固工程。

(4)智能设计。智能科学应用于边坡工程领域是一个具有重要意义的研究方向，目前正处于开创性阶段。对复杂边坡工程系统，通过智能科学方法进行规划、决策和设计是21世纪的发展方向。

第二节　边坡工程勘察要求

一、有关规范规定

边坡工程勘察是公路、铁路、水利水电、露天采矿以及建筑场地等工程勘察任务的重要组成部分。立足于各行业的工程需要与实践积累，我国边坡工程勘察技术取得了明显的进步和提高，先后总结编写了相关行业技术规范与规程，或在相关技术规范中明确了边坡工程勘察的目的、要求、内容和方法等。

山区公路边坡工程具有工点众多、分布零散，地形地貌及地质条件复杂多变，勘察工作量及资金投入有限的特点，具有典型的线状工程边坡勘察特征。目前，山区公路边坡工程勘察主要依据《岩土工程勘察规范》(GB 50021—2001)(2009年版)和《公路工程地质勘察规范》(JTG C20—2011)的相关规定执行；此外，《铁路工程不良地质勘察规程》(TB 10027—2012)对有关滑坡、崩塌、泥石流等地质灾害勘察提出了较详细的工程勘察技术要求，可作为公路边坡工程勘察依据的补充。

1.*《岩土工程勘察规范》*

《岩土工程勘察规范》(GB 50021—2001)主要在"4.7　边坡工程"中对边坡工程勘察提出

具体要求，概述如下：主要规定了边坡工程勘察应查明地貌形态、岩土特性、结构面特征、地下水类型和气象汇水等条件，并提出岩土及结构面的力学性质；指出大型边坡勘察宜分为初步勘察、详细勘察和施工勘察三个阶段，并规定了各阶段勘察的要求；要求边坡工程地质测绘除应符合地质测绘的常规要求外，还应着重查明天然边坡的形态和坡角、软弱结构面的产状和性质；规定了勘探线的布置原则和要求；规定了主要岩土层和软弱层应采取的试样原则；规定了三轴剪切试验，以及有关测试和试验的要求；提出边坡的稳定性评价应在确定边坡破坏模式的基础上进行，可采用工程地质类比法、图解分析法、极限平衡法、有限单元法进行综合评价；要求对大型边坡应进行监测，监测内容根据具体情况可包括边坡变形、地下水动态和易风化岩体的风化速度等；规定了边坡岩土工程勘察报告应论述的特殊内容。

2.《公路工程地质勘察规范》

《公路工程地质勘察规范》(JTG C20—2011)结合公路工程地质勘察的组织实施情况，规定了"勘察大纲"以及工程地质勘探的总体要求，对工程地质勘探点的布设、挖探、钻探、物探等具体技术措施做了较为详细的规定，着重对深路堑工程的勘察分为初步勘察和详细勘察两个阶段提出了具体的勘察要求，并特别对滑坡的勘察做了详细规定。

在"5.6　深路堑(初步勘察)"中，首先规定了深路堑初勘的条件，以及应查明的基本内容，提出深挖路段应进行1∶2 000工程地质调绘，列举了工程地质勘探、测试的相关规定，最终给出深路堑初勘应提供的资料目录。

在"6.6　深路堑(详细勘察)"中，首先规定了深路堑详勘应在确定的路线上查明深挖路段的工程地质条件，要求调整、补充和完善1∶2 000工程地质调绘，规定了深路堑横向勘探断面的数量及要求，以及深路堑详勘应提供的资料目录。

在不良地质的"7.2　滑坡"中，首先明确了滑坡工程地质勘察的前提，明确了滑坡工程地质勘察应查明下列内容，列举了滑坡分类标准，提出了滑坡发育地段地质选线的原则，明确了滑坡地段工程地质调绘、工程地质勘探、工程地质测试的有关规定，以及滑坡稳定性计算分析方法及力学指标确定原则，最终明确了滑坡初步勘察和详细勘察应符合的具体要求。

同时，在"7.3　危岩、崩塌与岩堆"和"7.4　泥石流"中对上述两类不良地质路段的勘察提出了具体的要求。

3.《铁路工程不良地质勘察规程》

《铁路工程不良地质勘察规程》(TB 10027—2012)结合铁路工程实践经验，对滑坡和错落、危岩、落石和崩塌、岩堆、泥石流等地质灾害的勘察，均分为一般规定、工程地质选线、地质调绘、勘探与测试、观测与评价、踏勘、初测、定测、施工阶段和运营阶段10个小节，提出了较为详细的工程勘察技术要求，可作为公路边坡工程勘察依据的补充。

二、勘察技术要求

1. 可行性研究阶段边坡勘察内容和要求

公路建设项目可行性研究阶段边坡工程地质勘察，是研究对工程方案的比较有关键性影响的滑坡等不良地质病害的工程地质条件，进行必要的工程地质勘察工作，提出工程方案比选的边坡工程地质依据。其边坡工程地质勘察的深度，应根据公路等级、复杂程度及勘察合同与具体要求进行。

可行性研究阶段，边坡工程勘察工作应在广泛和充分收集目标场区既有地质资料和边坡工程实践经验的基础上，以调查访问为主，结合现场踏勘，辅以遥感判释，必要时采用钻探或物探的方法，初步查明滑坡等不良地质病害的类型、性质、规模、范围及其发生和发展情况，特别是大型复杂的古老滑坡体病害及滑坡群病害，应研究其影响路线控制点、路线走向和工程方案选择的边坡工程地质因素及其危害程度与处治方案。

首先，可行性研究阶段边坡工程勘察要求研究控制路线方案的滑坡等不良地质病害的分布范围及其工程地质特征，对路线走向和方案比选的影响应进行重点说明。同时，可行性研究阶段边坡工程勘察还要求研究控制路线方案中重要桥址的岸坡稳定性，或长大隧道进出口边坡稳定条件，提出适宜的位置和比选意见。此外，对于控制路线方案的越岭地段，应研究分析其工程地质基础和不良地质条件，从路堑边坡工程方案出发，提出路线越岭方案及比选意见。

可行性研究阶段边坡工程地质勘察主要包括：调查了解拟选路线的工程地质条件和水文地质条件，对控制路线走向的重点复杂边坡工程或滑坡等不良地质病害进行总体稳定性评价，对路堑边坡的坡形坡率提出初步推荐意见，并研究提出重要边坡工程对桥址位置或隧道进出口等的工程作用和影响。

可行性研究勘察收集资料包括：区域地质与地震资料，沿线的工程地质与水文地质资料，当地的边坡工程勘察设计经验，与目标工程类似的边坡工程实践经验和教训，有条件时可以收集相关航测像片与卫星像片资料。对收集的资料需经现场校核，对重点复杂路段应进行踏勘调查，必要时开展工程地质勘察工作。

可行性研究勘察工作中的边坡稳定性评价，应满足拟选路线的要求，并着重研究分析坡体软弱面(带)及地下水的作用和影响。当存在对路线有重大影响的复杂边坡问题或滑坡等不良地质病害，且不能避让时，应建议另行专题研究。

工程可行性研究阶段地质勘察工作手段和内容是利用航测地形图、遥感图像判释、地面调查测绘、地球物理勘探和重点场地钻探等手段，开展以区域性、基础性为特点的地质工作，以便在大范围内比较深入地查明对线路方案有控制作用的区域性工程地质问题，如大型活动性断裂带、不良地质地段等。

针对边坡工程，该阶段要特别关注的是在可能的几个线路方案中的严重不良地质地段。对于平行路线的顺河区域大断裂、长大顺层地段和不良岩土地段等地质灾害易发地段，要进行可能发生的地质灾害(包括边坡病害)性质、类型、规模和概率的预测，初估治理工程方案和费用，以便进行比选。

对于崩塌、滑坡等斜坡病害群发地段，主要以地表调查为主，调查内容包括：

(1)地形地貌、滑坡外貌、地层岩性、地质构造和水文气象资料等。

(2)滑坡、构造物的变形历史及现状等。

可行性研究阶段地质勘察的目的是：掌握目前滑坡的稳定程度、性质和类型、发展规模、基本地质条件和主要诱发因素，制订滑坡防治工程原则、工程措施，分析治理工程可行性和估算投资费用等。

该阶段的工作绝非是单纯的地质工作，而是与其他有关专业工作紧密相关和相辅相成的。对重大路线方案的取舍有重大控制作用的地质因素、地质工作，应在投入足够的工作量的基础上，提出确切的评价意见，同时应根据工作成果提出下一步优化初步设计的具体建议。

2. 初步设计阶段边坡勘察内容和要求

初步设计阶段应进行边坡初步勘察，初步勘察阶段边坡工程地质勘察的任务主要体现在：①查明边坡工程路段的区域地质、水文地质和工程地质条件，并做出工程评价；②初步查明对公路工程场地位置起控制作用的路堑高边坡或滑坡等的不良地质条件、病害类型、区段范围、性质规模、危害程度和发展趋势等，并提出绕避或治理的地质依据；③提供编制初步设计文件有关边坡防护加固工程或滑坡整治工程设计所需的地质资料。

对于初拟的土质路堑边坡高度大于 20m 或岩质路堑边坡高度大于 30m 的路堑高边坡，或者地质环境脆弱（岩层顺倾、软弱面或带较为发育、地下水丰富），或者古老滑坡堆积等不良地质病害路段，应初步查明其坡体结构条件、边坡稳定程度和发展趋势。

初步勘察阶段的边坡工程地质勘察的重点包括：调查边坡工程分类，即土质边坡、岩质边坡或二元结构边坡；调查二元结构边坡的土岩接触面倾角和倾向，土质边坡的土层性质、分层结构与组成，岩质边坡的岩性条件、岩层产状、岩体结构以及不利结构面的发育状态与分布规律；调查地形地貌条件（重视古老滑坡场区微地形或微地貌）、水文地质条件，特别是地表水的活动状态和地下水的赋存与运移规律。

（1）边坡工程初步勘察应包括以下内容：

①查明边坡工程路段的工程地质条件和水文地质条件。

②定性、定量评价路堑高边坡或滑坡的稳定性，预测工程活动对边坡稳定性的影响。

③提出路堑边坡开挖的坡形坡率建议。

④对于稳定性差的边坡工程或滑坡病害路段，提出初步治理工程措施及设计所需的岩土工程参数。

（2）查明边坡工程路段的工程地质条件应满足下列要求：

①查明边坡工程场地的岩土种类、成因、物理力学性质及分布，对各类岩石应按其工程性质进行单元层的划分。

②查明边坡工程场地的地质构造、结构面类型、产状、节理优势面发育特征、软弱结构面的分布情况及抗剪强度。

③查明滑坡等不良地质病害的分布范围和性状，以及对边坡稳定性的影响。

④对于地质构造复杂或超高边坡路段的工程勘察等级为Ⅰ级的边坡，尚需调查了解地应力分布情况。

（3）查明边坡工程路段的水文地质条件应满足下列要求：

①调查地表水对坡面和坡脚的冲蚀作用。

②查明边坡工程路段地下水的类型、补给来源、与地表水体的关系、排泄条件、地下水位深度和变化幅度、地下水的化学成分等。

③查明含水层的特征、分布规律、渗透性以及含水层间的水力联系。

④分析边坡工程路段水文地质条件与地形、岩性、地质构造间的联系。

⑤研究水对岩土体浸泡产生的软化作用。

初步勘察应收集边坡工程路段已有资料，对工程勘察等级为Ⅲ级的场地应进行工程地质调查，对工程勘察等级为Ⅰ、Ⅱ级的场地应进行工程地质测绘，并应采用勘探、测试等手段进行综合勘察。

初步设计阶段的边坡工程地质勘察工作应突出重大地质病害对路线方案的制约。确定路线方案前应对沿线地质构造带、断层、岩石的层理情况、地质病害的分布及范围等有充分的了解，通过对遥感地质判释资料以及不同勘测阶段的勘探、调查资料的分析，研究路线通过方案并不断优化。

对于地质较为复杂地段，还应注意在设线后诱发并加剧地质病害的可能性，谨慎地确定路线的线位和采取的工程措施。地质技术人员应配合路线设计师做好地质咨询工作，可以沿初步拟定的路线线位，进行全线踏勘，对重点工点进行地质调查，确定初拟线位沿线的基本工程地质情况，评估路线方案的可行性，发现重大不良地质地段或预测工后会出现难以治理的地质病害的路段，要及时反馈信息，以便尽快调整路线线位。

基本确定路线方案后，及时委托有资质的单位进行建设用地地质灾害危险性评估工作，并进行大比例尺（1∶10 000）的地质遥感解译及地质灾害调查和工程地质调绘工作，编制 1∶10 000工程地质图和路线区域地质病害现状图。工程图件的重点是地质灾害和重要工点的工程地质条件，要有针对性，要突出重点，不可以将 1∶50 000 地质图放大。现在委托地质部门做的图件，有些不能称为工程地质图，只能称为基本地质图，因为工程地质分区太笼统，工程地质条件的论述太简略。地质灾害评估工作不能够代替 1∶10 000 工程地质图的编制，但二者可结合，以节约时间和经费。

很多地质灾害（如滑坡、泥石流等）由于植被覆盖、后期人工改造以及观察角度和范围有限等，在现场难以判断。通过遥感资料（如航片）可以从宏观上观察全貌，合理地解译，有利于对此类不良地质体的正确认识。

当工作中发现仍有重大的地质病害存在或有潜在的重大地质病害时，必须及时调整线位。对于重大的地质病害应尽量绕避，实在无法绕避的要考虑工程措施的可能性与可靠性，尽量在路线的平纵面优化上下功夫，如采用分离式路基、用桥隧构造物通过、从滑坡体上部通过、半路半桥等，避免高填深挖，以减少对地质环境的破坏，提高工程措施的可靠性和安全度。对于地质病害，应以防为主，以治为辅，能避当避，即使增加工程造价也是值得的。

对于重大地质病害路段，应进行深入勘察，确定路线的可行性，必要时应增加技术设计阶段边坡工程地质勘察。

3. 施工图设计阶段边坡勘察内容和要求

施工图设计阶段应进行边坡工程详细勘察，详细勘察阶段边坡工程地质勘察的目的是：根据已批准的初步设计文件中所确定的边坡工程坡形坡率与防护加固工程设计方案和技术要求等基础资料，在初步勘察阶段边坡工程一般地质报告的基础上，有针对性地进行边坡工程地质勘察工作，为编制边坡工程施工图设计文件提供准确、翔实和完整的工程地质资料。

其详细勘察阶段工作任务主要体现在：进一步查明边坡工程区段的工程地质条件和水文地质条件，最终确定路线基线位及边坡坡形坡率等；进一步查明边坡的坡体结构、稳定条件和影响因素等，为边坡工程防护与加固提供设计和施工必需的地质资料；根据初步设计阶段提出的重点复杂高边坡或滑坡等不良地质病害的防护加固或病害整治工程方案，具体查明不良地质条件、边坡病害类型、影响区段范围、性质规模、危害程度、稳定状态和发展趋势，并为其防护加固或病害整治工程设计提供必需的地质依据和岩土参数。

边坡工程详细勘察重点有以下三个方面：①对滑坡等不良地质路段，根据已确定的整治工程设计方案，应查明滑坡病害的地形地貌特征、地层岩性条件、地质构造背景、坡体结构类型、岩体结构特征、地下水作用规律，以及病害性质、规模、原因、稳定程度和发展趋势；②对存在开挖边坡稳定问题的重点复杂的路堑高边坡路段，基于已确定的防护加固工程方案，应查明地层岩性、地质构造、坡体结构、不利结构面发育状态、地下水赋存与分布规律，以及潜在边坡工程病害的影响范围和危害程度；③对于影响或控制滑坡滑动或边坡失稳变形和破坏的特殊岩土、滑带岩土和岩土体软弱结构面，应根据其防护加固或整治工程设计方案确定所需的各项物理力学指标，如抗剪、抗滑指标等，同时查明滑动面或潜在失稳破裂面的形成条件与发展规律。

边坡工程详细地质勘察是指对不稳定的路段（如滑坡等不良地质病害路段）或者潜在不稳定的路段（如重点复杂的路堑高边坡路段等）应进行的专门性地质勘察工作，其工作内容应包括：

(1)查明滑坡等不良地质病害路段或重点复杂的路堑高边坡路段的工程地质条件和水文地质条件。

(2)明确其抗剪强度等岩土力学指标，分析评价滑坡体或潜在失稳体的稳定性状态，并提出切实可行的防护加固或治理工程措施建议。

滑坡工程地质条件与水文地质条件包括：地形地貌与气象气候条件、地层岩性与地质构造基础、岩土体结构特征与坡体结构类型；边坡岩土种类、成因、性质及分布；滑动面或潜在滑裂面的成因性质、位置产状及其组合关系；地下水的类型、水位、赋存、补给、排泄及其动态变化规律，以及泉水湿地的出露情况与分布规律。

边坡工程详细地质勘察应采用工程地质测绘、勘探、测试等手段。工程勘察等级为Ⅰ级的工程，必要时应进行模型试验、位移监测和水文监测等。

除了详细的地质勘察工作，还要贯彻综合设计原则，在路线设计的各个阶段，对工程地质条件要有充分的了解，保证路线方案的科学性。对地质资料要充分利用，桥位、隧道、路线各有一套地质资料，但彼此经常脱节。例如，当桥隧相连时，隧道勘察发现有不良地质现象，边坡工程设计人员却不知道，还把桥台置于其上。因此，须加强各专业之间的交流沟通，互相学习。从事路线、隧道、边坡工程设计的人员要尽可能多地掌握一些基本的地质知识，以有利于对地质资料的合理使用。

4. 施工阶段边坡勘察内容和要求

施工阶段边坡工程地质勘察的目的是：在边坡工程施工阶段，基于边坡开挖揭示地形地质条件、坡体结构条件，以及地下水活动状态与分布规律等，结合边坡工程稳定性状态与变形动态特征，复查和校核勘察阶段边坡工程地质条件是否符合实际情况，必要时进行修改、补充和完善；并且，对重点复杂的边坡工程路段或滑坡等重要不良地质病害路段，为边坡或滑坡的防护加固工程方案的比选、优化，以及动态设计与信息化施工等的需要，进行重点性边坡工程地质勘察，编写边坡工程补充地质勘察报告或专题地质勘察报告。

施工阶段补充地质勘察工作任务主要体现在：

(1)以调查测绘为主要手段，详细调查地层岩性、地下水在边坡坡体的分布，以及断层和结构面的发育程度和分布。对于坡形、坡率和防护工程设计，重点是对防止坡面变形和局部边坡变形的加固工程措施进行修正。

(2)对大型复杂或对重大工程构筑物有影响的边坡，进行必要的监测和测试，以检验加固工程效果和边坡的长期稳定，并依据监测和测试资料提出合理的施工方法和施工工序。

(3)在整个建设阶段，配合建设单位为边坡工程管理提供服务，如边坡开挖、加固工程施工、监理和质量保证等，提出系统的规定和细则。

边坡施工阶段勘察重点是：结合边坡坡体现场开挖揭露地质情况，对边坡体范围内地质情况做详细地质调查，该地质调查主要以现场地质量测为主。对于边坡开挖变形破坏的边坡，现场调查、稳定性分析评价及变形边坡的防护工程须重新设计及加固处理。同时，治理破坏工点边坡，进行预防变形加剧等工程治理。

由于地质条件的复杂性和勘察周期的制约，对于滑坡病害或重点复杂的路堑高边坡路段，在设计阶段难以布置充分的勘察工作量，无法查清场地详细工程地质条件。在施工阶段，可以进行补充勘察，如边坡开挖揭露发现地质条件变化，及时补充和完善有关边坡工程地质资料。施工中发现新的地质问题(如新发现古老滑坡病害堆积体或边坡变形破坏产生滑坡病害等)时，也要补充勘察。应该把施工阶段的勘察工作视作设计阶段勘察工作的重要补充。

三、勘察工作管理

1. 边坡勘察工作组织

根据公路基本建设程序，公路勘测设计一般可分为预可行性研究、工程可行性研究、初步设计(或方案设计)、技术设计和施工图设计五个阶段。各阶段对边坡工程要求解决的工程地质问题不同，根据公路工程建设项目主要勘测设计工作进程，可分为可行性研究勘察阶段、初步勘察阶段、详细勘察阶段和施工勘察阶段组织开展边坡工程地质勘察工作，如图 2-1 所示。

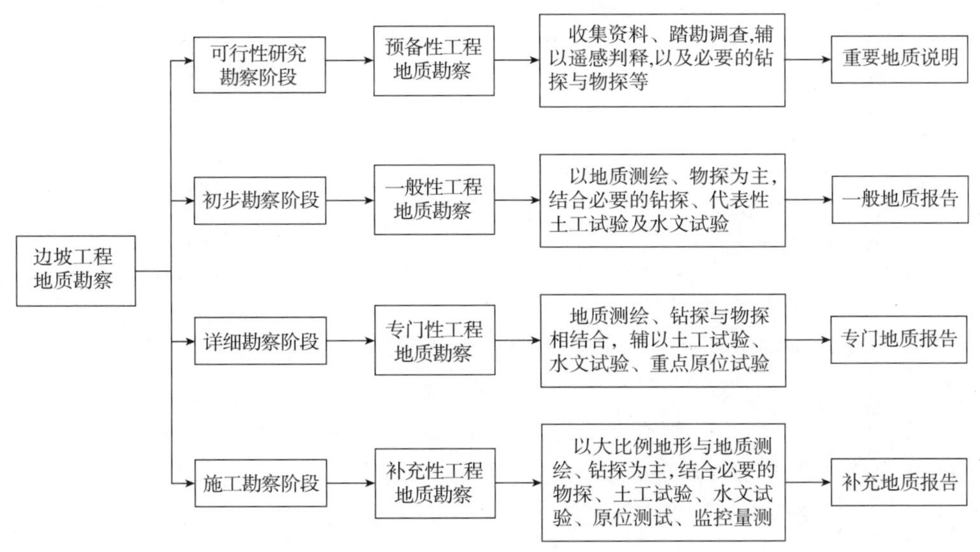

图 2-1　边坡工程地质勘察分阶段组织实施框架

可行性研究勘察阶段边坡工程地质勘察，是指在工程可行性研究阶段(预可行性研究阶段一般不涉及具体的边坡工程及其不良地质问题)，即线路走廊拟定后，应采取广泛收集资料、现场踏勘调查，辅以遥感判释，以及必要的钻探和物探方法，初步查明拟定线路走廊带内可能存在的重要边坡工程问题或滑坡等不良地质问题的形成条件与分布规律，及其与不同建设方案的相互影响与作用规律，为不同建设方案的比选和投资估算提供必要的基础资料，即预备性边坡工程地质勘察，提出重要地质说明或建议。

初步勘察阶段边坡工程地质勘察，是指在初步设计阶段或方案设计阶段，应结合当地自然地理和地质条件开展工程地质测绘，以物探方法为主，结合必要的钻探工作，查明典型的坡体结构条件及其工程作用和影响，并进行代表性土工试验及水文试验，为边坡防护工程设计或滑坡等不良地质整治工程设计提供必要的地质基础资料，即一般性边坡工程地质勘察，提出边坡工程一般地质勘察报告。

详细勘察阶段边坡工程地质勘察，是指在施工图设计阶段或技术设计阶段，为确定边坡防护工程设计或滑坡等不良地质病害整治工程设计所需的岩土物理力学参数，应以初步勘察阶段所提交的一般地质勘察报告为基础，通过补充和完善工程地质测绘，采用钻探与物探相结合的方法，进一步查明边坡工程地质与水文地质条件，包括系统的土工试验与水文试验工作，即进行专门性边坡工程地质勘察，提出边坡工程专门地质勘察报告。

施工勘察阶段边坡工程地质勘察，是指在边坡工程施工阶段，基于边坡开挖揭露地形地质条件、坡体结构条件，以及地下水活动状态与分布规律等，结合边坡工程稳定性状态与变形动态特征，复查和校核勘察阶段边坡工程地质条件是否符合实际情况，必要时进行修改、补充和完善。对重点复杂的边坡工程路段或滑坡等重要不良地质病害路段，为边坡或滑坡的防护加固工程方案的比选、优化，以及动态设计与信息化施工等需要，进行大比例地形与地质测绘，以钻探手段为主，结合物探工作，必要时开展原位测试，在具备条件或客观需要的情况下实施边坡工程监控量测，查明坡体病害的性质与规模、历史与现状、病害原因与机理，以及稳定状态和发展趋势等，即进行重点性边坡工程地质勘察，提出边坡工程补充地质勘察报告或专题地质勘察报告。

2. 边坡工程地质勘察监理

公路工程地质勘察质量是保证公路工程设计准确性、方案科学性及合理性的重要前提，直接影响公路的使用功能和寿命、环境保护、行车安全和工程造价等。我国交通运输部于 2011 年 9 月 15 日印发了《关于进一步加强公路勘察设计工作的若干意见》，要求进一步加强地质勘察与外业调查工作，确保基础资料全面、实用、可信。为此，各省市交通运输主管部门在基本建设程序中增加公路工程勘察设计监理工作，公路工程地质勘察监理逐步推广成为公路工程勘察设计管理的主要工作内容，而边坡工程地质勘察是公路工程地质勘察中工作量较大、技术含量较高的关键环节之一。边坡工程地质勘察监理的特点主要有：

(1)技术复杂，对监理人员素质要求高。边坡工程地质勘察监理是采用技术咨询手段对勘察单位进行监控的，要求项目监理人员既要具有扎实的公路工程、岩土工程及勘察设计理论基础，又要具有丰富监理经验，既要熟悉勘察的一般技术要求，又要熟悉公路边坡工程设计的特点。

(2)战线长，任务重。公路工程是线状工程，边坡勘察点分布零散，地层复杂多变，需要合理调配人力、物力，旁站监理与巡视监理相结合；抓住关键重要工点的监理工作，全面监控与重点监控相结合。

(3)处理勘察变更任务重。边坡勘察变更通常是由以下两个方面引起的：一是由于设计方案变更引起的勘察变更；二是由于工程地质条件变化或施工场地条件变化引起的勘察变更，存在量多、面广的特点。

（4）监理人员应承担勘察人员和设计人员之间的桥梁纽带作用，并促进双方的技术沟通。公路工程地质条件复杂多变，对公路工程设计方案影响较大。地质勘察人员及时将现场勘察成果反映给设计人员，由设计人员针对现场情况调整确定设计方案，勘察人员按照调整变更的设计方案进一步勘察。

边坡工程地质勘察监理的主要工作内容有：

（1）编制边坡工程地质勘察监理实施细则

监理单位受建设管理单位或交通管理部门的委托，编制边坡工程地质勘察监理实施细则，主要包含地质勘察组织机构、人员安排、监理内容、实施方案、报批流程、检查程序等相关内容，细化监理制度实施方案。

（2）勘察指导书（勘察大纲）的审查

监理单位受建设管理单位或交通管理部门的委托对勘察指导书进行审查，应该由具有丰富勘察经验的监理人员来审查。审查内容包含：

①勘察单位项目管理机构、人员配备是否满足要求。

②勘察单位项目技术管理制度是否健全，质量保证体系、安全保证体系是否有效。

③勘察方案是否合理，是否满足规范规定的各阶段勘察工作量和勘察深度的要求。

④采用的勘察手段和方法及使用的设备仪器是否正确、合理。

⑤工期安排是否合理，能否在规定的时间内向设计部门提供勘察报告。

⑥勘察指导书（勘察大纲）签署是否齐全。

（3）现场勘察的监督和管理

现场勘察是工程地质勘察工作中非常重要的阶段。勘察成果报告所依据的数据都直接或间接来自现场勘察。现场勘察中勘探取样、原位测试多是在地下进行的，属于隐蔽工程。为了保证现场勘探的勘察质量，必须进行旁站，从勘探孔定位到终孔、取样、原位测试等均应有监理人员在场，以勘察指导书（勘察大纲）为依据，监督检查勘察单位的现场勘探质量。现场勘察应结合现场地质条件变化，对勘察工作方案做必要的优化。

（4）室内土工试验的监理

国家强制性规范、标准，以及勘察大纲中一般对室内土工试验数量、质量、进度有具体的规定，测试后留有余样可作为追溯控制依据之一，监理人员可采取旁站、巡视、抽查原始记录、平行检验等方法进行控制。用常规的类同施工监理的方法和手段一般能达到监控的目的。

（5）审查地质勘察成果及资料

监理单位受建设管理单位或交通管理部门的委托，对地质勘察工作形成的地质调查报告、原位测试试验、岩土力学试验等中间成果，以及依据相关成果形成的勘察报告文本、表格、图件等相关技术资料进行审查，并提出修改意见，敦促地质勘察单位修编，并予以审定。

（6）编写地质勘察监理阶段报告和总结报告

监理单位在地质勘察监理工作过程中，以及完成监理工作后，应及时提交地质勘察监理阶段报告和总结报告，对地质勘察监理的要求、工作过程、发现的问题、解决方案等进行总结，并对地质勘察质量进行总体评价。

（7）协助组织外业勘察验收

按照交通运输部有关文件的要求，外业勘察验收工作是开展设计工作的基本要求和条件。监理单位对外业勘察进行初验，主要对勘察过程的原始资料、勘察工作量、勘察报告质量等内容做出评价。对于审查中发现的问题，监理人员应及时指出，并要求勘察单位改正。

第三节　边坡工程设计要求

一、有关规范规定

边坡工程设计是为确保边坡工程稳定、安全、和谐美观而开展的一系列调查分析、计算评价、防护布置、结构设计等技术工作的总称，是一项系统工程。一般而言，边坡工程设计首先应在边坡工程勘察的基础上，进一步分析查明边坡地形地貌、地质条件、边坡类型、影响因素、稳定状态等基本要素，然后开展边坡坡形坡率设计、地表及地下排水设计、边坡防护及绿化设计等常规设计内容，并重点开展边坡支挡加固方案的布置、受力和结构开展细部设计工作，以满足边坡防护加固的处治要求。

边坡工程设计涉及公路、铁路、水利、水电、建筑、市政、采矿及国土资源等众多行业，各行业结合自身特点及发展需要，开展了较系统的研究，总结出较丰富的工程经验，在边坡稳定性评价及工程治理对策的很多方面具有共性。但由于各行业工程对象及处治要求的不同，有关技术标准的细则及实施方案通常具有较大的差异。因此，加强各行业规范在横向与纵向的细节比较，有助于深入理解边坡工程设计思想，互为借鉴，提高边坡设计水平。本节以《公路路基设计规范》(JTG D30—2004)中有关路基边坡及支挡锚固工程的相关设计细则为基础，主要参照《铁路路基支挡结构设计规范》(TB 10025—2006)(2009 年版)等相关行业规范，以及我国香港、台湾及欧美国家或地区的经验，提出边坡稳定性评价及支挡结构设计的相关规定、参照标准及合理化要求。

1.《公路路基设计规范》

《公路路基设计规范》(JTG D30—2004)是公路路基设计的主要技术依据，分别在多个章节中规定了山区公路路基设计的主要原则和参照标准，主要有：

在“3.4　挖方路基”中规定了土质路堑和岩质路堑的边坡形式、坡形坡率及其设计原则；根据挖方路基岩土性质，提出了土质路堑边坡坡率和岩质路堑边坡坡率的建议值；规定了路堑边坡平台及碎落台设置原则，边坡地表排水系统的设置要求，边坡地下排水设置要求和边坡坡面防护的设计要求。

在“3.7　挖方高边坡”中规定了挖方高边坡的坡高标准；提出了边坡工程地质勘察要求；规定了边坡岩土体力学参数的确定方法，并给出结构面抗剪强度指标标准值、结构面和结合程度、边坡岩体内摩擦角折减系数等参考表格；规定了边坡稳定性评价方法、边坡稳定性计算工况及各工况条件下边坡稳定安全系数要求；规定了挖方高边坡坡形坡率设计、边坡防护设计、地表和地下排水设计的具体原则；最后提出了挖方高边坡施工监测及信息化动态设计方法的实施要求。

在“5.5　边坡锚固”中规定了边坡锚固设计的一般规定，锚固边坡稳定性评价，设计锚固力的计算方法，预应力锚杆设计规定、计算方法和构造规定，全长黏结型锚杆设计规定、计算方法和构造规定，锚固边坡坡面结构设计和锚杆试验与监测设计等方面的具体内容。

在“5.7　抗滑桩”中规定了抗滑桩结构设计的一般规定、结构设计及构造、结构设计计算方法和依据等具体内容。

其余章节还涉及路基排水、路基防护与支挡等相关内容，在边坡工程设计过程中应给予重视。

2.《铁路路基支挡结构设计规范》

《铁路路基支挡结构设计规范》(TB 10025—2006)(2009 年版)认真总结了我国铁路路基支挡结构设计、施工及运营中的经验和教训，借鉴了国内外有关标准的规定，共分为 12 章。内容包括：总则、术语、重力式挡土墙、短卸荷板式挡土墙、悬臂式和扶壁式挡土墙、锚杆挡土墙、锚定板挡土墙、加筋土挡土墙、土钉墙、抗滑桩、桩板式挡土墙和预应力锚索，各章一般分为一般规定、设计荷载及计算、构造要求 3 小节内容，较详细地说明了路基支挡结构设计的技术规定，特别是重力式挡土墙、锚杆挡土墙、锚定板挡土墙、土钉墙、抗滑桩、桩板式挡土墙和预应力锚索等章节，以及“附录 B　抗滑桩设计参考值”和“附录 C　锚杆、锚索设计参考值”等附表，对于公路边坡工程支挡结构设计具有较好的指导性，是十分重要的参考依据。

3. 香港地区边坡防治工程设计

香港是一个多山的城市，人口稠密，斜坡较多。客观的自然环境，给香港的发展和市民的生活带来了许多困难和不便。从 1977 年开始，香港就开始了较大规模的规划和管理斜坡工作；如成立土力工程处，统一规划管理有关斜坡勘察、设计、建造、监察及维修；建立斜坡记录册和审批标准；搜集山坡地质资料等。

香港地区边坡工程勘察设计主要依据为香港特别行政区政府土木工程署土力工程处编写的《斜坡岩土工程手册》以及土力工程处陆续刊发的相关技术报告。《斜坡岩土工程手册》对香港的斜坡设计、建造、维护及土地平整等方面采用的标准提供了指导。全书分为 12 章，并附有大量的图表以供设计参考，具体内容主要有：香港地质、场地勘察、室内试验、地下水、斜坡设计、斜坡上的基础、挡土结构、地表排水与保护、施工、现场监测仪器、维修及资料来源。

近年来，在斜坡处理工程的技术方面，香港采用多种系统和风险评估方法，建立了世界领先的边坡管理系统和风险评估方法。

4. 台湾地区边坡防治工程设计

我国台湾地区坡地约占总面积的 75%，为满足百姓的生活需要，坡地的开发势难避免，然而不当的坡地开发，造成边坡问题较突出，山区道路在台风暴雨中常因斜坡破坏而中断，造成人命财产的损失。台湾地区斜坡防治工程引入欧美和日本等国家先进经验，并专门成立了财团法人地工技术研究发展基金会，协助地区政府机构制定地工技术法规及标准，逐步建立了较系统的斜坡防治工程设计标准。

1994 年，台湾地区国道新建工程局颁布了《大地工程设计注意事项》，对边坡勘察设计的主要环节进行了规定和说明，主要实施步骤有：资料收集，现场调查、测量、钻探及试验，地震影响分析，荷载选择与取值，地质分析参数选择，边坡稳定系数选定，边坡稳定性分析，修坡及植生、支挡工程、地锚或岩锚、地上与地下排水、监测评估等方案的设计，以及相关支挡结构的设计计算等。

5. 欧美等国家边坡防治工程设计

欧美及日本等发达国家较早地开展了基础设施建设，在岩土边坡工程设计计算及相关技术标准等方面发展较成熟，在边坡工程可靠度设计和边坡风险评估等领域较为领先。

欧洲联盟（简称欧盟）发展和推行的欧洲岩土工程设计规范 Eurocode 7 包含了欧洲国家最新的信息和最顶尖专家的意见，代表了当前的最新水平。国际标准化组织（International Organization for Standardization，ISO）也在讨论将欧洲规范作为国际标准的可能性。Eurocode 7 标准主要包含以下基本内容：前言，总则，岩土设计基础，施工监理、监测和维护，填筑、降水、地基加固和加筋，条形基础，桩基础，锚固，挡土结构，水力失效，整体稳定性，土石坝，以及相关计算和方法的附录。Eurocode 7 标准的制定对极限状态设计方法的发展具有重要的影响，可以作为我国边坡工程设计的参考。

美国陆军工程师团（US Army Corps of Engineers，USACE）发布的《边坡工程设计手册》（*Engineering and Design Slope Stability*），详细规定了边坡工程设计的技术要求，主要内容有：基本准则、稳定分析与设计步骤、荷载组合分析、稳定性评价、渗流分析、短时降水分析、地震分析、设计计算标准、稳定性计算方法等。美国公路领域和露天矿设计领域的相关规范也对边坡工程设计进行了一些规定，以满足行业设计的要求。

日本和韩国均是多山的国家，在基础设施大规模兴建阶段，结合工程实际开展了崩塌、滑坡等斜坡地质灾害的分析与治理。例如，日本道路协会发布的《日本道路桥示方书·同解说》以及其他相关行业技术规范均对滑坡的设计准则，稳定性分析方法，支挡结构、锚固结构、排水系统等设计计算方法进行了具体的规定和说明，可为我国公路边坡设计引作参考。

二、边坡稳定性分析

1. 边坡稳定性影响因素

1）地形地貌

地貌是指地壳表面由岩石或土组成起伏状态，是地质环境中最明显最直接的外在表现。对于山区地形，在长久地质年代中，自然边坡在内外界营力作用下趋于稳定而形成。对边坡工程建设而言，原稳定自然坡体在人工开挖、扰动情况下，影响坡体的原有力学平衡，在工程中较为常见的古老滑坡复活、边坡坡脚开挖防护不及时等因素引起的边坡破坏均受此类因素影响，在每条山区高速公路建设过程中或建成运营阶段均能发现。

因此，在路堑边坡的踏勘调查中，应重视场区地貌特征的调查，尤其应尽可能地查明与岩质路堑高边坡稳定性与工程设计关联紧密的古老病害特征、江河库岸条件、地面建筑限界、斜坡自然坡率、开挖地形等，并结合已有工程的经验类比，对边坡工程的稳定现状做出定性评价，从而确定总体的设计思路。

2）地层岩性

地层岩性是影响边坡稳定程度的基本因素之一。总体来讲，火成岩一般岩性坚硬，节理裂隙不甚发育，一般地质灾害发育程度较低，常表现为崩塌落石等破坏形式；沉积岩和变质岩岩性相对软弱，常发育层面、片理面等优势性弱面，易形成边坡变形的依附面，发育成滑坡、倾倒等地质病害。

因此，在路堑边坡的工程地质调查中，应通过开挖露头的调查分析、工程勘探与岩土试验等手段确定边坡岩土体的岩性条件，并进行边坡岩体的风化分级，以利于对边坡稳定性进行评估。

3)地质构造

在漫长的地质历史中，边坡岩体往往经历了不止一次的构造作用，形成了规模不等、性质各异的褶皱和断裂，对边坡的稳定性产生显著影响。大中型断层是强烈构造作用的产物，经常伴生规模不等的断层破碎带，破碎带内岩层产状紊乱，节理发育，岩体破碎，成为线路建设的控制性工程。中小型断层在出露于开挖面附近时，常形成岩质路堑边坡破坏的控制性界面，断层内的泥化夹层等严重弱化岩体强度参数，是边坡稳定性分析中特别需要重视的问题。

因此，在边坡工程地质分析中，应通过露头调查、坑槽探、地质钻探、工程物探等多种手段尽可能查明场区地质构造特征和展布规律，尤其应重视对路堑开挖施工进程中揭露的开挖面地质条件进行工程地质复核，以调整和优化设计。

4)坡体结构

坡体结构是指坡体内岩体或土体的分布和排列顺序、位置、产状及其与临空面的关系。边坡岩土体的力学性质具有不连续性、非均质性和各向异性，边坡的稳定性程度依赖于坡体结构特征，边坡的破坏模式受控于坡体结构类型，不同的坡体结构特征体现不同的坡体稳定条件。

查明坡体结构是边坡稳定性分析和防护加固工程处治的重要环节。在路堑边坡踏勘调查与稳定性分析中，应强化对坡体结构的认识，综合考虑各方面因素的影响，进行边坡坡体结构的分析与评价。

5)岩土性质

边坡岩土类型是决定边坡稳定性的根本因素。坚硬完整的岩石如花岗岩、石灰岩等，能够形成很陡的高边坡而不失其稳定，而软弱岩石或土只能形成低缓的边坡。沉积岩的最大特点是具有层理，它们对边坡稳定性具有控制性的作用。沉积岩还常夹有软弱岩层，这些软弱岩层易构成滑动面。

黏土类和黄土类边坡、滑坡、崩塌很发育，特别是由裂隙黏土和胀缩土组成的边坡，在边坡很平缓时仍能破坏。根据滑坡分布与岩性的关系分析，黏性土类、黄土类、堆积土类、砂叶岩类和软弱夹层岩类等属于易滑地层。在边坡稳定性研究中，查明研究区域是否有易滑地层分布是十分重要的。

6)结构面发育状态与规律

结构面强度对坡体稳定性的影响是显而易见的。结构面切割岩体，在受外加荷载作用下，岩体通常沿结构面剪切破坏。地质年代中由于构造运动，坡体内的层理、节理、片理、断层等结构面普遍存在，这些结构面相互交错，不但严重破坏了岩体的完整性，而且降低了岩石的力学强度，因而也体现出结构面对岩体强度的弱化作用。

在边坡工程中，这些结构面对边坡稳定性的影响主要集中在结构面产状与边坡产状的几何关系、岩体结构面的性质、岩体结构面的发育程度、岩体结构面的组合关系等方面，在边坡设计过程中应对上述内容做重点分析和探讨。

7)水的作用和影响

大气降雨、地下水活动状态对路堑边坡稳定性的影响是非常活跃的。大气降雨引起的坡表径流与入渗以及地下水位升降常成为公路沿线地质灾害集中发生的诱导因素。地下水对边坡稳定性的影响主要体现在对潜在失稳面产生的静水压力、浮托力和渗透力，总体上增加了边坡失稳的下滑驱动力；另外，地下水位的急剧上升，将严重损伤近滑面区岩土的强度特性，同时地下水的浸润又对坡体岩土和结构面夹层有很强的软化效应，总体上减小了边坡的抗滑能力。

在路堑高边坡的踏勘调查中，应注意开挖面露头的干湿状态，通过地质钻探、工程物探和地下水位监测等，确定坡体地下水活动状态和规律，也可以通过地下水的渗流模拟来加深对边坡水力学特征的了解。

8）工程开挖

路堑边坡的开挖卸荷效应主要体现为近开挖面坡体因应力卸荷而产生松弛区，开挖卸荷松弛区内边坡岩体因应力状态发生急剧变化而产生节理裂隙的扩展和体变扩容，造成岩体力学性质的弱化，继而产生松弛区的变形破坏，这种破坏可以是局部的，也可以是整体的。开挖周期偏长将强化开挖扰动作用，施工工序颠倒可能严重影响边坡稳定性，开挖过程中的爆破将严重扰动边坡，开挖过程中遭遇降雨等不利条件也将影响边坡稳定性。

因此，边坡设计中需要重视边坡开挖卸荷效应，认真评估其扰动效应，并对施工周期、施工工序、施工工艺及施工过程中的自然营力作用综合考虑。

9）防护加固

边坡的防护加固工程可分为普通防护工程和支挡加固工程两大类。边坡的普通防护工程是采用砌石、喷浆、植草等封闭防护措施防止坡面岩土风化剥落、淋滤冲刷、掉块落石以及水土流失等坡面病害，维持边坡坡面浅表层的稳定和安全。边坡的支挡加固工程是采取人工措施将边坡的滑动传送或转移到另一部分稳定体中，使整个边坡达到一种新的稳定平衡状态。加固措施的种类不同，对边坡稳定的影响和作用也不相同，但都是为了保证边坡的稳定。

10）地震等其他因素

地震对边坡稳定性的影响主要体现在地震累积效应和地震触发效应两个方面，累积效应主要表现为地震作用引起边坡岩体结构松动，破裂面、弱面错位和孔隙水压力累积上升等；触发效应主要表现为地震作用造成边坡中软弱层的触变液化以及使处于临界状态的边坡瞬间失稳。

此外，河流的冲刷作用，即河流的下切和侧蚀，是江河库岸边坡破坏产生崩塌、滑坡等病害的主要触发原因之一。河库水位升降将改变岸坡的水文地质条件，经常造成崩岸、塌岸等地质病害。

2. 边坡稳定的定性分析

边坡稳定性最早由地质工程师提出，后来从事力学研究的学者也开展边坡稳定性研究，随着工程实践和诸多工程破坏，两种学派趋于融合并相互借鉴，使边坡稳定性研究形成比较完善的理论体系。

1）地质历史分析法

地质历史分析法又称过程机制分析法，其实质是通过对边坡发育的地质环境、边坡发育历史中各种变形破坏迹象及其基本规律和稳定性影响因素等分析，追溯边坡变形破坏演变的全过程，找出影响边坡变形、破坏的主控因素，预测边坡稳定性发展趋势及破坏模式，从而对边坡的稳定性做出评价。

2）工程地质类比法

工程地质类比法的实质是把已有的天然斜坡或人工边坡的研究或设计经验应用到条件相

似的新斜坡的研究或人工边坡的设计中去。在进行类比时,不但要考虑边坡结构特征的相似性,还要考虑边坡所处环境的相似性,以及促进边坡演变的主导因素和边坡发展阶段的相似性。工程地质类比法的优点是能够综合考虑影响边坡稳定的各种因素,快速评价边坡稳定性状况及其发展趋势;缺点是只能定性地评价边坡稳定性,不能为边坡的支护设计提供准确的数据。

3)图解法

图解法可分为两类:一是图解法,即用一定关系的图形曲线来表征边坡有关参数之间的定量关系,由此求出边坡稳定性系数,或已知稳定系数及其他参数仅一个未知的情况下,求出稳定坡角或极限坡高。一般用于土质或全风化的具有弧形破坏面的边坡稳定性分析。二是赤平投影图法,即利用极射赤平投影的原理,通过作图直观地表示边坡变形破坏的边界条件,分析软弱结构面的组合关系,分析滑体的形态、滑动方向,评价边坡的稳定程度,为力学计算创造条件。该法目前主要用于岩质边坡的稳定性分析。

4)边坡的分析数据库和专家系统

边坡工程地质数据库是收集已有的多个自然斜坡、人工边坡实例的计算机软件。其按照一定的格式,把各个边坡工程实例的发育地点、地质特征、变形破坏影响因素、形式、过程、加固设计,以及边坡的坡形、坡高、坡角等收集起来,并有机地组织在一起。可直接根据不同设计阶段的要求和相关的类比依据,方便快捷地从中查询相似程度最高的实例进行类比,以指导实践、节约费用。

专家系统是一种按学科及相关学科专家的水平进行推理和解决问题,并能说明其缘由的计算机程序。边坡稳定分析设计专家系统是进行边坡工程稳定性分析与设计的智能化计算机程序,将某一位或多位边坡工程专家的知识、工程经验、理论分析、数值分析、物理模拟、现场监测等行之有效的知识和方法有机地组织起来的计算机程序,模拟并再现人脑的思维过程,吸收其合理的知识结构,寻求优化的技术路径。

3. 边坡岩土参数的选择

岩土强度参数的评价与确定是公路边坡计算分析过程中一项基础性的工作,对边坡失稳力学机理分析、稳定性计算与防护加固检算具有非常重要的意义,也与边坡工程的投资和安全密切相关。

众所周知,因为岩体强度具有不确定性、不均匀性、各向异性、与应力相关等强烈的非线性特征,以及在路堑开挖施工过程中伴生强度软化特性和松弛弱化效应,同时相对于土体,岩体强度参数的测试手段更为复杂和昂贵,所以在边坡工程的实践中确定岩体强度参数是非常困难的。

另外,山区道路工程是一种线状工程,沿线穿越不同地形地貌单元和地质构造区,边坡数量众多,岩体结构差异较大,由于受经费、工期和勘察手段的限制,路堑边坡岩体力学参数的试验和研究工作严重不足,边坡岩土体强度参数评估成为边坡工程设计过程中非常重要的内容。

边坡岩土体力学参数的确定通常以室内试验和现场试验为基础,需要花费较多的时间、人力和经费,对道路工程这种线状构筑物来说,无论从工期方面还是从经费方面考虑,开展大量的勘探和试验都是不现实的,根据当前工程实践的实际状况,针对道路工程及边坡岩土特点,提出一套简易快捷、可靠可行的岩土强度参数确定原则,如下所述。

1)试验评估法

试验评估法是获取边坡岩土物理力学参数的直接方法,在边坡工程实践中广为应用,由于采用手段的不同,一般可分为室内试验评估法、现场试验评估法和数值试验评估法三种类型。

(1)室内试验评估法。室内试验常被用来确定岩石和土的密度、孔隙比、含水率等常规物理指标,以及岩石和土的抗拉压强度、黏聚力、摩擦角和变形模量等力学参数。除了常规的土工试验,对于岩质边坡,具有重要意义的试验主要有岩石单轴抗压强度试验、岩石抗拉强度试验、岩石抗剪强度试验和结构面或滑动带剪切强度试验等。

(2)现场试验评估法。现场试验同样是获取边坡岩土强度参数的有效方法,在边坡工程实践中采用的主要有:①回弹试验,可以测试岩石的抗压强度和变形模量等力学参数;②点荷载试验,用以测试岩块强度;③旁压试验,用以测试岩体变形;④现场大型强度试验,即利用各种加载装置设计试验方案,在工程现场对岩体进行直剪或三轴强度试验。

(3)数值试验评估法。岩体的数值试验是以全面描述岩体力学行为的本构模型为基础,采用数值计算手段,对试验的边界条件、加载方式等进行仿真模拟,并对岩体的有关力学参数进行预测的方法。特别是对于岩质边坡,数值试验作为仿真研究的一种,在一定程度上可以替代耗时较长、费用昂贵的物理模型试验,或者对难以在试验室完成的试验可以进行虚拟实现,并给出可供工程设计参考的相关力学参数,是获得岩质路堑边坡物理力学参数的一种简单有效的辅助手段。

2)经验评估法

对于路堑边坡,特别是岩质边坡,在工程实践中能够通过试验获取的强度参数指标是非常有限的,在实际设计工作中,基于工程类比的经验评估法得到了更多的应用。例如,《岩石力学性质手册》(沃特科里·V·S. 著,水利出版社,1981 年)和《岩石力学参数手册》(水利水电科学研究院,水利水电规划设计总院,水利电力情报研究所,水利水电岩石力学与工程情报网合编,水利电力出版社,1991 年)提供了近百个岩体工程实例和数百个岩体力学的参数,具有非常重要的参考价值;《工程地质手册》(张有良主编,中国知识出版社,2006 年)、《公路设计手册 路基》(第二版)(交通部第二公路勘察设计院主编,人民交通出版社,2004 年)等手册类工具书也提供了常用岩体工程参数的参考值;《公路路基设计规范》(JTG D30—2004)和《铁路路基支挡结构设计规范》(TB 10025—2006)(2009 年版)等也给出了常见岩体参数的取值范围。这些经验数据和参考值在工程实践中得到了广泛的应用。

但是因为这种类比法的人为性和随意性很高,评估的结果往往难以满足工程设计的需要,所以国内外学者通过完善岩体质量分级体系和建立经验强度准则来辅助工程人员的经验判断,以提高经验评估法的精度。例如,基于岩体分级的经验评估法,基于 Hoek-Brown 强度准则的经验评估法,基于 Barton 公式的硬性结构面抗剪强度经验评估法等。同时,这种学术思想和方法的发展有助于利用边坡开挖面调查中揭露的地质信息来加强对边坡岩体强度的认识,对基于施工信息反馈的动态设计具有实际意义。

3)反算评估法

边坡滑带岩土强度的反算方法是根据边坡滑动这一现象体现的边坡稳定程度对岩土强度参数进行反演分析,可称为稳定度反分析法,属于岩土工程反分析的范畴,是边坡工程中研究较早和较为成熟的方法。通过考查边坡位移迹象和变形发展规律，可建立边坡稳定度分级方法，并将其推广到一般路堑边坡稳定度反分析中，建立边坡岩体强度参数的反算评估法。

在路堑边坡的现场调查研究中，依据边坡稳定度分级体系，确定边坡的稳定系数。由于体积规模、坡体结构、地层岩性等存在的差异，边坡的各个部分通常具有不同的稳定状态，应强调边坡的分条、分块和分层，对各部分应区别分析，以全面地认识边坡的稳定状态。另外，应根据坡体变形特征、勘察资料、地层分析和深部位移监测成果查明潜在滑动面的位置和数量，为反演分析提供参考。

4. 边坡稳定的定量计算

公路边坡稳定性的定量计算方法主要有刚体极限平衡法和应力应变模拟分析法（如有限单元法等数值计算方法）。

1）极限平衡法

极限平衡法在边坡稳定分析中的应用主要有条分法和楔形体计算法。

条分法并不是一个严格的数值计算方法，但是言及边坡的数值计算，则不可回避这种在边坡稳定性分析中应用最为广泛和成熟的算法。各种类型条分法基于不同的计算假定和不同的平衡条件，可以采用搜索技术非常快速地得到边坡稳定系数的解答，其主要特征如表 2-1 所示。在相关计算方法中，Spencer 法、Morgenstern-Price 法、GLE 法和 Sarma 法考虑了力和力矩的平衡，其中 Sarma 法由于具有任意条块划分的便利特性，在岩质边坡稳定分析中应用相对较多。

各种条分计算法的比较　　表 2-1

算　法	力　平　衡		力矩平衡	基 本 假 定
	方向一（垂直）	方向二（水平）		
Fellenius 法	√	×	√	忽略条间力
Bishop 法	√	×	√	条间力方向水平，不考虑条间剪力
Janbu 法	√	√	×	条间力方向水平，采用经验系数考虑条间剪力
Spencer 法	√	√	√	条间力为常数
Morgenstern-Price 法	√	√	√	采用函数来定义条间力作用的方向
GLE 法	√	√	√	条间力方向由函数定义，作用点由 λ 函数确定
Corps of Engineers 法	√	√	×	条间力方向为平均坡度
Sarma 法	√	√	√	条间力方向由条间法向应力和条间强度确定
不平衡推力法	√	√	×	假定条间力作用的方向

条分法虽然引入一些基于刚塑性理想模型的假定条件，但由于原理简单，编程容易，参数明确，在长期的工程实践中积累了一定的经验，至今仍是工程界常用的方法之一。

在岩质边坡稳定分析中，另一个应用较多的方法是楔形体计算法。楔形体计算法采用与条分法类似的稳定系数概念，但是在变形形态的搜索确定方面却相对复杂，需要确定潜在滑动体的空间位置和几何参数，以及结构面的方向、倾角和组合情况。

条分法和楔形体计算法就其算法本身都已经比较成熟，相应的计算程序很多。Slope/W 和 Slide 是国际上两个获得较为广泛认可的条分法程序，包含较为丰富的材料抗剪强度模型，破坏面的定义和搜索也比较全面，国内也有 STAB、理正岩土等相应程序；楔形体计算方面有 Swedge、Wedge 等类似的计算软件。因此总体来说，当前工程实践中极限平衡法在路堑边坡的工程设计中仍然较为常用，或者作为较为简便的估算参考。

2）有限单元法

有限单元法是最早引入边坡工程数值模拟的算法之一，也是目前应用相对成熟的数值算法。近年来，国内有关部门也在实际工程设计中逐步引入和应用这些程序，并取得了良好的效果。

陈祖煜（2003 年）认为："有限单元法全面满足了静力许可、应变相容和应力应变之间的本构关系。同时，因为是采用数值分析方法，可以不受边坡几何形状的不规则和材料的不均匀性的限制，因此，应该是比较理想的分析边坡应力变形和稳定性态的手段"。同时，他指出与传统的极限平衡法相比，边坡稳定分析的有限单元法的优点可总结如下：①破坏面的形状或位置不需要事先假定，破坏自然地发生在土的抗剪强度不能抵抗剪切应力的地带；②由于有限单元法引入变形协调的本构关系，也不必引入假定条件，保持了严密的理论体系；③有限单元解提供了应力变形的全部信息。

近年来，ANSYS、ABAQUS、SAP、ADINA 等通用有限元程序在边坡稳定分析中得到系统的应用和发展；而结合岩土工程的研究需要开发的 PLAXIS、PHASE 2 和 SIGMA/W 等大量的工业化标准的岩土工程有限元软件也越来越成熟，特别是在用户自定义本构和前后处理功能方面得到快速发展。实际上，随着复杂岩体结构模型和接触界面单元模型的研究和应用，有限单元法越来越成为复杂路堑边坡应力变形分析和稳定性计算中强有力的工具。

3）有限差分法

美国 Itasca 咨询集团推出的快速拉格朗日分析程序 FLAC（Fast Lagrangian Analysis of Continua）是有限差分法的代表。FLAC 是由 Cundall 等提出并发展的一种显式有限差分程序，该程序采用动态运动方程式，有效地克服了系统模型内的不安定因素；在计算中不需要通过迭代满足弹塑性本构关系，只需使应力随应变的变化而变化；其单元网格可以随着材料的变形而变形，可以很好地模拟材料的屈服、塑性流动、软化，直至大变形，适合解决非线性材料的大变形问题。

FLAC 程序作为一个专业的岩土工程数值软件，在本构模型、模拟策略和大变形分析等方面具有优势，获得岩土工程界的广泛认可；近年来，在岩质路堑高边坡的稳定分析和工程设计中也逐步得到应用。但是，FLAC 程序的前后处理功能较弱，在复杂模型的建模方面比较困难，是程序改进和发展的主要趋势之一。

4）离散单元法

Cundall（1970 年）提出离散单元法（distinct element method），并逐步开发和完善了二维和三维的离散元分析代码。它将所研究的区域划分成一个个分离的多边形块体单元，单元之间可以看作角—角接触、角—边接触或边—边接触，随着单元的平移或转动，允许调整各个单元之间的接触关系。各单元块体之间没有变形协调的约束，但需满足平衡方程；块体的运动不是自由的，它会遇到邻接块体的阻力；本构方程可以是线性的，也可以是非线性的。

离散单元法的原理虽然比较简单，但是其编程的实现却较为困难，目前得到商业化推广的是 Itasca 咨询集团推出的 UDEC 和 3DEC 两个程序。这种方法适用于解决非连续介质大变形问题，在分析被结构面切割的岩质边坡的倾倒变形和崩塌破坏具有较好的适用性。另一方面，与 FLAC 程序类似，UDEC 程序和 3DEC 程序在前后处理方面也有待改进。

5)各种方法适用条件

数值计算方法的选择同样是路堑高边坡数值模拟的主要技术问题之一，同样需要考虑两个基本原则：一是应根据岩质路堑高边坡的潜在失稳模式来选取能描述其基本应力和变形特征的数值计算方法；二是应比较和确定计算参数具有明确物理意义和简易获取方法的数值计算方法类型。对上述数值计算方法的基本特征和适用条件进行总结分析，如表 2-2 所示。

数值计算方法基本特征及适用性比较　　表 2-2

计算方法	基本特征	适用条件
极限平衡法	理论成熟，参数便利，经验丰富；可以模拟典型工况条件，给出通用的安全系数解答	建模方便，计算快速，适用于破碎岩石边坡圆弧破坏和楔形体破坏
有限单元法	理论成熟，模型丰富，计算便利；考虑介质的非均匀性和不连续性，可以求解弹性、弹塑性、黏弹塑性等问题，可以给出应力应变场量的分布和大小，并求解安全系数	建模方便，前后处理功能强，适用于节理岩石边坡整体破坏和层状岩石边坡破坏
有限差分法	理论成熟，模型丰富；可考虑岩土体不连续性和大变形特点，求解速度较快，并求解安全系数；前后处理功能弱	大变形分析功能强，适用于节理岩石边坡整体破坏和层状岩石边坡破坏
离散单元法	模型丰富；可考虑岩体的非均质性、不连续性和大变形等特点，允许块体间发生平动、转动，甚至相互脱离；可给出应力、速度和位移等参量的量值和变化，可求解安全系数；前后处理功能较弱	大变形分析功能强，适用于节理岩石边坡局部和整体破坏分析、层状岩石边坡倾倒和崩塌分析

通过上述总结分析和有关数值模拟的经验，结合路堑边坡工程特点、边坡工程设计的具体情况和实际需要，提出路堑边坡工程推荐数值计算方法，如表 2-3 所示。

路堑边坡工程数值计算方法推荐选用汇总　　表 2-3

边坡类型		推荐计算方法	
		预设计阶段	动态设计阶段
土质边坡	均质土边坡	极限平衡法	有限单元法、有限差分法
	类土质边坡	极限平衡法、有限单元法	有限单元法、有限差分法
岩质边坡	破碎岩石边坡	极限平衡法、有限单元法	有限单元法、有限差分法
	节理岩石边坡	极限平衡法、有限单元法	有限单元法、有限差分法、离散单元法
	层状岩石边坡	极限平衡法、有限单元法	有限单元法、有限差分法、离散单元法
二元结构边坡	水平接触	参考相应土质或岩质边坡	参考相应土质或岩质边坡
	倾斜接触	极限平衡法、有限单元法	有限单元法、有限差分法

三、边坡设计方法

1. 稳定坡率设计法

路堑边坡坡形坡率设计是在自然斜坡工程勘察资料的基础上，结合交通道路线位规划与工程要求，在确保边坡稳定与安全的条件下设计路堑边坡工程，以满足道路工程建设目的和要求。路堑边坡坡形坡率设计包括坡形设计和坡率设计。稳定坡率设计法一般采用工程地质类比法、风化破碎程度确定法、结构面产状确定法、极限坡率图解法、相关规范或手册参考设计法，以及数值分析计算法(或稳定系数计算法)。

1)工程经验设计法

工程经验设计法，或称为工程地质类比法，是基于与设计坡体工程地质条件或坡体地层结构条件基本相类似的既有成功工程实例的边坡坡率，或者基于设计坡体所在地区的相关工程经验，采用类比的方法设计边坡坡率。

2)风化程度确定法

风化程度确定法，即根据边坡岩体类型及组成坡体地层的风化破碎程度设计边坡坡率，此类坡率设计法亦属于工程经验确定法，如表 2-4 所示。

风化程度确定法 表 2-4

岩层			土层		
风化程度	设计坡率	备注	成因类别	设计坡率	备注
微风化	0.25～0.5		全风化土层	0.75～1.25	
弱风化	0.33～0.75		残积土层	1～1.25	
碎块状强风化	0.50～1.0		坡积土层	1～1.5	
砂土状强风化	0.75～1.0		松散土层	1.25～1.75	
岩体结构整体性较好时取较小值，岩体结构较破碎时取较大值；岩石较硬时取较小值，岩石较软时取较大值			干燥少水状态时取较小值，含水率较高时取较大值；砂性土取较小值，黏性土取较大值		

3)结构面产状确定法

结构面产状确定法，是基于设计坡体内的控制性结构面或软弱带产状设计边坡坡率的方法。由于结构面或软弱带的抗剪强度较低，这种方法将控制设计边坡的稳定性。设计刷方排除其上覆不稳定岩土，在下伏坡体岩土能够保持稳定的条件下，同时在其控制性结构面或软弱带与边坡走向大体一致且刷方数量不大的情况下，其不失为一种较好的坡率设计方法。例如，在顺层岩石边坡中经常采用这种方法。

4)规范或手册参考设计法

规范或手册参考设计法，即使用有关边坡工程设计规范或设计手册的建议值进行边坡坡率设计(表 2-5 和表 2-6)。由于现有规范或手册建议取值区间较大或存在明显差异，仅有指导意义，其实用价值不大或适用性不强。

5)数值分析计算法

数值分析计算法，或称为稳定系数确定法，是采用刚体极限平衡法或有限单元法等数值分析方法，基于坡体岩土强度指标进行分析、计算设计坡体的稳定系数，通过试算或优化确定边坡设计坡率。这种方法一般常在重点复杂的路堑边坡工程设计中使用，具有相对精确的优点，特别是对于坡体由多层土构成的边坡的设计更有优势和必要性，但较为费时繁杂，且对边坡勘察与试验资料要求较高。

土质路堑边坡坡率建议值　　表 2-5

边坡高度(m)	地形特征	
	地形平缓	斜坡较陡
0～3	1∶2.00～1∶3.00	1∶1.00～1∶2.00
3～10	1∶1.50～1∶2.00	1∶1.00～1∶1.75
10～15	1∶1.25～1∶1.50	1∶1.00～1∶1.50

注：根据浙江省地方标准《山区高速公路勘察设计规范》(DB 33/T 899—2013)编制。

岩质路堑边坡坡率建议值　　表 2-6

边坡岩体类型	风化程度	边坡坡率	
		$H<15$m	15m$\leqslant H<$30m
Ⅰ类	微风化	1∶0.15～1∶0.30	1∶0.25～1∶0.50
	中风化	1∶0.25～1∶0.50	1∶0.30～1∶0.75
Ⅱ类	微风化	1∶0.25～1∶0.50	1∶0.30～1∶0.75
	中风化	1∶0.30～1∶0.50	1∶0.50～1∶1.00
Ⅲ类	微风化	1∶0.30～1∶0.50	
	中风化	1∶0.50～1∶0.75	
Ⅳ类	中风化	1∶0.75～1∶1.00	
	强风化	1∶0.75～1∶1.25	

注：1. 对于顺层边坡，有条件时宜按层面倾角进行边坡坡率设计。
2. 根据浙江省地方标准《山区高速公路勘察设计规范》(DB 33/T 899—2013)编制。

2. 图表公式设计法

1)图表公式设计法

图表公式设计法，或称为极限坡率图解法，是以极限坡率或安全坡率为基础制作有关图表，根据设计坡体的岩土力学指标在相关图表中插值求解确定设计坡率。

2)地质数据图解分析法

地质数据图解分析法，一般是针对岩质边坡的坡体性质和结构条件，根据结构面发育状态与组合特征，对其坡体或岩体稳定性进行图解分析和评价。

例如，球面投影分析，可用于边坡岩体结构面统计分析与稳定性检验，或者用于边坡岩体结构面潜在失稳分析。球面投影分析法是岩质路堑边坡岩体结构面调查分析、结构面及结构面组合对坡体稳定性的不利作用和影响判断，以及边坡稳定程度与潜在变形破坏模式评价的有效手段和重要方法。

3. 工程经验设计法

工程地质类比法或工程经验法基于边坡对象的地形地貌条件、坡体结构特征、岩石力学性质、岩体质量指标、风化破碎程度、构造裂面发育状态，以及地下水活动状况和外部环境条件等工程地质与水文地质条件，参考具有类似工程地质与水文地质条件的既有边坡工程实践或其他相关成功经验，对其坡形坡率及防护加固工程措施等逐项进行合理性与可靠性分析和比对，并进行边坡整体稳定性评价。同时，可以通过分析边坡变形破坏的形成和发展来判断其原因，进而判断当前边坡的稳定状态，并预测其未来发展趋势。工程地质类比法能综合考虑多种因素，快速对边坡的稳定状况和发展趋势进行推测，为勘测定量分析和综合治理创造条件，是现阶段经常采用的稳定性评估方法之一。

4. 稳定计算设计法

稳定计算设计法是采用极限平衡法或有限单元法对边坡稳定系数进行定量评估的一种方法。边坡稳定性评价的定量分析计算方法主要有极限平衡分析法和应力应变分析法两大类，前者以条分法和楔形体解析法为代表，后者主要是有限单元法等数值模拟计算方法。数值分析计算法即是通过建立边坡计算模式，确定岩土计算指标，选择特定计算方法，得出边坡稳定程度或安全程度的定量指标和结论，即稳定系数或安全系数。例如，常用于土质边坡稳定性分析和评价的极限平衡条分法，常用于分析岩质边坡楔形体稳定性的解析计算法，以及可用于重点复杂边坡数值模拟分析的应力应变分析法。

四、边坡动态设计

1. 边坡设计要求

由于山区高速公路的快速发展，产生的边坡工程问题日益突出。采用传统的地质勘察、设计计算、工程施工的单一化和程式化设计思路和方法，由于没有考虑岩土类材料的时空变异性和认知的不确定性，不能针对工程施工中揭露的地层条件变化做出相应的调整，这种静态设计施工过程的缺陷是显然的，甚至有造成较大规模的工程失效而酿成灾害的潜在可能。近年来，边坡工程动态设计理念和信息化施工技术得到了国内外学者的普遍重视，有关“动态设计”、“信息化设计”、“信息反馈设计”、“仿真设计”、“边坡协调设计”等名词逐步被大家采用，以阐述一种重视边坡勘察设计和施工建造全过程中边坡工程系统的动态变化，通过施工阶段的调查、监测和评估等信息反馈来调整和优化设计的动态设计过程和方法。

(1)公路行业标准《公路路基设计规范》(JTG D30—2004)3.7.8 节对边坡信息化动态设计做了如下规定。

高速公路、一级公路挖方高边坡及不良地质、特殊岩土地段的挖方边坡设计应采用施工监测、信息化动态设计方法。

(2)浙江省地方标准《山区高速公路勘察设计规范》(DB 33/T 899—2013)在 9.6.1 节对“边坡协调设计”进行了专门规定，具体内容如下：

路堑边坡采用信息化动态设计方法，按照安全、经济、环境保护、节约用地、与自然协调的原则和精、细、美的创作设计理念，结合地形、地貌、地质、路侧净宽和周边自然环境等多种因素，合理布设路基边坡形式、排水和防护工程，按环保、景观和协调要求分段对路基典型横断面进行灵活设计和创作设计。

2. 动态设计思路

边坡动态设计的思路是在边坡工程地质勘察成果的基础上，采用边坡开挖与加固各阶段的数值仿真模拟手段进行边坡坡形坡率和防护加固工程的预设计；然后在边坡工程施工过程中贯彻动态设计理念，采用信息化施工反馈技术，根据边坡开挖揭露的地质条件变化和监控量测反馈的结果，对预设计文件进行调整优化与仿真模拟；直至边坡防护加固工程竣工验收，必要时尚需进行必要的补强加固设计，以保证边坡防护加固工程的可靠与安全，可概化的总体思路如图 2-2 所示。

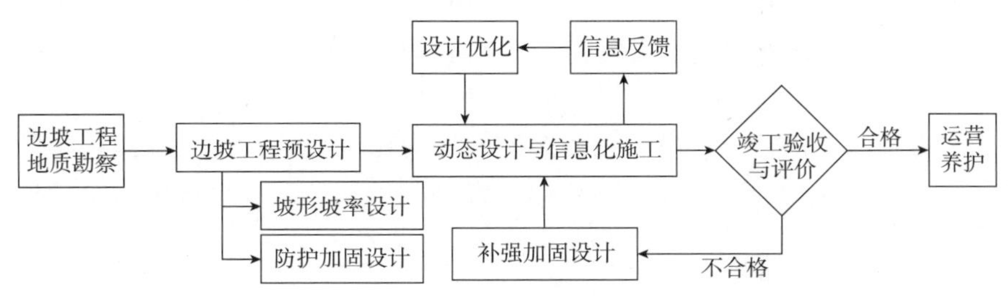

图 2-2　边坡动态设计思路

路堑边坡动态设计思路的核心是贯彻动态设计和信息化施工的理念。贯彻这一理念是基于复杂边坡的工程特点，以及勘察设计对边坡对象认识的不足，力求使边坡工程设计能根据环境背景和工程对象的变化不断深化认识，逐步调整和完善相应的工程地质模式、数值分析模型和计算控制参数，从而使边坡工程设计逐步完善，以确保边坡防护加固工程对策的科学性和可靠性。

3. 动态设计流程

根据边坡工程设计的特点，以高边坡动态设计思路为基础，结合边坡工程地质基础理论、岩土工程数值计算理论、边坡开挖松弛区和变形破坏机理研究的成果，补充边坡开挖支护模拟技术和稳定性数值计算方法，着重完善边坡信息化施工反馈的技术与方法，并将这些研究成果融入边坡工程设计的实施过程，建立一整套边坡动态设计的实用方法，其基本操作流程如图 2-3所示。

整个操作流程有正分析和反分析两条主线。正分析是在边坡工程地质勘察的基础上，对边坡工程进行实用分类和基本坡形坡率设计，然后运用数值仿真技术对边坡防护加固工程进行预设计、施工阶段动态调整和设计优化；反分析是在施工阶段采用信息反馈技术对地质条件进行校核，并结合监控量测的结果，对边坡数值计算模式和岩土物理力学参数进行动态调整，以修正和完善工程设计方案。

在实际边坡工程设计中，正分析和反分析同等重要。正分析以数值仿真设计技术为核心，包含开挖模拟、支护模拟和稳定系数计算等新内容，提供虚拟化仿真设计的技术手段；反分析主要包含边坡工程地质校核、监控量测分析和岩土工程反分析计算三项主要内容，提供对预设计进行调整优化的信息来源，下文分别对有关内容加以阐述。

4. 动态设计方法

总结边坡工程动态设计，可以归纳出以下几条基本原则和方法。

(1)进行详细的施工前地质调查和勘察，力求正确把握边坡工程地质条件。重视岩体结构特性的研究，在勘察中查明边坡岩体结构特征，分析控制边坡稳定的主要结构面。

(2)运用工程地质类比分析、地质力学综合分析等方法对边坡的稳定性做出定性的判断，尤其是要判明边坡的整体稳定性问题。

(3)运用数值分析计算法、极限平衡分析法等对边坡的稳定性做出定量的判断。

(4)根据稳定性分析评判的结果,进行开挖和防护工程设计。

(5)针对边坡地质结构、薄弱环节和防护措施特点,进行施工阶段施工监测设计,确定重点监测部位、监测方法、手段等。

(6)开展边坡工程开挖和防护工程施工,进行施工监测,获取开挖揭露的工程地质信息、变形信息、施工技术信息、防护结构应力信息等,并对获取的信息进行及时整理分析,据此修改设计。

(7)施工完毕后,对监测资料进行综合整理分析,对施工后的稳定性做进一步的判定,对边坡的变形破坏特征进行深入研究,分析不足,总结经验,为其他工程提供可借鉴的经验。

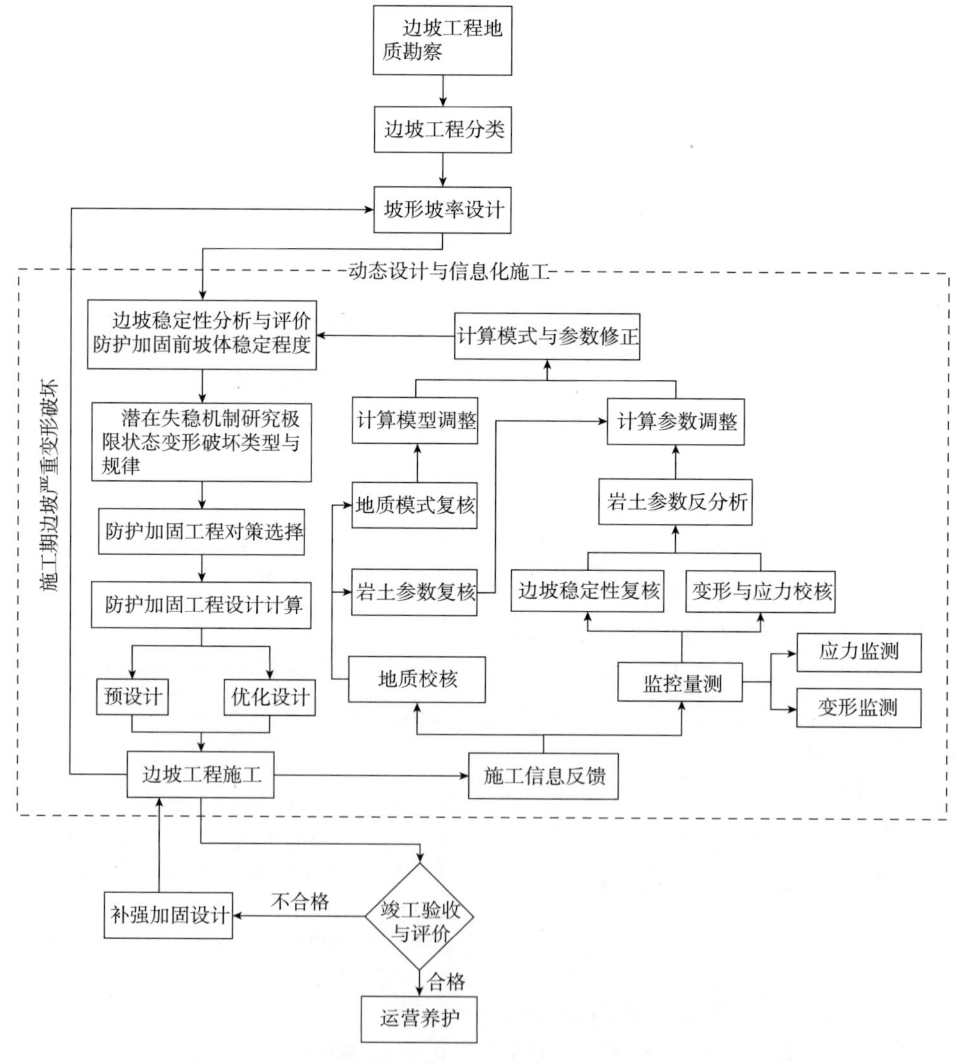

图 2-3 边坡动态设计与信息化施工流程

第四节　滑坡病害勘察设计

一、滑坡病害概述

1. 公路滑坡的特点

广义上，滑坡作为一个一般术语，是用来描述土、岩石和有机物在重力作用下沿边坡向下的运动，也指这种运动造成的地形（引自美国地质调查局 Lynn M. Highland 等编著的《滑坡灾害防治手册》）。具体地，滑坡是指斜坡上的部分岩土体由于各种原因在重力作用下沿一定的软弱面（或软弱带）整体地向下滑动，并形成以水平运动为主的坡体地质病害现象[引自《路堑边坡工程理论与实践》（廖小平，中国铁道出版社，2011 年）]。

公路工程穿越不同的地貌单元和岩层分布区，特别是山区地形条件困难，地质结构复杂，需要进行大规模的土石方工程建设，不可避免地破坏原有坡体的力学平衡，或因深挖高填产生新的边坡稳定问题，在各种不利环境背景条件的影响和作用下，经常产生公路滑坡病害。有的源于古老滑坡的复活变形和破坏，有的是因边坡工程活动直接触发新的边坡滑坡病害。

公路滑坡是公路边坡工程常见的和重要的病害现象之一。公路滑坡一般性质复杂，规模相对较大，灾害后果严重，治理工程投资和难度也相对较大。

2. 滑坡分类与分级

1)滑坡分类

为了便于认识不同类型滑坡病害的不同特点与规律，并采取有针对性的和有效的预防和整治工程措施，对滑坡病害进行适当的分类是十分必要的。

一般地，根据滑体的物质组成、成因性质和结构形式等主要因素，可按表 2-7 分为土质滑坡和岩质滑坡。土质滑坡可分为堆积土滑坡、黄土滑坡、膨胀土滑坡和填土滑坡，岩质滑坡可分为破碎岩体滑坡、层状岩体滑坡和块状岩体滑坡。

滑坡按物质组成分类　　表 2-7

类　型	亚　类	主 要 特 征
土质滑坡	堆积土滑坡	除黄土、膨胀土、填土之外，发生在第四系地层各种成因土层中，包括风化残积土，由一般土质组成滑坡体；多沿堆积层中软弱土层或基岩表面滑动
	黄土滑坡	发生在各时期黄土地层中，由黄土构成滑坡体；沿黄土层界面或下伏基岩滑动
	膨胀土滑坡	发生在含有膨胀土地层中，沿膨胀土层或下伏基岩（土层）滑动；多为浅层滑坡
	填土滑坡	发生在路堤或人工弃土堆中，多沿原地面或基底以下松软土层滑动
岩质滑坡	破碎岩体滑坡	发生在构造破碎带或严重风化带的破碎岩体中
	层状岩体滑坡	发生在具层状结构的岩体中，多沿层面或软弱结构面滑动；包括顺层岩石滑坡和切层岩石滑坡
	块状岩体滑坡	相对完整的块状岩体沿构造节理或小断面产生组合式滑动

2)滑坡分级

滑坡对公路工程的危害因规模大小不同,而程度不同;公路通过滑坡的部位不同、构筑(造)物类型不同,使得滑坡对公路危害程度也不相同。公路以路堤通过滑坡前缘、以路堑通过滑坡后缘,滑坡危害性有所减轻;若以路堤通过滑坡后缘、以路堑通过滑坡前缘,则属于工程不当,将加重滑坡的危害性,在设计时应力求避免。

滑坡防治设计应根据滑坡规模、稳定状况、周围环境,以及公路穿越滑坡的部位和公路工程结构类型等,进行滑坡危害程度分级,如表 2-8 所示。

滑坡危害程度分级 表 2-8

危害对象 \ 危害程度 \ 稳定状况与规模		潜在滑坡、活滑坡、可能复活的老(古)滑坡			
		小型滑坡,$V \leqslant 4$ 万 m^3	中型滑坡,$4 < V \leqslant 30$ 万 m^3	大型滑坡,$30 < V \leqslant 100$ 万 m^3	巨型滑坡,$V > 100$ 万 m^3
公路通过滑坡前部	路堤	○	○	★	★
	路堑	☆	★	▲	▲
	桥梁	☆	★	▲	▲
公路通过滑坡后部	路堤	☆	★	▲	▲
	路堑	○	○	☆	★
	桥梁	☆	☆	★	★
滑坡位于隧道洞口		☆	★	▲	▲

注:1. 滑坡影响区内有重要建筑物(桥梁、隧道、高压输电塔、油气管道等)、村庄和学校时,滑坡危害程度可定为严重或特严重。

2. 本表不包括现今已稳定,且无施工开挖或加载等人类工程活动的不复活滑坡,其危害性应根据具体情况确定。

3. 滑坡危害程度分级符号:○-较轻;☆-中等;★-严重;▲-特严重。

滑坡防治工程安全等级是滑坡防治工程设计中根据不同的地质环境条件及工程具体情况予以区别对待的重要标准。除考虑公路等级与重要性外,还要考虑滑坡危害性及对重要构造物的破坏后果。

滑坡防治设计应根据滑坡区周围环境、危害程度、公路等级及其工程重要性,结合滑坡防治工程效果的风险性、造价及施工难易程度,确定滑坡防治工程安全等级,如表 2-9 所示。

滑坡防治工程安全等级 表 2-9

危 害 对 象		安 全 等 级		
		高速公路、一级公路	二级公路	三、四级公路
工程结构类型	路基地段	Ⅰ	Ⅱ	Ⅲ
	桥梁、隧道地段	Ⅰ	Ⅰ	Ⅱ

注:1. 下列工况的二、三、四级公路,滑坡防治工程设计安全等级可提高一个等级。

①滑坡影响区有重要建筑物(桥梁、隧道、高压输电塔、油气管道等)、村庄和学校;

②区域内唯一通道的二、三、四级公路;

③滑坡危害程度为严重、特严重。

2. 安全等级代号:Ⅰ-一级;Ⅱ-二级;Ⅲ-三级。

3. 滑坡病害的防治

除绕避滑坡的方案外，滑坡防治工程措施都是针对造成滑坡的主要原因采取相应措施，遵循从滑坡原因到滑坡防治的总体原则，并辅以其他措施进行综合治理。滑坡病害的防治方案主要包括以下几个方面。

1)绕避滑坡

首先，要贯彻“地质选线”的原则，详细查明滑坡的状况，尽量避开大型滑坡和滑坡连续分布地段，可用桥梁跨河绕避，也可用隧道绕避规模较大的滑坡或滑坡群。

2)线路通过滑坡

当线路无法或不宜避开滑坡时，针对滑坡的不同情况可采用以下防治工程措施。

(1)稳定性较高满足设计要求的滑坡

某些崩塌性滑坡，滑动距离长，重心降低多，抗滑段较长，又无河(沟)水继续冲刷的，主要是控制人为作用因素，如填、挖工程位置和数量，灌溉水及生产、生活用水防渗等。完善地表排水系统，一般可不做支挡工程。当滑坡前缘有河沟水冲刷时，应做防冲刷工程。

(2)稳定性不满足设计要求的滑坡

目前处于稳定状态，但在人类工程活动下可能局部或整体失稳的古老滑坡，或已经活动的滑坡，采用以下防治工程措施。

①有条件时局部调整线路平面位置和纵坡，不在滑坡的主滑段和牵引段填方，不在抗滑段挖方，或尽量减小填、挖高度，最好在主滑和牵引段挖方减载，在抗滑段填方增加其稳定性。稳定性不足时需设排水和支挡工程。

②当滑坡地下水发育时，应首先设置地下排水工程，降低滑坡地下水位和滑带土孔隙水压力，提高其稳定性，减少支挡工程量。

3)桥梁通过滑坡

桥梁是重要建筑物，一旦被破坏后果十分严重。因此，一般不用桥梁通过滑坡。但近年来山区高速公路受地形限制，也为减少填方对滑坡稳定性的影响，采用了一些桥梁通过古老滑坡的方案。但桥梁对滑坡移动比路基更敏感，为保证桥梁安全，可采用在桥墩山侧或河侧设一排抗滑桩或在每个桥墩前施作三根抗滑桩保证桥梁安全。有条件时，也可在滑坡前缘填土反压保证滑坡稳定，并应先治滑坡后做桥梁墩台。当桥梁位于上、下两级滑坡之间时，两级滑坡的滑动均可能危害桥梁，则需在桥梁山侧和河侧均设支挡工程。当填方高度不大时，将桥改为路基填方而设抗滑桩板墙更为经济。

4)隧道通过滑坡

隧道一般也不应穿过滑坡设置，已成线上隧道被滑坡挤压变形或错断者时有发生。隧道进、出口穿越滑坡，可以采用洞口两侧施作抗滑桩稳定滑坡，滑体注浆保证隧道施工安全。

5)减重或反压治理滑坡

在滑坡的主滑和牵引段挖方减重，在抗滑段及前缘反压是最经济有效的处理方案，尤其对已经有变形迹象的滑坡能取得快速稳定滑坡的效果。与支挡工程结合，能减小滑坡推力，减少支挡工程量，节约投资。在有条件时应尽量采用。

减重不能引起上部和两侧山体新的变形(如浅层滑坡滑动)。对多级牵引式滑坡不能因前级减重引起后级滑动。

反压应有一定高度，不能造成滑坡“越顶”滑动，且不能诱导下部坡体变形和破坏。填土下应做透水垫层或盲沟排水，不能堵塞地下水通道。

6)只保工程安全而不处理整个滑坡

当线路从滑坡后缘附近通过时，可在线路外侧做一排锚索抗滑桩或锚拉桩保证线路安全而不治理整个滑坡。

二、滑坡工程地质勘察

在公路路线及其附近存在对公路工程及其附属设施的安全有影响的滑坡或潜在的滑坡时，应进行滑坡工程地质勘察。

滑坡勘察应充分利用已有资料，及时分析掌握滑坡信息，结合滑坡区工程建设和地质条件，根据高速公路不同建设阶段的勘察任务要求，科学合理地布置有效工作量。

1．可行性研究阶段滑坡勘察

工程可行性研究阶段滑坡勘察应基本查明公路沿线的滑坡或潜在滑坡分布范围、滑坡区地质环境条件、滑坡类型及主要滑坡要素，分析滑坡成因，初步评价滑坡稳定性，提出选择公路路线走廊带的方案建议和滑坡防治对策。

工程可行性研究阶段滑坡勘察是利用航测地形图、遥感图像判释、地质调查测绘等手段，辅以物探和重点场地钻探等，摸清对路线方案有控制作用的大型滑坡地质灾害问题。其重要任务是识别滑坡，判断滑坡的分布范围、规模、稳定状况及对公路危害程度，为确定公路路线走廊带方案提供可靠的地质依据。

1)工程可行性研究阶段滑坡勘察主要工作内容

(1)搜集气象、水文、地质、地震及遥感图像等资料，了解当地滑坡史和易滑地层分布情况。

(2)调查滑坡地貌形态及其演变过程，了解滑坡分布位置及周围坡体之间的稳定关系，圈定滑坡周界等形态要素。

(3)初步查明滑坡周界范围、滑动面(带)位置、滑带岩土性质，以及滑坡变形历史与现状。

(4)调查滑坡区的地下水分布情况、泉水出露地点及流量，以及湿地的分布情况等。

(5)调查滑坡范围的已有建筑物、树木等变形和破坏情况。

(6)判定滑坡稳定状况及其发展趋势，评价滑坡对公路工程危害和影响。

2)工程可行性研究阶段滑坡勘察的工作方法及工作量要求

(1)勘察方法应以调查测绘工作为主、井(槽)探和物探工作为辅。对于规模较大、性质复杂的滑坡，应进行必要的钻探工作。

(2)工程地质测绘与调查范围应包括滑坡区及其邻近稳定地段，调绘的比例尺为1∶2 000～1∶5 000。

(3)沿滑坡主滑断面布置勘探点。对于大型和巨型滑坡，沿主滑方向的物探断面不少于3条，其中每条断面钻探孔不少于3个。

3)工程可行性研究阶段滑坡勘察报告编制内容和要求

(1)滑坡工程地质说明，应阐述滑坡位置、范围、地质条件、类型、规模及形成原因，尤其是大型和巨型滑坡工程地质条件、危害程度、处理对策、对公路路线走廊带的影响评价，以及下阶段工程地质勘察工作建议。

(2)滑坡工程地质平面图,比例尺为 1∶2 000～1∶5 000,应标明滑坡范围。

(3)滑坡工程地质断面图,比例尺为 1∶2 000～1∶5 000,应标明滑动面位置。

2. 初步设计阶段滑坡勘察

初步设计阶段滑坡勘察是在工程可行性研究阶段的基础上,通过大比例尺地质调查测绘、钻探、槽(井)探和物探工作,进一步认识滑坡,确认滑坡危害,提出防治对策。应初步查明公路沿线滑坡位置与周界范围,滑坡体组成物质、厚度,滑动面(带)位置、形状、物质组成及物理力学性质,滑坡体变形情况等;查明滑坡体内地下水含水层分布状态、补给来源、各含水层间的水力联系、泉水出露及湿地分布情况;评价滑坡稳定状态、发展趋势及对公路工程危害程度,提出路线绕避方案或滑坡防治技术措施。

1)初步设计阶段滑坡勘察的工作方法及工作量要求

(1)初步设计阶段滑坡勘察应采用以调查测绘和钻探为主、槽(井)探和物探为辅的综合方法。

(2)滑坡工程地质调绘的比例尺为 1∶2 000,调绘的范围应包括滑坡及对滑坡有影响的区域。滑坡边界、裂缝、台阶等滑坡要素应实测。

(3)滑坡勘探断面需沿主滑方向布置,小型滑坡勘探断面不少于 1 条,中型滑坡勘探断面不少于 2 条,大、巨型滑坡勘探断面不少于 3 条;垂直主滑方向的勘探断面不少于 1 条,每条断面钻探孔不少于 3 个。

(4)土质滑坡可采用瑞利波法、地震反射波法、四极对称直流测深法和高密度或超高密度电法等综合物探方法确定滑动面的位置、土层与基岩的分界面,以及滑坡区地下水赋存与分布规律等。

2)初步设计阶段滑坡勘察的岩土试验与测试要求

(1)初步设计阶段滑坡岩土试验,主要是采取滑带土原状样进行室内试验,获得滑带土的力学强度值。

(2)在滑动面(带)及其上、下地层中,应分别采取代表性土(岩)样,进行物理力学性质试验。

(3)有地下水时应查明地下水的赋存位置,含水层的组成及厚度,各层地下水的初见水位、稳定水位和流量,并采取水样进行水质分析。

(4)对路线方案影响大、地质复杂、稳定性难以判断的滑坡,必要时应对滑坡位移进行动态监测。

3)初步设计阶段滑坡勘察报告编制内容和要求

(1)对于规模小、地质条件简单,不需处治的滑坡,可列表说明其工程地质条件。

(2)对于规模大、性质复杂的滑坡,应按工点编制滑坡工程地质勘察报告。

(3)工程地质说明。应对滑坡勘察的内容进行说明,阐述滑坡分布范围,物质组成,滑动面(带)位置及形状,滑坡体岩土物理力学性质,地下水分布情况,滑坡形成原因、类型、规模及对公路工程危害程度,分析滑坡稳定性,提出滑坡防治工程措施。

(4)图表资料。应对滑坡周界范围、分级与分块情况、滑坡要素、地下水等进行图示和说明,提供 1∶500～1∶2 000 滑坡工程地质平面图、1∶200～1∶500 滑坡工程地质断面图、1∶50～1∶200 工程地质钻孔柱状图、1∶50～1∶200 滑坡探坑(井、槽)展示图,土工试验资料,物探曲线，水文地质测试资料，滑坡动态监测资料及照片等。

3. 施工图设计阶段滑坡勘察

施工图设计阶段滑坡详勘应在初勘和初步设计的基础上，进一步核实滑坡地质条件，详细查明滑坡类型及要素、滑坡范围、地质条件、滑动面(带)位置及其岩土性质，以及滑坡危害程度；分析滑坡形成原因，判断滑坡稳定程度，预测滑坡发展趋势，提出滑坡防治工程措施。结合防治工程方案补充和完善滑坡地质条件、岩土力学参数等，为滑坡防治工程施工图设计提供定量评价依据。

1)施工图设计阶段滑坡勘察主要工作内容

(1)滑坡详勘应根据初步设计确定的防治工程方案，详细查明支挡结构物和排水构造物(排水隧洞)的地质条件，为工程整治设计提供可靠的地质与水文参数。

滑坡详勘应采用以钻探为主、物探为辅，调查测绘、探坑、测试和监测相结合的综合勘察方法。

(2)施工图设计阶段滑坡勘察应对初勘工程地质调绘资料进行复核，并结合滑坡防治工程设计方案进行1∶500～1∶2 000补充工程地质调绘。

(3)查明滑坡地形、地貌、微地貌形态，地表裂缝和建筑物的变形破坏及其发展进程，以及植被分布情况。

(4)查明滑坡要素，物质成分、性质、厚度，以及滑动面(带)的位置、个数、形态特征。

(5)查明测区地层岩性、地质构造、各种结构面特征及其组合关系、软弱夹层。

(6)查明测区含水层性质、厚度、补给源、径流方向、排水形式，地下水出露点(井、泉、池塘、湿地等)分布与变化，以及地下水位等水文地质条件。

2)施工图设计阶段滑坡勘察的工作方法及工作量要求

(1)沿主滑方向，小型滑坡主勘探断面不少于1条，钻孔间距20～30m；中型滑坡主勘探断面不少于2条，钻孔间距20～40m；大型滑坡勘探断面不少于3条，钻孔间距30～50m；巨型滑坡勘探断面应结合其滑坡特点分区、分条布设充足的勘探断面，确保各分级、分块滑坡体上勘探点的有效控制。

(2)小型滑坡垂直主滑方向的勘探断面不少于1条，中型滑坡垂直主滑方向的勘探断面不少于2条，大型或巨型滑坡垂直主滑方向的勘探断面不少于3条。

(3)各抗滑支挡工程轴线勘探断面不少于1条，每条钻探断面钻探孔不少于3个，物探和钻探综合断面钻探孔不少于2个。

(4)详勘阶段滑坡勘探点间距的确定，要根据滑坡复杂程度、滑动面(带)形态、地下水发育程度等不同而定。一般情况下，滑动面(带)为圆弧形或折线形时，勘探点布置应密集一些；滑动面(带)为直线时，勘探点布置可稀疏一些。

3)初步设计阶段滑坡勘察的岩土试验与测试要求

(1)对于滑体、滑动面(带)及其滑床的各岩土层，应分别采取代表性土样和岩样进行物理力学性质试验；不同部位滑动面(带)土样，其物理力学性质是不同的，主滑段滑带土的力学强度通常低于抗滑段或牵引段滑带土的力学强度。主滑段、牵引段、抗滑段中应分别采取滑动面(带)土样，土样数量不少于3组，进行原状土和重塑土剪切试验，试验宜采用与滑动受力条件相类似的方法。

(2)有条件时，宜在滑动带处进行大面积剪切试验。岩石滑坡的滑带土往往很薄，难以利用钻探取得原状土样，甚至连扰动土样也难以得到需要的数量。为满足设计需要，可考虑在现场进行大面积原位剪切试验。

(3)地下水发育时应进行水文地质试验，测定滑坡体内含水层的涌水量、渗透系数和水位变化，并对地表水和地下水分别取样进行水质分析，必要时测定地下水流速和流向。对于涌水量不大的中、浅层滑坡，可采用提水试验或利用钻探机具的动力设备进行抽水试验，不能在滑坡钻孔中做压水或注水试验，以免恶化滑坡的稳定条件。

(4)对于规模较大、性质复杂且有变形活动的滑坡，应结合勘探钻孔布设深孔位移监测工作，以准确把握滑动面位置及其变形活动规律。

4)施工图设计阶段滑坡勘察报告编制内容和要求

施工图设计阶段滑坡勘察报告可以参考初步设计阶段滑坡勘察报告编制内容和要求。必要时应补充水文地质图、滑床或基岩顶面等高线图、滑坡地段过湿带分布图，比例尺为1∶500～1∶2 000。

三、滑坡防治工程设计

1. 滑坡防治总体设计原则

(1)滑坡防治设计应收集当地气象、水文、地震等资料，以及包含滑坡工程地质平面图、纵断面图、滑体岩土物理力学性质、滑动面(带)岩土抗剪强度指标、滑坡稳定性分析评价等内容的滑坡区工程地质勘察报告。

(2)滑坡防治设计应根据滑坡或潜在滑坡区地形地质条件，做好地质、安全、环保的选线工作，绕避滑坡或潜在滑坡区等严重不良地质地段；当绕避困难或不经济时，应进行绕避和穿越严重不良地质地段的路线方案比选，并避免高填深挖路基，合理确定路线方案。

(3)滑坡防治设计应根据滑坡所处的地形地质条件、性质、成因、规模、发展趋势及对公路的危害程度，结合公路的重要性、施工条件等，遵循“以防为主、防治结合、一次根治、不留后患”的原则，通过综合技术经济比较，确定滑坡防治工程方案，采取截排水、减载、反压、支挡加固等工程相结合的综合防治措施，保证公路施工及运营安全。

(4)对于性质复杂、规模较大的滑坡防治设计，可采用“一次规划、分期治理”方案。

2. 滑坡防治分阶段设计要求

(1)工程可行性研究阶段滑坡防治设计，应针对滑坡性质、规模及对公路工程的危害程度，进行绕避大型滑坡的公路路线走廊带方案比选；当滑坡不可避免时，应充分论证滑坡防治工程的技术可靠性及经济性，制定滑坡整治原则和整治工程方案。

(2)初步设计阶段滑坡防治设计，应根据滑坡性质、成因类型和危害程度，结合路线平面和纵面设计，针对滑坡发生发展的主要因素，进行滑坡防治工程设计的方案比选，以及滑坡防治工程方案的总体布置设计和主要防治工程结构设计。

(3)施工图设计阶段滑坡防治设计，应在初步设计确定的防治工程方案的基础上，充分论证防治设计所依据的地质参数的可靠性，进一步优化滑坡防治工程方案，确定各种防治工程设置部位、结构形式，进行各种防治工程结构设计计算，并确定各类滑坡防治工程的实施顺序、施工工艺、应急处治措施和现场监测等。

(4)在施工阶段,滑坡防治工程应贯彻动态设计理论,采用信息化施工技术。动态设计必须以完整的施工设计图为基础,适用于公路施工阶段。

3. 滑坡防治工程设计要点

(1)滑坡防治方案选择需要考虑下列基本因素。

①滑坡的性质、规模和稳定状态的正确判定是制定方案的地质基础。

②防治目的和原则是制定方案的根据。

③详细分析各种防治措施的适用条件及其对需要防治的滑坡的适用性。

④研究分析方案的可靠性、耐久性、经济性,以及对社会环境的影响及施工的难易等。

全面综合考虑以上因素,采用多方案比选,制订符合实际的优化防治方案。

(2)滑坡防治工程总体方案布置设计时,应遵循"安全耐久、环境协调"原则,因地制宜,合理布设支挡工程和排水设施。

(3)滑坡防治工程设计时,要根据滑坡具体地形、地质、水文等情况,以及需要增加的滑坡的抗力,从技术可靠、经济合理、环境和谐的原则出发,合理确定排水设施和支挡工程的位置,选择最合适的结构形式,使防治工程设计符合安全可靠、经济合理、便于施工的要求。

(4)抗滑挡土墙是整治滑坡的有效措施之一,对于中小型滑坡,常与支撑渗沟联合使用。

(5)抗滑桩是稳定滑坡的有效抗滑措施,具有布置灵活、施工简便、施工对滑坡稳定影响小等优点,现已经广泛采用。抗滑桩宜布置在滑体厚度较薄、推力较小、抗滑桩锚固段地基强度较高,且锚固段地层稳定的地段。

(6)预应力锚杆(索)技术应用于整治滑坡的成功实例较多,但锚杆(索)锚固段一般布置于稳定岩层中,锚固段为土层的实例较少。

(7)挖方边坡不宜设置高大的抗滑挡土墙,需设置抗滑桩时宜采用埋置式抗滑桩。若在挖方边坡坡脚或中部宽平台设置悬臂式抗滑桩,一般采用锚索抗滑桩结构。

(8)当地质条件和水文条件复杂时,对于排水工程滑坡稳定系数的提高值可不作为设计依据,但可作为安全储备加以考虑。当采用排水隧洞等大型地下排水工程措施时,应评估排水工程效果,并考虑或计入其对提高滑坡稳定度的作用和影响。

第五节　拓宽改建边坡设计

一、拓宽边坡设计原则

1. 拓宽改建边坡问题

近年来,随着国民经济的飞速发展,交通量的日益增长,许多早期建设的高速公路越来越不能满足其运输能力的要求,需要通过对既有高速公路的拓宽改建,增大运输能力,适应经济建设和交通发展。

对于山区高速公路,由于存在大量的路堑边坡工程,特别是高陡边坡的稳定与安全问题,给既有高速公路边坡拓宽改建带来较大的建设困难和安全威胁,拓宽改建边坡设计十分重要。

拓宽改建边坡常见工程问题主要有:

(1)拓宽改建边坡破坏既有防护加固工程设施。

(2)拓宽改建边坡诱发既有边坡变形和破坏。

(3)拓宽改建边坡施工存在交通干扰和安全威胁。

为了防止或减少上述工程问题,通过公路改扩建工程实践总结和边坡工程研究,拓宽改建边坡设计又可以分为局部拓宽边坡、整体改建边坡和滑坡路段拓宽三种情况分别进行设计和实施。

(1)局部拓宽边坡设计,是指在既有路堑边坡范围内即堑顶线以下进行局部改坡拓宽设计。

(2)整体改建边坡设计,是指整体改移既有路堑边坡,重新设计新的路堑边坡向山侧拓宽路基。

(3)滑坡路段拓宽设计,是指在滑坡病害路段采用适当的工程措施进行路基拓宽设计。

2. 拓宽边坡设计原则

(1)公路边坡拓宽改建设计,应根据既有边坡的地形地貌、坡体结构、岩土性质、地表水汇集条件与地下水发育特征,以及边坡稳定程度与防护加固情况等,采取合理的工程措施,如局部拓宽边坡或整体改建边坡等,并设计可靠的防护加固工程措施,确保拓宽改建边坡的稳定与安全。

(2)路堑边坡拓宽改建设计前,应搜集既有公路路堑边坡勘察设计、竣工图和养护等方面的资料,调查拟拓宽改建边坡的气象气候等环境背景条件、边坡地质病害发育程度,以及防排水设施与防护加固工程结构缺损状况等,查明既有边坡的工程地质条件与水文地质基础,评价既有边坡稳定性现状,预测拓宽改建后边坡稳定性发展趋势,并且提出经济合理、安全可靠的防护加固工程对策。

(3)拓宽改建路基通过重点复杂的高陡边坡路段或崩塌、滑坡等地质病害路段时,应与桥梁、隧道或其他改移线路方案比选。

二、边坡拓宽设计方法

1. 局部拓宽边坡

1)坡脚开挖拓宽

如果既有边坡原设坡率较为平缓,可以结合一定的预加固工程措施,在确保边坡稳定和施工安全的条件下,直接切挖坡脚拓宽路基,必要时新增支挡加固工程措施,并完善地表防排水系统,如图 2-4a)所示。

2)坡面调整拓宽

如果既有边坡原设坡率较为平缓,基本未设支挡加固工程措施,且边坡稳定条件相对较好,可以通过适当放陡调整边坡坡率,达到拓宽路基的目的,并根据边坡调整后的稳定状态与工程安全要求重新设置防护加固工程措施,如图 2-4b)所示。

2. 整体改建边坡

1)平移边坡拓宽

如果既有边坡高度不大,一般采用将整个坡面向内平移的方法拓宽边坡。当既有边坡原设坡率较陡而难于放缓时,也可采用平移边坡拓宽的方法,如图 2-4c)所示。

2)改线新建拓宽

如果既有边坡高陡,坡体稳定条件较差,一般不宜在原位拓宽边坡,可采用改线分离的方式新建拓宽。

3. 滑坡路段拓宽

1)内侧加固拓宽

对于滑坡路段的改扩建工程,一般不宜在滑坡前部切坡拓宽(在滑坡中后部可以适当挖方拓宽通过,但需保证后部坡体稳定),如果因整体工程改扩建需要通过滑坡前缘,则必须在其拓宽限界以外适当部位增设支挡加固工程,以替代原设滑坡支挡结构及其前缘岩土的抗滑能力,如图 2-4d)所示。

2)外侧支挡加宽

原则上不扰动或破坏滑坡体及其治理工程结构,在滑坡前缘外侧或另一幅路基的外侧可结合一定的支挡工程措施采用填筑的方式拓宽路基,如图 2-4e)所示。

3)调坡反压增宽

对于既有路基在滑坡前缘坡脚通过的情况,如果具备调整的条件,可采取调坡反压的措施,既增加路基宽度,又提高滑坡的稳定性,如图 2-4f)所示。

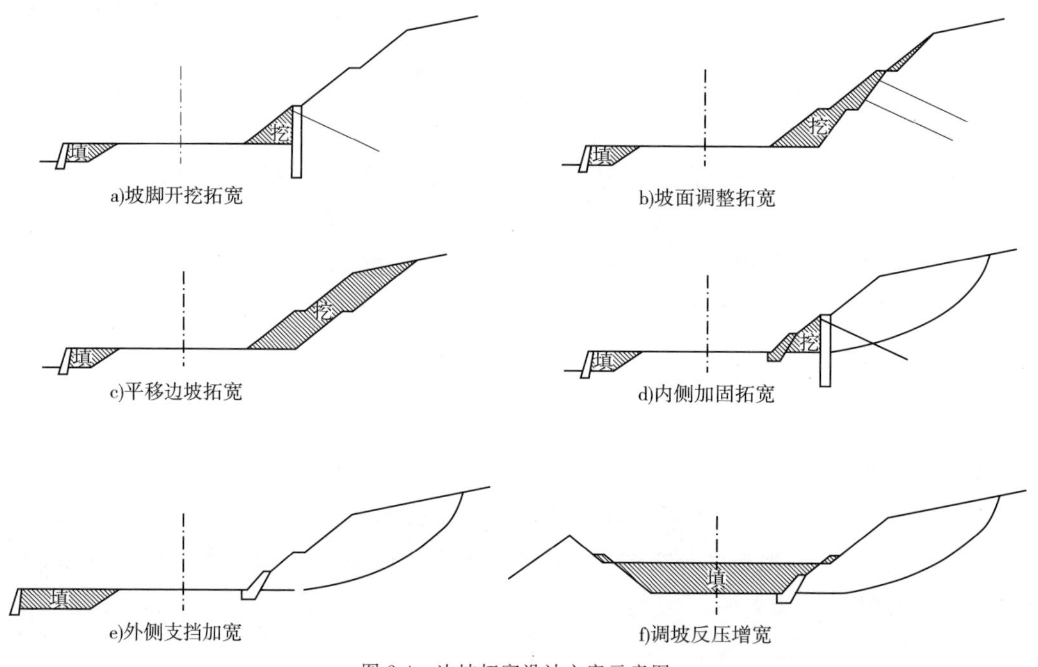

图 2-4 边坡拓宽设计方案示意图

第三章　边坡施工技术基础

第一节　边坡施工组织设计

一、施工准备和基本要求

1. 施工准备

1)现场准备

(1)现场踏勘调查。边坡工程施工前应进行现场调查工作,熟悉了解施工便道、施工场地规模、边坡位置、路基开挖、路基场地平整及周边环境等情况;了解并落实施工场地临时用地(或利用开挖成型路基为临时用地),提出申请并联系办理有关事宜;了解工程现场材料运输、交通等情况;对于特殊工点涉及地方道路、居民区等情况的,向项目业主、监理等单位提交临时交通疏导组织、临时道路设置及居民临时安置等方案,并与地方政府等相关部门取得联系,为工程施工创造良好的环境。

(2)场地"三通一平"。边坡工程施工前,向项目业主及地方水电管理部门提交水电供应申请、办理变压器报装及水源引接等手续。开工前完成水电临时线路的铺设工作;施工场地、临时便道已修建硬化完成,且场地硬化满足相关文件规定要求。

(3)临时设施搭建。边坡工程施工前应完成施工生活区、材料加工区、材料存放场地及现场试验区等临时设施建造。现场各种施工标志牌(如工程概况、安全标示、操作规程、材料标志等)应制作安装完成。

2)技术准备

(1)施工前,组织技术人员和管理人员学习相关技术规范、工艺标准、招标文件以及业主、监理单位下发的相关要求文件;熟悉了解边坡工程中各项设计的防护结构的施工特点,掌握各分项工程的施工工艺、工序流程和技术标准,同时组织专业技术工种人员进行培训教育,为工程施工顺利进行创造条件。

(2)施工前,立即组织技术人员进行图纸熟悉和审查,完成工程量计算、材料计划、工序衔接、人员和机械设备组织等工作。

(3)施工前,施工单位应根据工程现场情况、施工图文件及施工要求等,编制专项施工组织设计,建立健全质量、环保、安全管理体系和质量检测体系,制订工程应急预案,向监理部门提交开工申请,并在开工前完成前期施工各项的岗前培训、技术和安全交底工作。当边坡、滑坡工程在雨季施工时,应编制雨季专项施工方案、安全注意事项等,并建立边坡、滑坡施工安全预警机制。

(4)施工前,完成边坡测量交接及其复核工作。现场边坡顶线、用地界线及现状测量也须在开工前完成，为工程开工创造条件。控制性定位放线要于施工前完成并请业主、监理及设计勘测部门进行复核验收。

3)材料、设备和人员准备

(1)工程开工前，需完成各项施工用料的调查落实，材料经取样试验合格后，按计划分批组织进场。

(2)各项工作要根据工程施工计划和进展情况，提前组织施工所需的机械设备、测量仪器及检测仪器等进场。

(3)专业施工队伍的工地现场管理人员、专业技术人员、技术工人和普通工人应及时到位，其人员与机械、设备等应满足施工进度及质量的要求。

2. 基本要求

(1)边坡工程施工需选择具有相应资质的专业队伍，同时要求边坡工程施工前分项工程开工报告已批复。

(2)边坡工程施工必须严格遵守国家和行业的安全生产法律、法规，积极改善施工条件，制定确实可行的施工方案和安全生产措施，确保施工人员的安全和作业人员的身体健康。

(3)工程施工应严格要求工程施工的工序、工艺、技术及管理措施等，有效地消除边坡工程施工的质量通病，提高施工管理水平。

(4)边坡工程施工应推广成熟、先进的施工工艺和工法，积极而慎重地应用新技术、新工艺、新材料，提高施工管理和技术水平。

(5)坡面刷方完成后，需对边坡进行中线、水平及横断面的复测，并在边坡上按设计图纸确定各细部工程的位置，经监理工程师复核确认。

(6)施工过程中，施工原始记录与施工工序必须同步，工程现场验收与施工资料签认同步，对隐蔽工程必须保留相关的影像资料。

(7)边坡工程施工阶段应做好边坡动态变形监测，建立重大高边坡、滑坡治理施工阶段的安全预警机制，边坡(滑坡)动态变形监测应与工程施工同步进行。

(8)边坡与滑坡治理工程的设计、施工采用信息化动态管理。施工单位应及时将路堑边坡开挖揭露地层、地下水等因素及建设进展情况上报，便于综合分析坡体稳定性，动态调整防护设计。

(9)边坡与滑坡治理工程施工，项目业主宜成立工程建设和治理施工专项小组，对出现的复杂地质边坡、变形破坏边坡和滑坡等情况，采取应急措施，以减少边坡变形破坏造成的损失。必要时，施工单位、项目业主可组织专家或有相应岩土工程咨询资质的咨询单位成立边坡工程专项咨询机构，对工程建设提供建议和方案。

(10)预应力锚固工程施工完成后，应及时进行锚固工程的质量检测。质量检测包括：预应力锚杆(索)长度检测、预应力锚固工程的抗拔力和锁定拉力检测。预应力锚固工程质量检测合格前，严禁擅自切割锚筋体；检测合格后，应严格控制锚筋体切割预留长度。

二、施工组织设计内容

高速公路边坡工程施工为专项工程施工，在工程施工前应编制相应的专项工程施工组织设计，一般包括以下主要内容。

1)工程目标及编制说明

(1)工程施工实施目标主要包括工程质量目标、施工工期目标和安全施工目标。

(2)编制说明主要为施工方案的编制依据及工程需执行的相关规范和规定等。

2)工程概况

(1)边坡工程地质背景。

(2)边坡工程设计情况。

(3)边坡工程主要特点。

3)施工准备工作

(1)边坡工程施工的技术准备,包含工程的现场调查工作、设计单位沟通及编制施工组织设计。

(2)工程中需使用的机械设备、工程材料等物质准备和计划安排。

(3)现场准备,包括场地控制网的测量、建立控制基准点、做好现场的“三通一平”工作,以及安全文明施工准备工作。

4)施工方案

(1)明确施工各分项工程的施工程序、各工序安排和交叉作业的计划安排。

(2)选择各分项工程的施工方法。

(3)确定各分项工程的施工技术方案,根据工程的不同工程项目特点制定相应的施工方案。边坡工程施工一般需要的技术方案包括:挡土墙(浆砌片石、片石混凝土及素混凝土等)、抗滑桩等支挡加固工程施工技术,截水沟施工技术,平台排水沟施工技术要求,锚杆(索)施工技术要求,框架梁混凝土技术要求,喷射混凝土技术,泄水孔的埋设、仰斜式排水孔施工技术等。

5)机械及劳动力组织

机械及劳动力组织主要为根据工程特点对施工机械选择、人力资源的配置及人员安排计划。

6)施工部署

(1)施工总体部署,施工区域的划分和施工工序流程的安排。

(2)施工组织,主要包括施工管理目标、现场管理机构、施工管理架构及项目经理部主要成员等。

7)施工平面布置

施工平面布置主要为施工总平面布置。

8)施工进度计划

施工进度计划为施工工期总说明和施工进度安排。

9)工期保障和应急预案

制订合理的工程进度保障措施和应急预案。

10)安全保证措施

安全保证措施主要包括安全生产目标、安全生产管理原则、施工安全保证措施、锚固工程作业安全保证措施、抗滑桩工程作业安全保障措施、施工现场用电安全保证措施及其他安全保证措施。

11)文明施工与环境保护措施

(1)工程的环保目标、环保责任体系及环境污染防治。

(2)文明施工措施、文明施工目标、文明施工保证措施及生活区文明施工管理措施。

12)机械设备维护措施

机械设备维护措施主要是指挖掘机、吊车、电焊机、卷扬机、钻机、空压机等机械设备的保养、维修等技术方案和保障措施。

13)各组织结构的附图、施工工艺工序附图等

第二节　土石方工程施工

一、土石方工程特点

高速公路路堑边坡工程的施工,主要以土石方开挖为主,边坡土石方是一种工程量大、劳动强度高、施工条件复杂多变的工程。因此,需预先制订施工组织计划,在满足质量要求、讲究生产效率的前提下,确定施工方法,选定施工机械,编制施工进度计划,设计工点施工平面图,计算施工机具和劳动力等资源需要量,组织路堑的开挖和各种坡面防护工程的修筑工作。

土石方工程是边坡工程施工中主要的分项工程之一,它包括土、石方的开挖、运输、堆弃和平整等主要施工过程,以及边坡清表、测量放线、施工排水和临时支护或预加固等准备与辅助工作。其中,土质边坡主要采用机械化施工,利用机械化作业,对边坡进行刷方土体的挖出和运载,同时在边坡坡面到达设计位置时,进行坡面平顺施工,使边坡满足设计坡率要求;岩质边坡主要采用预裂爆破等施工,临近设计坡面位置时,严格控制边坡爆破炸药量,有条件时采用光面控制爆破,使边坡坡面平顺、坡率满足设计要求。

二、土方工程开挖施工

1. 施工技术要点

(1)土方工程开挖施工是指坡残积土层、全风化岩层等土质或类土质边坡的开挖、刷方施工。边坡的开挖施工一般随着路堑段路基的开挖同步进行,在路基开挖同时,对边坡坡面进行刷方成型。

(2)边坡开挖施工前,需先对边坡范围内植被进行清表处理,但坡顶截水沟与坡口线间的乔灌木应予以保留。

(3)边坡开挖施工前,应先进行坡顶截水沟施工,并在土方施工期间修建临时排水设施。

(4)高速公路边坡单级高度通常设计为8m(或10m)一级。边坡开挖施工,开挖前应严格核对坡口位置高程。自坡顶往下刷方施工时,依据设计要求严格控制单级坡体高度、坡面坡率、坡面变坡点位置等技术指标。

(5)在开挖至边坡线前,应预留一定宽度,预留的宽度应保证刷坡过程中设计边坡线外的土层不受到扰动。同时应采用测量仪器对已开挖的坡面进行复核,以确保开挖坡面不欠挖、不超挖。

(6)开挖各级整体施工过程中,应采取技术措施保证边坡稳定。对于设有锚固工程的高边坡工程开挖,要严格执行“开挖一级、防护一级”的方案,待上级边坡锚固工程全部实施并产生

加固作用后,方可进行下级边坡的土方开挖作业(根据实际情况可采用有效可行的临时加固或预加固工程措施),逐级开挖,逐级加固,直至全部防护工程结束,确保坡体稳定和结构安全。

(7)边坡开挖施工应根据地面坡度、开挖断面、纵向长度及出土方向,结合土方调配距离,选用安全、经济的开挖方案,如图 3-1 所示。

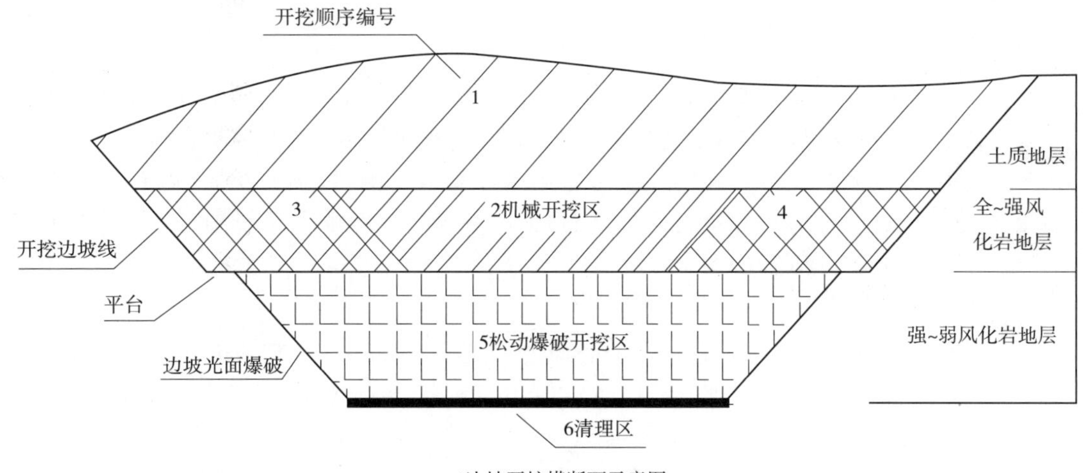

a)边坡开挖横断面示意图

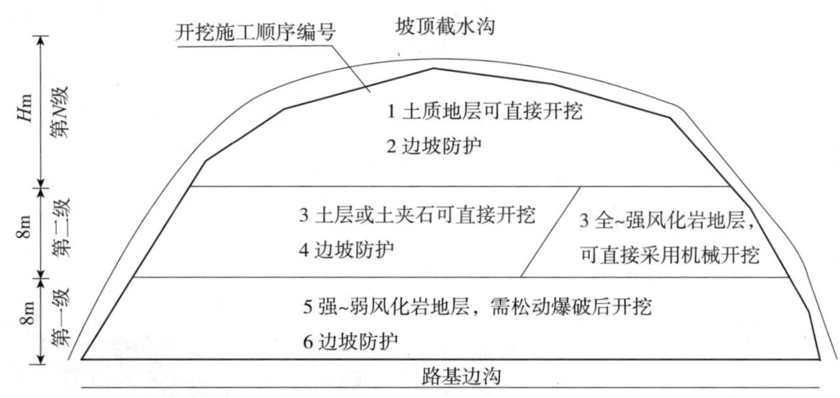

b)边坡开挖纵断面示意图

图 3-1　边坡开挖施工方案

(8)边坡刷方施工时,边坡平台宽度及排水坡度应满足设计要求。一般地,边坡平台宽度应不小于 2m;边坡平台宽度 $B \leqslant 3$m 时,平台可设置 4%的坡率外倾排水,平台排水采用预制平台挡水梗;边坡平台宽度 $B > 3$m 时,平台可设置 4%的坡率内倾排水,平台排水宜采用下沉式平台排水沟。

(9)边坡平台防护工程施工时,平台宜设置土工膜防水层,并进行浆砌片石铺砌。具体工程施工应满足设计要求及有关规范或规定。

(10)挖方高边坡坡顶存在仰坡时,坡顶应设置截水沟,其位置通常距离坡顶开挖线应不小于 5m;反坡时坡顶一般不设截水沟。

(11)质量控制包括:

①路堑开挖应按设计图及时施工边沟及截、排水设施。

②路堑开挖应按设计断面测量放样，边开挖，边整形，坡面应平顺、稳定，不得亏坡，曲线圆滑；路基表面应平整，边线至顺，曲线圆滑。

③护坡道、碎落台按设计要求设置，外形整齐、美观，防止水土流失。

④实测项目质量应严格执行《公路工程质量检验评定标准　第一册　土建工程》(JTG F80/1—2004)规定的要求。

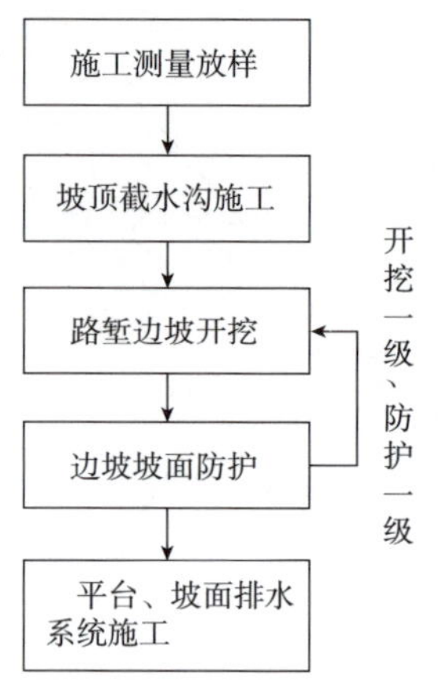

图 3-2　土方边坡开挖施工工艺流程

2. 施工工艺流程

土方边坡开挖施工，主要工序包括：边坡征地界限、坡顶及各级坡面坡口、边坡坡脚位置等范围的量测，坡顶截水沟施工，边坡开挖刷方，边坡高度、坡率等指标复核量测，坡面防护工程施工，开挖下级边坡并进行防护工程施工，平台、坡面排水系统施工等，其施工工艺流程如图 3-2 所示。

3. 施工注意事项

(1)边坡土石方开挖应自上而下进行，且应开挖一级防护一级。不得乱挖、超挖，严禁掏底开挖，无因开挖不当而造成的堑坡塌滑现象。

(2)边坡开挖应与装运作业相互错开进行，严禁双层作业。松动的土、石块应及时清除，弃土下方和滚石危及范围内的道路，应设警示标志。

(3)在滑坡处理前，禁止在滑坡体上增加荷载，严禁在滑坡体前缘减载。

(4)雨季施工，应做好防洪、防水、排水工作。对于土质渗水路堑、截水沟、排水沟，应及时铺砌或采取其他防洪措施，保证边坡稳定，起到排水防洪作用；对于施工人员，应配备雨季作业劳动保护用品，并对职工进行雨季施工和防洪抢险教育，制订应急预案。

(5)边坡与滑坡治理工程的设计、施工应采用信息化动态管理，施工单位应及时上报边坡开挖、建设情况等信息，便于设计单位加强动态设计。边坡开挖揭露地层、地下水等因素与设计不符时应及时上报监理、设计和项目业主，便于设计单位综合分析坡体稳定性，及时调整防护形式。

(6)边坡工程施工阶段应做好边坡动态变形监测，边坡动态变形监测应与工程施工同步进行。

4. 工程实例图片

边坡开挖实例如图 3-3 所示。

图 3-3　边坡开挖一级、防护一级

三、石方工程爆破施工

1. 施工技术要点

(1)石方开挖应根据岩石的类别、风化程度、节理发育程度、岩层产状和施工环境等确定开挖方案。石方爆破开挖路基应以预裂爆破技术为主(对于较完整或大块状岩体，接近坡面

3～5m范围采用光面爆破），禁止采用大爆破施工；对于软弱松散岩质路堑，宜采用分层开挖、分层防护及坡脚预加固技术。

(2)爆破法开挖石方，应先查明空中缆线、地下管线的位置，以及开挖边界线外可能受爆破影响的建筑物结构类型、居民居住及出行情况等，然后制订详细的爆破安全控制方案。

(3)收集现场地质、地层、地形、地貌数据加以分析，制订最优爆破技术方案，并对起爆顺序和起爆方式进行分析和比较，以达到最佳效果。石质路堑边坡开挖坡面不得有松石，要求路基边线顺直、曲线圆滑。对于中硬质岩石，边坡不平整处不应超过±15cm；对于软质岩石，边坡不平整处不应超过±10cm。

(4)爆破施工宜按以下顺序进行：测量标定炮孔位置→钻孔→炮孔检查→爆破器材准备→装药→连接爆破网络→布设安全岗哨→炮孔堵塞→爆破覆盖→起爆信号→起爆→消除瞎炮→处理危石→解除警戒→石方清运→爆破效果分析→资料记录。

(5)应加强装药过程的控制，严格按设计控制药量，不能少装或多装；间隔段填筑物要均匀；按岩石粉的自然密度装药，严禁捣实，堵塞的长度按有关要求或规定安装。

(6)起爆网络连接应严格按要求和规范执行，爆破前必须检查起爆网络，确保爆破顺利。

(7)每次爆破完毕后，宜及时清运爆破石方，开挖应与装运作业相互错开进行，严禁双层作业；边坡的修整，边坡表面的破碎岩石要全部清除掉，按设计要求进行刷坡。

(8)挖方边坡应从开挖线往下分级清刷边坡，每下挖2～3m，应对新开挖边坡刷坡。对于软质岩石边坡，可用人工或机械清刷；对于坚硬和次坚硬岩石边坡，可使用炮眼法、裸露药包法爆破清刷边坡，同时应清除危石、松石；弃土下方和滚石危及范围内的道路，应设警示标志。清刷后的石质路堑边坡，坡率不应陡于设计规定。

2. 施工工艺流程

石方边坡主要采用爆破施工工艺，边坡爆破施工主要工序及流程如图3-4所示。

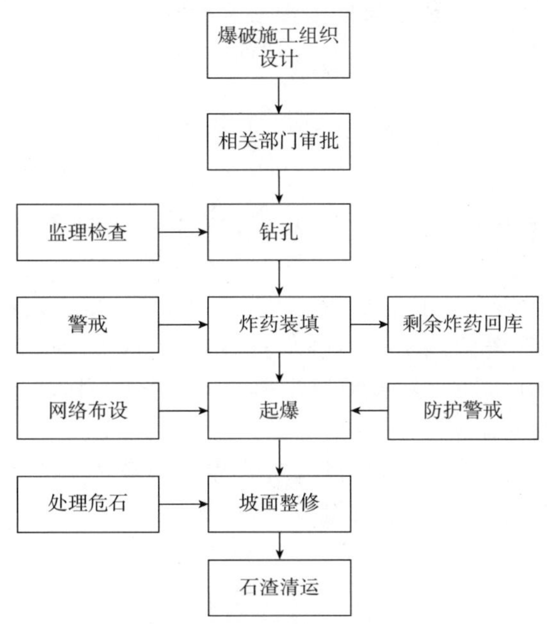

图3-4　石方边坡爆破施工工艺流程

3. 施工注意事项

1)爆破材料和设备的管理

(1)火工材料运输。性质相抵触的爆破器材不允许混装在同一车厢,炸药和雷管必须分车运输。爆破器材要求用特制容器盛装,如铁盒铁箱等。炸药及爆破器材在运输过程中,按要求码放,并做好减震防撞击措施,避免在运输途中因剧烈碰撞或长期摩擦过热导致炸药自燃或高温引起爆炸。在炸药及爆破器材装卸过程中轻拿轻放,不得随意抛掷。

(2)爆破器材的储存、管理。爆破器材必须存放在专用仓库、专人管理;必须建立严格的领取、清退制度;爆破员在领取器材必须经工区长、安全员、生产副经理签字后方可领取;领取数量不得超过当班使用量,剩余的要在当天规定时间内退回仓库。

(3)爆破器材装卸、搬运安全。爆破器材在从储存库运到施工现场时应在白天进行,有专人在现场监督,并设警卫。禁止无关人员在场。卸货地点,严禁烟火和携带发火物品。白天悬挂红旗和警标,夜间有足够的照明并挂红旗等。领取爆破器材后,应直接送到爆破地点,不得携带爆破器材在人群聚集的地方停留,严禁乱丢乱放。炸药、雷管应分别放在两个专用背包(木箱)内,严禁装在衣服内,严禁炸药和雷管混放。

2)爆破作业

(1)进行爆破工程前,应制定安全技术操作规程,爆破作业应严格执行《爆破安全规程》,确保爆破安全。

(2)爆破作业,必须由经过考试合格的持有爆破证的爆破操作员操作,禁止非爆破人员进行爆破作业。爆破器材保管、加工、运输及爆破作业人员,不得穿戴易产生静电的衣物。

(3)爆破器材应按规定要求进行检验,确保设备无质量问题,失效和不符合技术条件要求的不得使用。

(4)选择炮位时,炮孔应避开正对的电线、路口、结构物,严禁在残眼上打孔。

(5)爆破时,应清点爆炸数与装炮数量是否相符。发生哑炮时,必须按相关规定进行处理。如发现危坡、危石等,应按规定及时处理;未处理前,应在现场设立警戒或危险标志,无关人员不得接近。

(6)清方过程中,发现有哑炮、残药、雷管时,必须及时请爆破专业人员进行处理。

(7)已装药的炮孔必须当班爆破。

(8)夜间不宜进行爆破作业。遇雷雨时,应停止爆破作业,所有人员应立即撤离爆破区。

3)控制爆破方法

(1)爆破区应设安全警戒,点火前以红色旗、哨声为信号,定人定岗。在计算出的安全距离外不少于50m设置警戒线,危险区半径内必须实行警戒,起爆前必须清场。公路旁施爆至少提前10min由当地交警部门封闭交通,实行交通管制,并在一切准备工作完成和全体人员均撤离到安全区后才准许引爆。

(2)防护排架在搭设过程中要设专职质检员亲临现场指导施工,并设专职安全员解决搭设过程中可能出现的安全问题。当排架分段搭设完毕后,要经技术负责人检查评定验收后方可投入使用。

(3)防护排架任何一个断面的高度保证高出爆破作业面至少3m。

(4)堑坡顶部爆破边坡坡面形成后,需按要求设置缆风绳;缆风绳采用钢丝绳制作,并稳定锚固于边坡坡面。

(5)爆破施工现场按规定选择适当位置设置爆破标志。

(6)炮位覆盖柔性炮被,上另压一层土袋,并对可能出现滚石的地段加设钢丝绳网或柔性网防护。

(7)为防止出现意外事故,爆破作业现场准备抢险接触网杆、钢针、大铁锤等必备材料,并在起爆之前组织足够的抢险人员待命。

(8)为防止爆破作业过程中意外险情影响车辆运行安全,在施工爆破作业现场设防护员,防护员配备一面红色信号旗,信号旗要求用塑料胶带黏结,在出现特殊意外险情时拦停车辆。

(9)在雷雨天气,禁止装药、安装电雷管,工作人员应立即离开装药地点。

(10)如遇瞎炮,可用木制或竹制工具将堵塞物轻轻掏出,另装入雷管或起爆药卷重新起爆。严禁拉动导火线或雷管脚线,以及掏动炸药内的雷管。如系硝铵炸药,可在清除部分堵塞物后,向炮眼内灌水,使炸药溶解。并且,在原炮眼近旁一定距离处打一排平行于原炮眼的新炮眼,重新装药爆破。

4. 工程实例图片

石方边坡爆破施工实例如图3-5所示。

图3-5 石方边坡爆破施工实例

第三节 截排水工程施工

一、截排水工程特点

高速公路边坡的截排水工程,对边坡建设期和运营阶段的工程稳定极其重要。边坡的截排水工程总体上可分为地表排水和地下排水两大类。

地表排水的主要工程措施有坡顶截水沟、平台边沟、坡面急流槽及坡脚边沟等。地表排水工程措施的主要作用是:对地表径流汇水进行有效的拦截和疏导,同时采取工程措施有效地防止汇水渗漏入坡体,并有效地排出坡体以外,进入高速公路排水系统。

地下排水的主要工程措施有仰斜式排水孔、支撑渗沟、盲沟、竖向渗井及泄水隧洞等。地下排水的主要工程作用是：通过工程措施将坡体内的地下水进行引排和疏导，降低坡体地下水位，从而提高岩土体的力学强度指标，提高坡体的稳定性。地下水的导出，对边坡，特别是滑坡工程稳定的改善效果极其明显。

地表排水工程施工通常主要以浆砌片石砌筑、预制块拼装等施工方法为主；地下排水工程施工主要以隐蔽工程和结构工程施工为主，相对地表施工复杂、难度大、造价高。

二、截水沟施工

1. 施工技术要点

(1)截水沟一般包括边坡坡顶截水沟、滑坡坡顶截水天沟、滑坡坡体截水沟(常设置为横向、纵向、树枝状等)等。

(2)边坡坡顶截水沟施工应在路基边坡开挖施工前先行进行。截水沟砌筑后，在坡体上方一侧的砌体与山坡土体连接处，坡面地表水容易产生渗漏，应严格进行夯实和防渗处理。特别是对于地质不良、土质松软、透水性大或岩石裂隙较多的地段，截水沟应采取沟底、沟壁、出水口加固措施，以防止顺山坡下来的地表水渗入而影响坡体稳定。

(3)基坑开挖根据土质、地形等条件，可采用机械开挖、人工开挖成型。如采用机械开挖，应防止超挖，留出5～10cm左右富余，人工成型，确保截水沟的边坡平整、稳定，严禁贴坡。基坑开挖后，需进行沟体高程复测。

(4)基坑开挖成型后，应按设计要求铺设防水土工膜，其各项性能指标均应符合设计要求。施工时将复合土工膜绷紧，直线段高端压在低端上，曲线段外侧搭在内侧上，铺设宽度不小于设计宽度。连接采用防水胶黏结，膜间搭接宽度不小于30cm；采用爬焊机焊接时，严格控制焊接温度，不得出现焊焦或未焊透现象，保证焊缝不漏水。

(5)截水沟施工采用浆砌时，圬工砌体的砌筑应采用先铺底，再砌筑两侧墙体的砌筑工艺，严禁先砌两边墙体，再铺底的施工顺序。有坡度的沟底应按台阶方式砌筑。

(6)截水沟采用预制块施工时，预制块须满足设计强度要求，且干净无污染；砌筑前，预制块均需用水浸泡饱和；砌筑时，应先铺砂浆垫层，上层砌筑应与下层砌筑错缝咬合，砂浆饱满，不能有通缝，砌筑应分层砌筑。

(7)截水沟顶面应略低于自然坡面，若遇冲沟应设缺口将水导入截水沟；截水沟的出水口，宜设置排水沟、急流槽或跌水等，与其他排水设施平顺衔接。

(8)截水沟水流一般不应引入边沟，当必须引入时，应切实做好防护措施，如设置截水墙或消能池等设施，以免出水口在水流作用下冲毁；排水系统应完善，不得随意排放或直接冲刷边坡。

(9)截水沟长度一般不宜超过500m，当截水沟长度超过500m时，应选择适当的地点设置出水口，将水引至山坡侧的自然沟中或桥涵进水口。

2. 施工工艺流程

坡体截水沟施工主要工序包括：截水沟位置放样、坑槽开挖、坑槽夯实和修整、防水土工膜铺设、沟体浆砌片石砌筑(或预制块砌筑)、勾缝等处理及沟体的养护等，其施工工艺流程如图3-6所示。

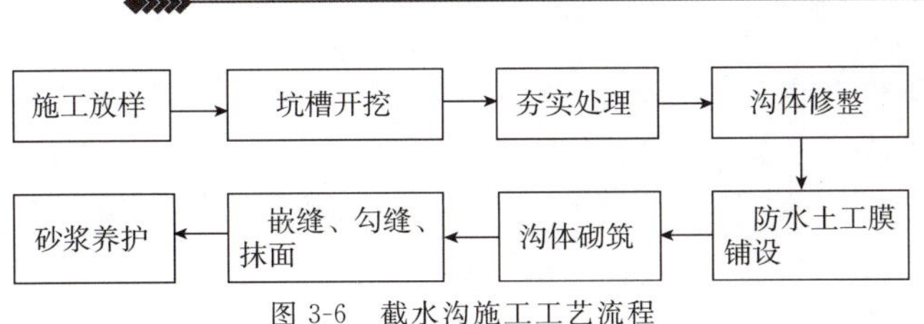

图 3-6 截水沟施工工艺流程

3. 施工注意事项

(1)截水沟的测量放样应适当加密,确保沟体线形美观,达到线形顺直、圆滑,并按设计要求设置沉降缝。

(2)截水沟应先施工,并依照实际地形选择合适的位置将地面水和地下水排导入路基边沟,并与自然水系相衔接。

(3)截水沟应按设计要求进行防渗处理及加固处理。

(4)砌筑用砂浆配合比准确,砌缝砂浆均匀饱满,勾缝密实。

(5)基础设有伸缩缝时,应与墙身伸缩缝对齐,填缝材料饱满。

(6)浆砌片石工程,嵌缝均匀、饱满、密实;勾缝平顺无脱落、密实、美观;缝宽均衡协调;砌体咬扣紧密;抹面平整、压光、顺直,无裂缝、空鼓。

(7)水泥混凝土预制块的强度符合设计要求,砌体平整,勾缝整齐牢固。

(8)施工砌筑砂浆需采用砂浆搅拌机拌制砂浆,人工挂线浆砌施工,砌筑完毕,用土工膜覆盖,洒水养护。

(9)排水设施要求纵坡平顺、沟底平整、排水畅通;外观要求线形美观、平顺、圆滑。

(10)基坑开挖土方应堆置在与路堑边坡顶一侧,并予以夯实或运出场外,禁止堆放在排水沟外侧,影响场地的外观及排水效果,或回流至排水沟内影响正常排水。

4. 工程实例图片

坡顶截水沟实例如图 3-7 所示。

图 3-7 坡顶截水沟实例

三、急流槽施工

1. 施工技术要点

(1)急流槽一般设置在边坡坡面,主要是为了及时排除边坡坡面、平台的地表汇水,并通过平台排水沟和坡面设置的急流槽引排至路基边沟。对于长大边坡,需设置多道急流槽,其间距一般设计为 50~100m。在公路运营养护阶段,急流槽可兼作踏步,便于养护人员上下,以及对边坡进行检查和维修。

(2)急流槽通常用浆砌片(块)石砌筑或混凝土浇筑。台阶高度应按设计或根据地形、地质等条件确定;多级台阶的各级高度可不同,其高度与长度之比应与原地面坡度相适应,台阶高度应不大于 0.6m;不同级坡面急流槽应上下对齐。

(3)急流槽的基础应嵌入地面以下,其底部应按设计要求砌筑抗滑平台,并设置端护墙。

(4)进水槽和出水槽底部应按设计要求进行铺砌。特殊情况应在下游铺设厚0.2～0.5m、长2.0m的防冲刷铺砌层。

(5)长急流槽应分段砌筑,分段长度宜为5～10m,接头处须用防水材料填缝,填缝应密实无空隙。

(6)急流槽宜砌成粗糙面,或嵌入约10cm×10cm坚石块,以消能减小流速。

(7)对于汇水面积较大的路堑高边坡急流槽,应考虑加大、加深急流槽尺寸,并在底部设消能设施后,导入路基排水系统。

2. 施工工艺流程

急流槽施工工序主要包括:急流槽位置放样,坡面急流槽坑槽开挖和修整,墙体砌筑和养护,其施工工艺流程如图3-8所示。

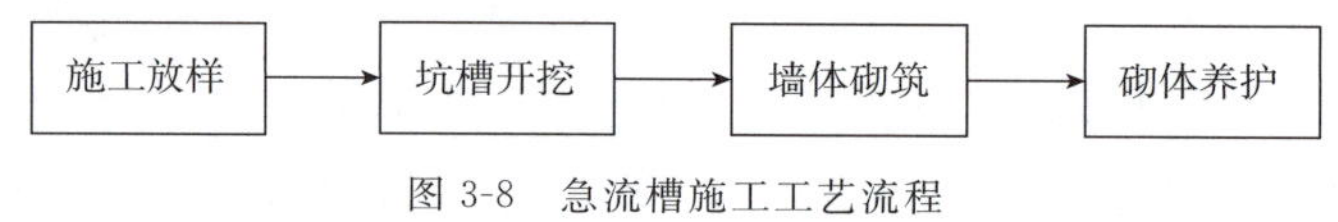

图3-8　急流槽施工工艺流程

3. 施工注意事项

(1)基槽采用人工开挖。基坑槽的部位尺寸、形状埋置深度均按设计要求进行施工,开挖后的基底应平整夯实,并与设计的排水沟、截水沟等顺接。

(2)基坑挖至设计要求深度后不得长时间暴露、扰动;基坑开挖完成后,应放线复验,确认位置无误并经监理工程师签认后,方可进行急流槽施工。

(3)急流槽底部需设置消力池,可采用浆砌片石砌筑或混凝土浇筑。混凝土及砌筑砂浆强度应满足设计要求;配合比准确,浆砌缝隙砂浆饱满,槽内抹面平整、顺直。

(4)进急流槽口汇水流设施、出口消力槛等设施应砌筑牢固,不得有裂缝空鼓现象。槽内抹面平顺无裂纹,设置坡度顺直,无折坡现象。

4. 工程实例图片

坡面急流槽实例如图3-9所示。

图3-9　坡面急流槽实例

四、边沟施工

1. 施工技术要点

(1)边沟是指路堑段路基边坡坡脚下部的排水沟,设置于路面顶面以下。根据埋置情况不同,有明沟式和盖板暗沟式,其为路基排水系统的重要组成部分。路基边沟形式有浆砌片石砌筑、预制块拼装及混凝土浇筑等。

(2)路基排水应按设计及规范要求施工,并依照实际地形选择合适的位置将地面水和地下水排导出路基外,并与自然水系相衔接。

(3)边沟基坑开挖至设计高程时应预留5～10cm,由人工修整成型,确保边沟、排水沟的边坡平整、稳定，严禁贴坡。基坑开挖后，需进行沟底高程复测，确保沟底纵坡衔接平顺。

(4)边沟采用浆砌片石砌筑时，片石规格、强度和砂浆应符合设计要求，砂浆应饱满，沟身应不漏水，沟底抹面应平整压光；采用预制块拼装施工时，其预制构件强度应满足设计要求，构件拼装砂浆强度应满足设计要求，砌筑应饱满。

(5)边沟砌筑完成后，应洒水养护，要求砂浆砌缝无裂纹、无裂缝，确保砌体整体牢固。施工阶段永久性排水应与临时排水相结合，防止雨水冲刷。

(6)为防止边沟水流满溢或冲刷，应尽可能地利用当地的有利地形条件，采取相应措施，在边沟水流分段设置出水口以排出路基外。三角形边沟每段长度不宜超过200m，多雨地区梯形边沟每段长度不宜超过300m。

2. 施工工艺流程

路基边沟施工工序主要包括：边沟位置放样、坑槽开挖、坑槽夯实和修整、沟体砌筑（或混凝土浇筑）、沟体养护及伸缩缝处理等，其施工工艺流程如图3-10所示。

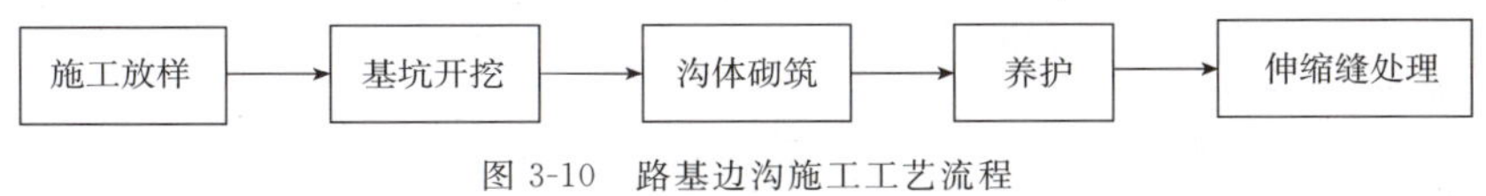

图3-10　路基边沟施工工艺流程

3. 施工注意事项

(1)边沟砌筑时，采用的石料在施工前应浇水湿润，表面如有泥土、水锈应清洗干净；砌筑基础的第一层砌块时，如基底为岩层，应先将基底表面清洗、湿润，再坐浆砌筑；如基底为土质，可直接坐浆砌筑。

(2)路基边沟采用圬工砌体先铺底，再后砌两边墙体的砌筑工艺，严禁先砌两边墙体，再铺底的施工顺序。有坡度的沟底应按台阶方式砌筑。

(3)砌体应分层砌筑，各砌层应先砌外圈定位行列，然后砌筑里层，外圈砌块与里层砌块交错连成一体。砌体里层应砌筑整齐，里外应一致，各砌层的砌块应安放稳固，砌块间应砂浆饱满、黏结牢固。

(4)边沟、排水沟施工放样通常以两个结构物之间的长度为一个单元，以确保边沟、排水沟与结构物的进出水口顺利连接。

(5)边沟纵坡应与曲线前后沟底纵坡平顺衔接，不允许曲线内侧有积水或外溢现象；曲线外侧边沟深度应适当加深。

4. 工程实例图片

路基边沟实例如图3-11所示。

图3-11　路基边沟实例

五、渗沟、盲沟施工

1. 施工技术要点

(1)渗沟是采用渗透方式将路基、边坡、滑坡工作区或以下较浅的大面积地下水汇集于沟内,并沿沟把水排到指定地点的地下排水设施的统称。盲沟是指在路基、边沟下部设置的充填碎、砾石等粗粒材料,并铺以反滤层(有的其中埋设透水管)的排水、截水暗沟。渗沟、盲沟是一种地下排水渠道,用以排除地下水,降低地下水位。

(2)边坡工程中,在地下水位深、流量不大、引水不长的地段可布设盲沟,其深度不宜超过3m,宽度一般为0.7~1.0m;设置盲沟主要是为了截流和引排边坡坡脚以下一定深度内的地下水,降低地下水水位,提高坡脚岩土体强度,且防止地下水对路基的影响。

(3)地下水埋藏较深或引水较长的地段,可设置渗沟。其设置深度应位于滑动面以下,设置深度可达5~6m。各类渗沟均应设置排水层、反滤层和封闭层。渗沟主要设置于边坡(滑坡)地下水水位较高、坡面较缓的坡体。通过设置渗沟可有效地引排坡体地下水,并降低其水位,从而提高岩体强度,并起到支撑坡体的作用。

(4)渗沟、盲沟的基坑开挖宜自下游向上游进行,应随挖随支撑或回填;暴露时间不宜超过7d,以免造成坍塌;支撑渗沟应间隔开挖。

(5)渗沟开挖深度超过6m时,需选用框架式支撑。在开挖时自上而下随挖随支撑,施工回填时应自下而上逐步拆除支撑。

(6)渗沟埋置深度应满足渗水材料的顶部(封闭层以下)不得低于原有地下水位的要求。当需排除层间水时,其底部应低于最下层的不透水层。

(7)渗沟须设置反滤层和隔渗层。沟底设置于不透水层上时,反滤层设置于迎水侧,隔渗层设置于背水侧;当沟底设置在含水层时,两侧沟壁及沟底均应设置反滤层,反滤层的结构及材料级配应符合设计要求。反滤层应层次分明,出水口应排水通畅。

(8)渗沟的出水口宜设置端墙,端墙下部应留出与渗沟排水通道大小一致的排水沟,端墙排水孔底面距排水沟沟底的高度不宜小于0.2m。端墙出口的排水沟应进行加固,防止冲刷。

(9)填石盲沟仅宜用于渗流不长的地段,且纵坡坡度不能小于1%,宜采用5%。出水口底面高程应高出沟外最高水位0.2m。

(10)支撑渗沟施工时,开挖基础应置于滑动面0.5m以下的稳定地基上。基底纵向为台阶式,每级台阶长度不小于4m,放坡系数控制在0.05以内。其基础砌筑宜每隔1~3m设置1个牙石凸榫,可采用100~200mm填料片石;沟壁砂砾石反滤层厚度不应低于150mm。

2. 施工工艺流程

渗沟、盲沟施工工序主要包括:沟体位置的测量放样,沟体坑槽开挖(含沟体临时支护),沟体隔水层、反滤层设置,沟体排水层填筑及封闭层的施工,其施工工艺流程如图3-12所示。

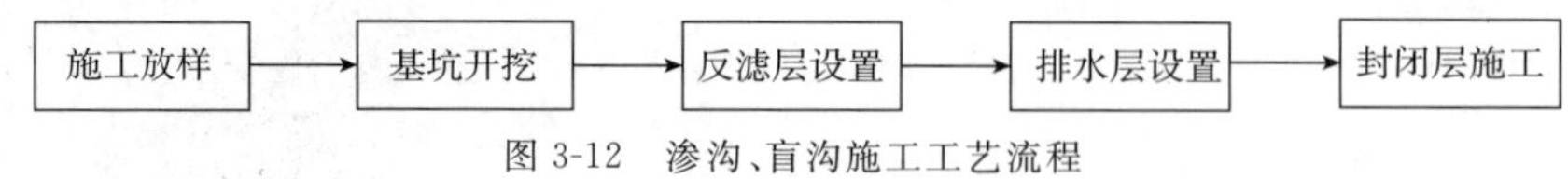

图3-12 渗沟、盲沟施工工艺流程

3. 施工注意事项

(1)渗沟内用于集水和排水的填充料要经过筛选和清洗,级配应满足设计要求。

(2)沟内填筑时,其底部和中部用较大碎石或卵石(粒径30~50mm)填筑,在碎石或卵石的两侧和上部,按一定比例分层(层厚约150mm)较细颗粒的粒料(如中砂、粗砂、砾石),做成反滤层,逐层的粒径比例按4∶1递减。颗料粒径小于0.15mm的含量不应大于5%。顶部封闭层施工时,应选用防渗材料铺设,夯实黏土防水层厚度不小于0.5m。

(3)当采用无纺土工布作反滤层时,应先在底部及两侧沟壁铺好就位,并预留顶部覆盖所需的土工布。拉直平顺紧贴下垫层,所有纵向或横向的搭缝应交替错开,搭接长度均不小于 30cm。

(4)渗沟的封闭层可采用浆砌片石、干砌片石水泥砂浆勾缝和黏土夯实。黏土层下部铺设双层土工布或草皮。

4. 工程实例图片

盲沟、渗沟施工实例如图 3-13 所示。

a)盲沟施工实例

b)渗沟施工实例

图 3-13　盲沟、渗沟施工实例

六、仰斜式排水孔施工

1. 施工技术要点

(1)仰斜式排水孔,仰角约 5°～15°,又称为排水平孔,常用于引排边坡内的地下水,长度应伸至地下水富集部位或潜在滑动面,并宜根据边坡渗水情况成排或成群分布。仰斜式排水孔排出的水宜引入路堑边沟排除。

(2)钻孔的孔深、倾斜度应按设计要求进行严格控制。其钻孔孔位误差应小于 5cm,钻孔倾斜误差小于 1°;有效孔深的超深不小于 20cm,且每钻进 5m 用测斜仪校正机身一次,保证孔位达到设计和规范要求。

(3)在施工过程中,应将施工揭露的地层及含水状态等实际情况及时报告项目业主、监理和设计代表,必要时调整孔位、孔数和孔深,排水孔正常出水率达 50%以上为宜。

(4)钻孔达到设计孔深后应用高压风洗孔,孔内不应有石粉和石渣等。钻孔结束后,必须经监理工程师验收后,才能够进行安放排水管的工作。

(5)排水管的安装应平顺推进,接头要求采用标准配件及黏固材料,确保接头密封稳固。排水孔出口常设 1～2m 的排水段,排水段周边与孔壁空隙要求用黏土封塞密实,并在孔口设置有效措施将仰斜排水孔引入相应排水设施。

2. 施工工艺流程

仰斜式排水孔施工工序主要包括:排水孔位置及高度测量放样、排水孔钻孔施工、钻孔检测、排水孔制作和安装,其施工工艺流程如图 3-14 所示。

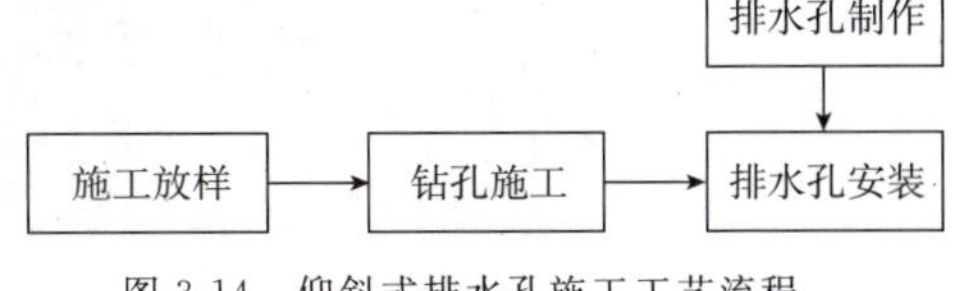

图 3-14　仰斜式排水孔施工工艺流程

3. 施工注意事项

(1)仰斜式排水孔施工常采用 ϕ48mm 钢管脚手架搭设钻孔操作平台,确保钻孔平台有足够的稳定性和安全性,并按设计要求严格控制钻孔的孔位、孔径、孔深和倾斜度等。

(2)排水管直径一般为 50～100mm,使用时,其上应设置渗水孔,渗水孔呈梅花形布置,渗水孔直径一般为 10～12mm,纵向间距为 60～80mm,沿管周分三排均布排列,一排设于管顶,其余两排设于管两侧,顶部与侧部圆孔交错排列。

(3)排水管渗水段应包裹 1～2 层无纺土工布,防止渗水孔堵塞,并要求将里端封闭。出水段孔口 1m 左右范围内一般不应设置渗水孔,并在孔周采用黏土填塞封闭。

4. 工程实例图片

仰斜式排水孔工程如图 3-15 所示,其实例如图 3-16 所示。

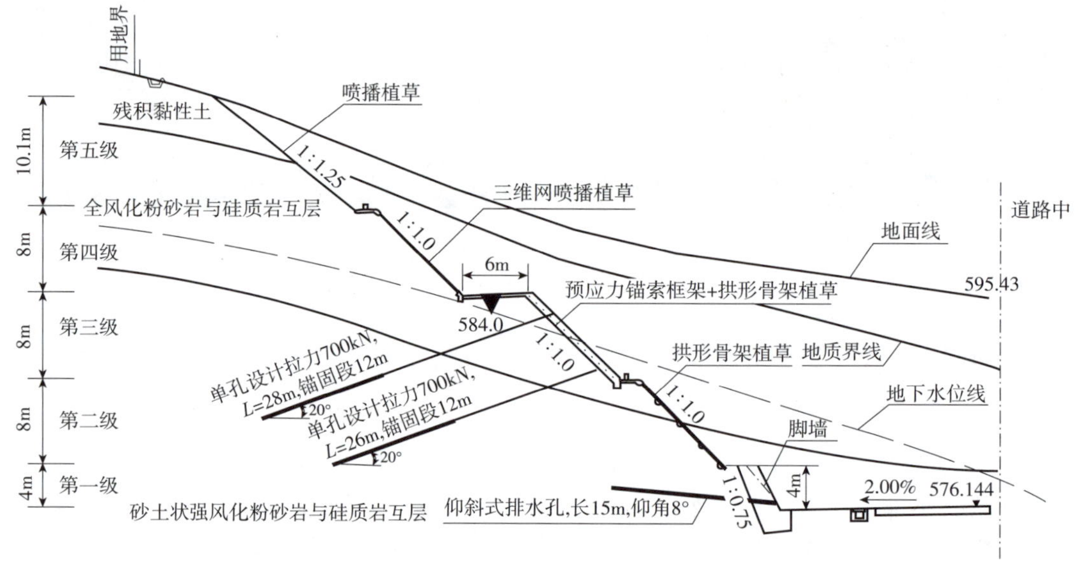

图 3-15 仰斜式排水孔设置

图 3-16 仰斜式排水孔实例

七、泄水隧洞施工

1. 施工技术要点

(1)对地下水丰富的滑坡体可采取在滑坡体外设置泄水隧洞引排坡体地下水，降低地下水位，提高滑带岩土强度，增强滑坡体的稳定性。

(2)泄水隧洞的埋置深度、渗井数量、仰斜式排水孔数量及混凝土强度应符合设计要求。

(3)滑坡工程治理时，仰斜式排水孔、井点降水、泄水隧洞等排水工程措施施工完成后，排出的地下水应根据地形等条件将其汇流排出坡外，不得漫流；同时，应设置简易水量记录仪，测算水量。

(4)隧洞开挖需根据工程地质条件采用相应的开挖和支护等技术方案。

(5)泄水隧洞施工工序和工艺应满足《公路隧道施工技术规范》(JTG F60—2009)的相关要求。

(6)沿泄水隧洞洞身方向间距5～10m应布置竖向渗管。管身布置纵向间距10cm、横向间距5cm，呈梅花形的泄水孔；管身应外绑土工布，渗管外围充填渗水材料，如砂、砾石等。

(7)泄水隧洞洞底纵坡坡度不得低于0.5%。洞内上曲拱采用长度5～10m的放射性排水孔，递增角度为30°，按梅花形布置，排水孔间距约为5m。

(8)泄水隧洞采用单层衬砌时，可采用工字钢或混凝土预制块组成的拱架结合锚喷支护。拱架间距宜为0.75～1.5m，拱架之间布置一道环形塑料排水盲沟；其中，衬砌为20cm厚C20钢筋网喷射混凝土，并预留间距为0.5m×0.5m的泄水孔。

(9)泄水隧洞采用预制块拼装时，预制拼装支架中心距分别为：Ⅳ级围岩段为0.4m；Ⅴ级围岩段为0.3m；局部围岩破碎或富水段为0.2m。预制梁柱和现浇底拱均为C25混凝土。预制梁柱背后设置厚5cm、宽20cm、长50cm的钢混凝土背板，背板边至边间距为10cm。

(10)对于地质条件较差的泄水隧洞段落，可进行隧洞二衬浇砌。隧洞二衬浇砌应沿轴线分段进行。如永久缝间距过大或无永久缝时，应设临时施工缝分段浇砌，段长宜为8～15m。为避免交叉干扰，可采用跳仓浇筑。在横断面上，浇砌顺序应为先底拱、后边墙和顶拱；若地质条件差，也可先顶拱、后边墙，最后底拱。

(11)泄水隧洞采用二次衬砌时，先采用30cm厚C20喷射混凝土初期支护，再用ϕ16mm钢筋格栅钢架结合30cm厚C25混凝土施作二次支护，钢架之间可加设一道环形塑料排水盲沟，并预留间距为0.5m×0.5m的泄水孔。

(12)根据泄水隧洞内水流量大小在洞内设置底板排水沟，在泄水隧洞出口设置明沟，引导隧洞排水流向既有排水系统中。

2. 施工工艺流程

泄水隧洞施工工序与工艺与隧洞施工相同，工序主要包括：泄水隧洞洞门墙施工、隧洞超前小导管施工、隧洞开挖、隧洞初期支护、仰拱和现浇混凝土施工、仰斜式排水孔施工、竖向渗井施工等，其施工工艺流程如图3-17所示。

3. 施工注意事项

(1)泄水隧洞施工前，应先完成洞门墙及洞口工程的施工，洞口需编号管理。

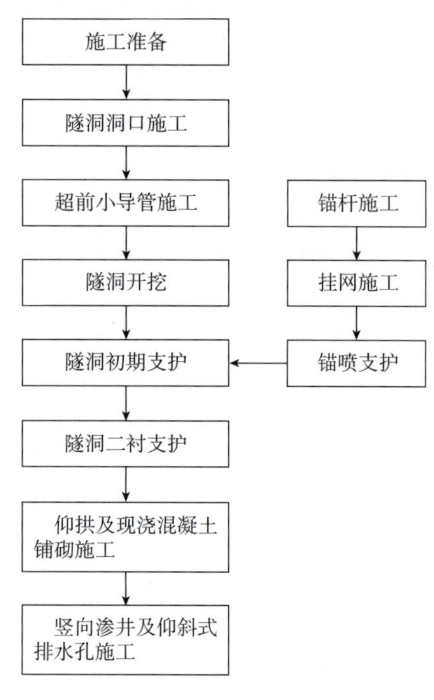

图 3-17　泄水隧洞施工工艺流程

(2)泄水隧洞开挖,应依据滑坡具体地质情况,选择人工开挖或钻孔爆破进行;当使用钻孔爆破时,应根据岩层完整程度,确定是全断面开挖还是导洞开挖;在地下水比较丰富的地段,宜采用下导洞开挖。

(3)对于不稳定地层,在开挖爆破后、永久衬砌前,应采用木支撑、钢支撑或喷混凝土锚杆支护等临时支护措施。

(4)在特别软弱或大量涌水的地层中开挖泄水隧洞,应采用超前灌浆或管棚加固方法,将地层预先加固,然后再进行开挖。

(5)泄水隧洞的检查井应设置检查梯,井口应设置井盖,兼起渗井作用的检查井井壁应设置反滤层。

(6)为了确保泄水隧道的施工进度与安全,可采取设置井点降水等临时排水工程措施,同时井点降水钻孔深度、孔径应符合设计要求。

(7)泄水隧洞施工时,应做好隧道渗水排水工作。通常泄水隧洞施工由出水口开始进洞施工,顺坡,可设置底板排水沟进行排水。

(8)当泄水隧洞较长,且采用分段施工时,需做好上部隧洞进口倒坡的排水工作,通常采用抽水措施进行地下水引排。

4. 工程实例图片

泄水隧洞洞门实例如图 3-18 所示,泄水隧洞洞身实例如图 3-19 所示。

图 3-18　泄水隧洞洞门实例

图 3-19　泄水隧洞洞身实例

第四章　边坡防护工程施工技术

第一节　砌石防护工程施工

一、砌石防护工程特点

高速公路边坡砌石防护工程为边坡坡面防护，一般是指对路堑边坡坡面采用砌石圬工的防护工程措施(不包括路堑挡土墙)，此类防护不涉及边坡的支挡加固，在其设计计算中不考虑对坡体稳定系数的提高。

砌石防护主要有片石护坡、骨架护坡和护面墙等，这类防护一般为轻型结构防护，是对边坡开挖后的浅表层岩土体进行防护。

片石护坡可分为浆砌片石护坡和干砌片石护坡，常用于边坡坡率缓于1∶1的土质或破碎岩石边坡防护。

骨架护坡可分为拱形骨架护坡、人字形骨架护坡和网格骨架护坡，常用于边坡坡率缓于1∶1的土质边坡防护，骨架内常结合植草防护，在低缓边坡防护中广泛应用。骨架材料一般采用浆砌片石，近年来，由于限制开山取石，常采用小型预制块作为骨架材料。

护面墙常用于易风化的云母片岩、绿泥片岩、泥质灰岩、千枚岩及其他风化严重的软质岩层和较破碎的岩石地段，可以有效地防止边坡坡面冲刷、风化剥落和掉块落石等。

护面墙可以分为实体护面墙、孔窗式护面墙和拱式护面墙等。实体护面墙可用于一般土质及破碎岩石边坡防护，等截面护面墙适用于坡率缓于 1∶0.75 的边坡，变截面护面墙适用于坡率缓于 1∶0.5 的边坡；孔窗式护面墙适用于坡率缓于 1∶0.75 的边坡，孔窗内可捶面(坡面干燥时)、植草或干砌片石；拱式护面墙适用于边坡下部岩层较完整而需要防护上部边坡的情况，其防护的边坡坡率不宜陡于 1∶0.5。

二、骨架护坡施工

1. 施工技术要点

1)浆砌片石骨架

(1)砌筑前，坡面应整平、拍实，不得有凹凸现象或在低洼凹凸处用片石、块石垫平等，以免出现护坡厚度不均等弊端。坡面修整完毕，进行骨架放样，根据骨架设计线和地形放骨架中心线，线形顺直。

(2)骨架施工采用挖槽法进行施工，在放好样的线形上开挖地基，视地基情况，若土质松散，须将地基进行处理(如夯实)。骨架基槽、基础开挖尺寸必须满足要求。

(3)骨架基础砌筑施工，首先铺筑砂砾垫层，然后砌筑基础。基础设置沉降缝，沉降缝纵向间距10～15m,缝宽2cm,用沥青麻絮填塞密实。砌筑前用木板条按设计的基础外形尺寸在现场放样,并拉线控制基础的线形。砌筑第一层片石安放时,大面朝下,砌筑下层前用砂浆将片石间隙填满并捣实;砌筑时片石竖向相互错开,不能上下通缝。在砌筑过程及每段完成后7d洒水养生。

(4)基础砌筑完成后,放骨架细部大样,用人工开挖骨架槽,拉线检查骨架槽符合设计后砌筑拱形骨架。

(5)砌筑拱形骨架自下而上砌筑。首先按骨架槽砌筑浆砌片石,砌筑时片石大面紧贴坡面,片石间隙用砂浆填塞密实。然后砌筑预制混凝土镶边石,砌筑时拉线检查镶边石是否在一个面内,并检查镶边石的外露高度是否满足设计要求,砌筑后及时用M10砂浆勾缝。砌筑过程和完成后洒水养生7d。

(6)在骨架砌体施工完成后,应及时进行骨架内植被防护施工。

2)小型预制块骨架

(1)根据现行高速公路工程特点与施工要求,骨架护坡可以采用小型预制块拼装施工。

(2)根据护坡结构防护形式,定制预制块模具。模具由工厂统一制作,通常采用塑料模具。模具尺寸应满足防护结构的设计要求,由预制场集中统一预制。

(3)小型预制块的生产,宜采用振动台进行振捣,且混凝土强度应满足设计要求。预制生产过程中,混凝土振动沉降致使厚度不足时,须及时添加混凝土料,使构件厚度尺寸满足设计要求。

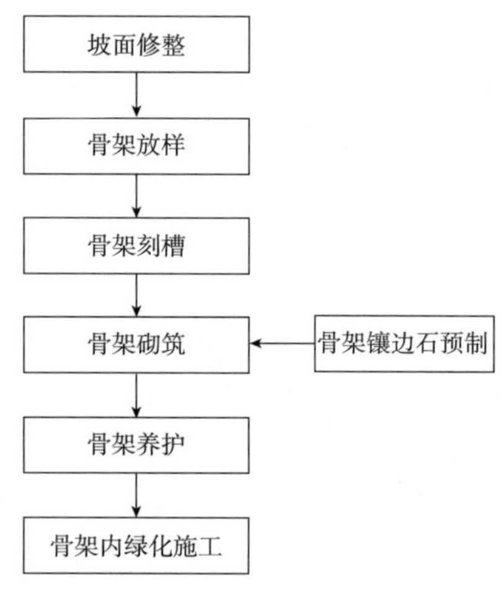

图4-1　骨架护坡施工工艺流程

(4)构件生产完毕,需做好拆模、养生、集中存放等工作;在预制块出厂吊装、运输、安装等过程中,应注意预制块保护,避免出现碰撞缺角等现象。

(5)坡面施工过程与浆砌片石施工工序、工艺、技术方法基本相同。

2. 施工工艺流程

骨架护坡施工工序主要包括坡面修整、骨架位置放样、骨架刻槽开挖、骨架基础及骨架砌筑(或预制块拼装,包含预制块集中生产制作)、骨架养护及骨架内绿化施工等,其工艺流程如图4-1所示。

3. 施工注意事项

(1)骨架砌筑前应认真领会图纸内容,严格满足设计尺寸要求。

(2)砌块(或预制块)在使用时必须浇水湿润,表面如有泥土、水锈,应清洗干净。砌筑基础的第一层砌块时,基底为土质,直接坐浆砌筑。

(3)砌体可分段砌筑,但两邻工作段的砌筑差一般不宜超过1.2m;分段位置宜设在伸缩缝处,各段水平砌缝应一致。

(4)各砌体应先砌外圈定位行列,然后砌筑里层,外圈砌块应与里层砌块交错连成一体。

(5)各砌层的砌块应安放稳固,砌块间应砂浆饱满,黏结牢固,不得直接贴靠或脱空。砌筑时，底浆应铺满，竖缝砂浆应先在砌石块侧面铺放一部分，然后在石块放好后填满捣实。用小石子混凝土竖缝时，应以扁铁捣实。

(6)砌筑上层块时，应避免振动下层砌体。砌筑工作中断后恢复砌筑时，已砌筑的砌层表面应加以清扫，湿润。

(7)用于砌筑的片石强度应不小于 30MPa，不能使用风化石或水锈石等风化类石料。

(8)砂浆拌制的水泥、砂石用料技术指标、拌和配合比等应满足设计要求。砂浆拌制采用强制式搅拌机拌和，严禁采用人工拌和砂浆，砂浆应保持适宜的和易性和流动性，满足相关规范要求，随拌随用。

(9)砌筑时放样拉线要张紧，表面要平顺，预制块质量必须符合要求，有缺棱、掉角、裂缝、裂纹、翘曲，表面蜂窝、麻面等外观差的不允许使用。

(10)骨架坡脚基础严格按照设计图纸进行浆砌片石砌筑，尺寸必须符合要求。

(11)为防止水流对路基边坡冲刷，在最上面一排拱圈圆弧形镶边石内侧和最下面一排拱圈护脚的上方反开挖，填土并夯实。

(12)骨架基础开挖时基础不能开挖过大，应较小，砌筑片石和预制块厚度不够时再将土挖出，不允许填土不足或临时边砌边填。

(13)骨架砌筑完成后将其清扫干净，骨架面要美观。

4. 工程实例图片

拱形骨架护坡防护实例如图 4-2 所示。

图 4-2　拱形骨架护坡防护实例

三、护面墙施工

1. 施工技术要点

(1)护面墙施工前，应对已开挖的坡面进行清理，清除松散岩土体及危石，检查有无欠挖部分，对欠挖部分应予以削平，以防影响护面墙的有效厚度。

(2)开挖坡面验收合格后，应测量放样，确定护面墙的位置及墙底基坑开挖位置。放样点位采用桩定位并标示清楚，宜设置固定桩现场拉线，施工过程中需注意标线保护。

(3)基坑开挖好后，应对基坑进行检验，包括基坑尺寸、基底承载力；自检合格后，根据合格要求，报请监理工程师确认，才可进行下道工序。墙基应坚固可靠，当地基软弱时，应上报相关部门采取相应的措施处理。

①使用的砂、片石等原材料或混凝土预制块必须符合设计及技术规范要求。

②砌筑时，砌块要错缝，浆砌采用坐浆挤密，嵌缝后砂浆饱满、无空洞现象；勾缝平顺，缝宽均匀，牢固和美观，无脱落现象。

砌体基础应先行施工，并与平台侧沟同时砌筑，然后再施作同级坡面的上部砌筑工程。

③护面墙要求分段砌筑，分段长度宜为10～15m。分段砌筑时，分段位置应设在变形缝或伸缩缝处，各段水平砌缝应一致，并严格按设计要求设置反滤层及泄水孔。

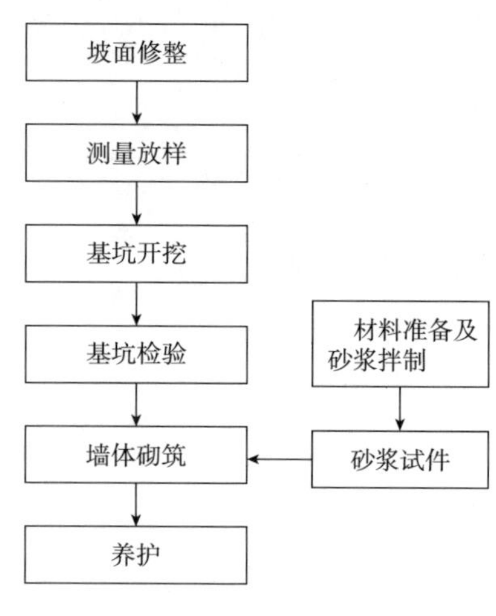

图 4-3　护面墙施工工艺流程

④护面墙平面位置、基底高程等实测项目质量要求参见《公路工程质量检验评定标准　第一册　土建工程》（JTG F80/1—2004）的有关规定。

2. 施工工艺流程

护面墙施工工序主要包括：坡面修整及测量复核、基础测量放样、基坑开挖及检验、基础和墙身砌筑、砌体养护等，其施工工艺流程如图 4-3 所示。

3. 施工注意事项

(1)砌筑前，应先制作坡度架，立于砌筑段的两端，拉小线控制砌筑。严格控制墙身外侧的坡率。

(2)护面墙基坑开挖施工时，需根据断面尺寸或高程，采用人工配合机械开挖。采用机械开挖时，底部需预留10cm通过人工挖出，避免扰动底部原状土。基坑开挖应分段、跳段开挖，不宜全段贯通开挖。

(3)砌筑顺序以分层进行为原则。分层砌筑时，应先角石，后边石或面石，最后填腹石。片石分层砌筑以 2～3 层石块组成一工作层，每工作层的水平缝大致平齐，竖缝应错开，错开间隙不小于 8cm，不能贯通。砌石底面应卧浆铺砌，立缝填浆捣实，不得有空和贯通立缝。砌筑中断时，应将砌筑好的石层空隙用砂浆填塞饱满，再砌筑时石层表面应清扫干净，洒水湿润。工作缝应留斜茬。

(4)护面墙外圈定位行列和转角石选择形状方正、尺寸相对较大的片石。片石需长短相间与里层砌块立交接成一体，上下层石块应交错排列，避免竖缝重合。大砌块应位于下层，石块宽面朝下，石块之间均需用砂浆隔开，不得直接接触；竖缝较宽时可在砂浆中填以碎石块，但砌块下面不得用小碎石支垫。砌体中的石块应大小搭配、相互错叠、咬接密实。

(5)墙面及两端要砌筑平顺，墙背应设反滤层且与坡面贴合密实。墙顶与边坡间缝隙应封严；局部边坡镶砌时，应砌入坡面，表面与周边平顺衔接。

(6)砌体石质应为坚硬，不易风化，无裂纹、水锈和污渍的硬质岩，严禁使用风化石。如含泥量超标，在砌筑前应用清水冲洗。砌体必须紧密、错缝，严禁通缝叠砌贴砌和浮塞。

(7)砌体砂浆应用拌和机集中拌和，砂浆的和易性、流动性符合规范要求，随拌随用。砌筑时砂浆应饱满密实，采用坐浆挤密施工，并要求养生及时，砌体勾缝牢固、美观。砂浆试件制作批次、数量等应满足设计或规范要求。

(8)分段砌筑时,相邻段护面墙设计高差较大时应先砌筑高墙段。护面墙每天连续砌筑高度不宜超过1.2m。砌筑中墙体不得移位变形。砌筑护面墙应保证砌体宽(厚)度符合设计要求,砌筑中应经常校正挂线位置。

(9)勾缝施工时,一般勾缝宜采用配合比为(1∶1.5)～(1∶1.2)的水泥砂浆,并应嵌入砌缝内约2cm。勾缝前,应先清理缝槽,用水冲洗湿润,再在缝内抹适量水泥净浆。勾缝应保持砌后自然缝,不应有瞎缝、丢缝、裂纹和黏结不牢等现象。成活的灰缝、水平缝与竖直缝应深浅一致、交圈对口、密实光滑,搭接处平整,阳角方正,阴角处不能上下直通,勾缝应整齐、拐角圆滑、宽度一致,不出毛刺,不得空鼓、脱落。

(10)按设计要求设置伸缩缝和泄水孔,伸缩缝间隙2～3cm,施工完成后用沥青麻絮填塞饱满;泄水孔位置应有利于泄水流向路侧边沟和排水沟,并保持顺畅。当有潜水露出且边坡流水较多的地方,应引水并适当加密泄水孔。

(11)砌体砌筑完毕应及时覆盖养护,并经常洒水保持湿润,常温下养护期不得小于7d。砌体的砂浆未达到设计强度前,不得承受外部荷载。

4. 工程实例图片

护面墙防护实例如图4-4所示。

图4-4　护面墙防护实例

第二节　生态防护工程施工

一、生态防护工程特点

边坡生态防护主要是为了在高速公路中营造自然气氛,人造环境融入周围大环境,最大程度地恢复边坡的自然状态。生物工程对边坡的防护作用主要是利用植物根系固定边坡土壤,利用植物的茎、叶对边坡的覆盖防止水流对坡面的冲刷以及对坡面的侵蚀所造成的水土流失,增加边坡的稳定性,美化路容,保护环境。

生态防护在建设中需遵循安全性原则,即对边坡进行生态恢复必须确保边坡的稳定和安全;须遵循协调性原则,即生态恢复后的边坡与周围环境能协调一致;须遵循永久性原则,即对边坡生态恢复做到一劳永逸,尽量减少后期人工维护和管理;须遵循经济性原则,即选择适宜的边坡生态恢复方法、施工工艺和养护措施,做到经济合理;须遵循因地制宜原则,即应结合工程所在地的情况,合理地选择施工工艺、施工材料。

目前在高速公路建设中,为更好地将边坡生态融入自然环境中、有效地对坡体浅层进行稳固,提倡草灌相结合的种植模式,即以草结合灌木、小乔木进行种植。常用的生态防护工程类型主要包括:液压喷草植灌、客土喷草灌、三维网(或CF网等植物网)喷草灌、厚层基材(TBS)喷草灌和CS混合纤维喷草灌(适用于岩质边坡)等生态防护形式,如表4-1所示。

边坡生态防护工法分类　　表 4-1

序　　号	防 护 类 型	适 用 坡 率	边 坡 类 型
1	液压喷草植灌	缓于 1∶1.25	土质边坡
2	客土喷草灌	缓于 1∶1.0	土质、类土质、二元结构及破碎岩石边坡
3	三维网(或 CF 网)喷草灌	缓于 1∶1.0	土质、类土质、二元结构及破碎岩石边坡
4	厚层基材(TBS)喷草灌	(1∶0.75)～(1∶1.0)	破碎岩石边坡
5	CS 混合纤维喷草灌	(1∶0.25)～(1∶1.0)	岩质边坡

二、液压喷草植灌施工

1. 施工技术要点

(1)液压喷草植灌由两个部分构成,即液压喷草和植灌。其中液压喷草是指将种子、纤维、黏合剂、肥料、保水剂和水等制成有一定黏稠度的悬浊液,通过专用喷播机械设备喷射到需要绿化的坡面上;植灌是指在坡面草坪成型后通过人工将容器灌木苗移植到坡面上。液压喷草植灌适用于边坡坡率缓于 1∶1.25 的土质边坡。

(2)液压喷播的材料要求如下:

①种子的选择应根据当地的气候、播种季节的降雨量、植物的生长特点等因素综合考虑选择。草本植物种子质量不应低于《禾本科草种子质量分级》(GB 6142—2008)中规定的二级质量标准;木本科植物种子质量不应低于《林木种子质量分级》(GB 7908—1999)中规定的二级质量标准;自行采集的乡土树种、乡土草种在使用前必须进行发芽试验,以确定合适的播种量。

②复合肥具有养分含量高、肥效长、副成分少,且物理性状好等优点,有利于平衡植物所需的营养成分,促进植物地上部分和根系健壮生长。一般选用的复合肥为 N-16、K-16、P-16 的复合肥。复合肥需满足《肥料标识 内容和要求》(GB 18382—2001)的要求。

③保水剂的主要成分是高吸水性树脂,是一种吸水能力特别强的高分子材料,它无毒无害,反复释水、吸水,是植物生长的“微型水库”。合格的保水剂应满足以下条件:保水剂的使用寿命在 2 年左右;保水剂的初始吸水倍率在 300 倍以上;保水剂会自动降解,不会对环境造成危害。

④黏合剂的主要作用是提高木纤维对土壤的附着性能和使纤维之间相互黏结,以保证喷播层抗风吹、雨冲而不脱落。黏合剂应与保水剂相互匹配而不削弱各自功能,同时也要求对草坪和环境无害。黏合剂的选用应满足以下条件:水分≤8%、pH＝6～7、黏度(0.3%水溶液)200～300。

⑤木纤维是指由天然林木加工后的剩余物经特殊工艺加工而成。木纤维的使用对于调整表层土壤结构、增加有机质含量、涵养水分、防止流失和保护种子等方面具有不可替代的作用。喷播用的木纤维长度以 6～6.5mm 为主,吸水为其体积的 10～12.5 倍。木纤维分为原色木纤维和染色木纤维,液压喷播宜选用染色木纤维,以保证喷播的均匀性。

⑥无纺布是由包括化学纤维和植物纤维等在内的材料在水或空气作为悬浮介质的条件下在湿法或干法抄纸机上制成,虽为布而不经纺织,故称其为无纺布。在草坪成形前,无纺布兼

具防冲刷作用，因此非常重要。每平方米克数越低的无纺布越易刺破，且被风吹落，因此无纺布应严格按照设计要求使用。

(3)液压喷播的材料配比。液压喷播的材料配比可参照表 4-2 选用。

液压喷草植灌材料参考配比　　　表 4-2

材料名称	配比量	备注
种子	13～21g/m²	《禾本科草种子质量分级》(GB 6142—2008)、《林木种子质量分级》(GB 7908—1999)
复合肥	100g/m²	《肥料标识 内容和要求》(GB 18382—2001)
钙镁磷	250g/m²	
黏合剂	3g/m²	
保水剂	5g/m²	
木纤维	200g/m²	
无纺布	30g/m²	
移植容器苗	5 株/m²	液压喷草植灌工法采用

(4)绿化施工前，需对边坡坡面进行修整和清理。液压喷播喷播时，由高至低进行喷播，喷下的种子泥浆应当具有良好的附着力及明显的颜色，不遗漏、不重复，且均匀。喷播后应立即进行无纺布覆盖施工。喷播施工完成 1～2d 后应开始对绿化施工进行浇水养护。

(5)液压喷草植灌的验收标准如表 4-3 所示。

液压喷草/液压喷草植灌验收标准　　　表 4-3

检验指标	工程质量(%)			评定方法
	不合格	合格	优良	
植被覆盖率	＜80	80～90	＞90	每 1 000m² 边坡随机取 10 个 1m×1m 面积测试，取其平均值
病虫害发生率	＞30	20～30	＜20	
颜色(绿)	＜70	70～85	＞85	
移植苗成活率	＜80	80～95	＞95	

2. 施工工艺流程

液压喷草植灌施工工序主要包括：坡面修整及清理、喷播施工、覆盖无纺布、养护及移植容器苗等，其施工工艺流程如图 4-5 所示。

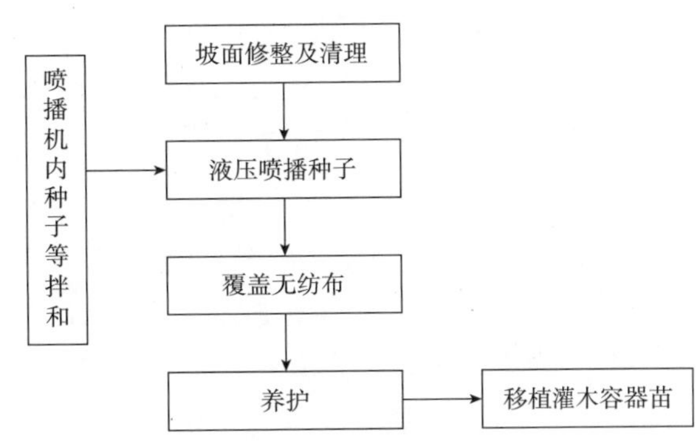

图 4-5　液压喷草植灌施工工艺流程

3. 施工注意事项

(1)绿化施工时，各种现场材料必须报监理工程师检验审批，未经批准不准使用。

(2)作业边坡坡面应顺直、圆滑、平整且稳定，坡面不稳定的石块或杂物应清除，不得有松石、危石，边坡修整后凸出或凹进均不大于 10cm。

(3)液压喷播种子操作，需将水加入物料罐至 1/3 处，打开循环压力泵，加入木纤维、草籽进行循环搅拌，随着罐内水量加大，再加入黏合剂和保水剂进行搅拌。罐内水加满后，加入肥料，将罐体内的浆料持续搅拌 5～10min。保水剂应充分吸收水分后待用。喷播作业时，由高至低进行喷播，握紧喷头，左、右方喷洒，喷洒幅宽 5～6m，幅高 1m，喷播接茬时应压茬 40cm。

(4)覆盖无纺布应由上至下平整覆盖，坡顶延伸约 30cm 固定；两幅相接叠加不少于 10cm，用竹筷或 8 号铁线 U 型钉进行固定，固定间距应不大于 100cm。待草长到 5～6cm 或 2～3片叶时，揭去无纺布。揭布前应控水，揭布后及时补水，最好选在 15:00 后揭布。无纺布撤下后，应组织人员及时收集，不得遗落在现场。

(5)养护初期应使坡面保持湿润状态，初期养护时间为 45～60d，以每天浇水为主，早晚各一次，养护时间宜控制在 10:00 前完成、16:00 后开始，避免在强烈阳光下喷水养护，以免造成生理性缺水和诱发病虫害。待草长到 10cm 以上时依靠自然降水。但若连续高温干旱时间超过 5d，应安排浇水。初期注意拔除杂草，后期在开春和入冬前视草的长势进行施肥。

(6)成品苗栽植前要选择规格统一、生长健壮的容器苗，移植容器苗时间宜选在春季(2～6月)及秋季(10～11 月)进行。容器苗移植前，要求边坡草坪已经建坪，覆盖率达 80%以上。容器苗移植时，要小心脱去营养钵，植入预先挖好的种植穴内，尽量保持土陀不散，用细土堆于根部，轻轻压实。栽植完毕后，浇透定根水，保持栽植基质湿度，进行正常养护。

4. 工程实例图片

液压喷草植灌实例如图 4-6 所示，液压喷播植草实例如图 4-7 所示。

图 4-6　液压喷草植灌实例

图 4-7　液压喷播植草实例

三、客土喷草灌施工

1. 施工技术要点

(1)客土喷草灌施工主要针对贫瘠且不易冲刷的边坡，通过加入种植土、有机质、纤维料、肥料等以合理比例配制成专业客土基材，给植物提供正常生长的有效基质。喷播拌和物种子为草籽和灌木籽的比例混合料。客土喷草灌适用于边坡坡率缓于 1：1.0 且不易冲刷的土质边坡、二元结构边坡和破碎岩石边坡。

(2)客土喷草灌的材料要求如下：

①种子材料要求同液压喷草植灌的种子要求。

②种植土选用黏性红壤(黄壤),土粒径≤2cm,含水率≤30%。选用时石头、碎石、杂草、杂根应剔除,以免堵管。雨季施工时,种植土进场后宜用彩条布或塑料布盖上,四周开设排水沟,以便于种植土过筛。

③泥炭土是指具有厚度>50cm 的泥炭层的潜育性土壤,多分布于冷湿地区的低洼地。地表可有厚 20~30cm 的草根层,草根层下为泥炭层和矿质潜育层,有时泥炭层下还有腐殖质过渡层。泥炭在基材中使用,宜增加基材的团粒性,加强基材保水、保肥性和透气性。

④椰粉,也称为椰糠,为椰子外壳纤维加工过程中脱落下的一种可以天然降解、纯天然的有机质媒介,是一种新的环保型栽培基质,保水性良好,养分丰富,通风透气,可防止植物的根系腐蚀,促进植物根系生长。

⑤木粉,也称为锯木屑,为家具木材加工的下脚料,使用时宜选择经过堆酵处理的木粉。新鲜的木粉谨慎使用,易生病菌。松香类的木粉谨慎使用,有可能遭受白蚁等虫害。木粉加入有利于降低基材容重,增加透气性,具有一定的保水性,提高基材的肥效。

⑥复合肥、保水剂、黏合剂、木纤维、无纺布等材料要求同液压喷草植灌的材料要求。良好的基材混合物应具有保水、保肥、透气等特性,拌和混合物以手抓成团、松开掉地能散开为宜。

(3)客土喷草灌的参考配比。客土喷草灌的材料配比可参照表 4-4 选用。

客土喷草灌材料参考配比(按照成形后客土厚度 3cm 配置)　　表 4-4

材料名称		配比量	备注
培养基	种植土	25L/m²	
	泥炭	5L/m²	
	椰粉	5L/m²	
	木粉	10L/m²	
	复合肥	100g/m²	《肥料标识 内容和要求》(GB 18382—2001)
	钙镁磷	250g/m²	
	黏合剂	5g/m²	
种子层	黏合剂	3g/m²	
	保水剂	5g/m²	
	木纤维	200g/m²	
	复合肥	50g/m²	
	种子	20~25g/m²	《禾本科草种子质量分级》(GB 6142—2008)、《林木种子质量分级》(GB 7908—1999)
无纺布		30g/m²	
8 号铁线 U 型钉或竹筷、汽油			
移植苗		5 株/m²	客土喷草植灌工法采用

注:基材压缩系数为 1.5,基材配合比为:种植土∶有机质=5∶3,有机质中泥炭∶椰粉∶木粉=1∶1∶2。

(4)客土喷草灌的中间检验评价。外业交工验收前,客土喷草灌的检验评价可参照表 4-5 执行。

客土喷草灌中间检验评价 表 4-5

检验指标	工程质量			评定方法
	不合格	合格	优良	
种植土以外添加材料	<90%	90%~95%	>95%	现场称量,每坡面抽检 2 次
培养基流失状况	有明显沟蚀	有少量流失	无流失	目测及拍摄
培养基剥离状况	剥离严重	少量剥离	基本无剥离	
设计厚度—喷射厚度	>0.5cm	0~0.5cm	<0	每 1 000m² 边坡随机抽取 20 个点测试,取其平均值

注:基材覆盖率达到 100%(倒角面及垂直面除外)时进行检验。

(5)客土喷草灌的验收标准。竣工验收前,客土喷草灌的验收标准可参照表 4-6 执行。

客土喷草灌验收标准 表 4-6

检验指标	工程质量			评定方法
	不合格	合格	优良	
植被覆盖率	<80%	80%~90%	>90%	每 1 000m² 边坡随机抽取 10 个 1m×1m 面积测试,取其平均值
病虫害发生率	>30%	20%~30%	<20%	
颜色(绿)	<70%	70%~85%	>85%	
移植苗成活率	<80%	80%~95%	>95%	
水分要求	降雨无法满足已形成的植被成活要求	降雨基本满足已形成的植被成活要求	仅靠降雨,且旱季生长良好	现场观测
根系状况	根系不发育	根系发育,互相缠绕,少量扎入岩层裂隙(岩层边坡)	根系纵横交错,大量扎入坡体	

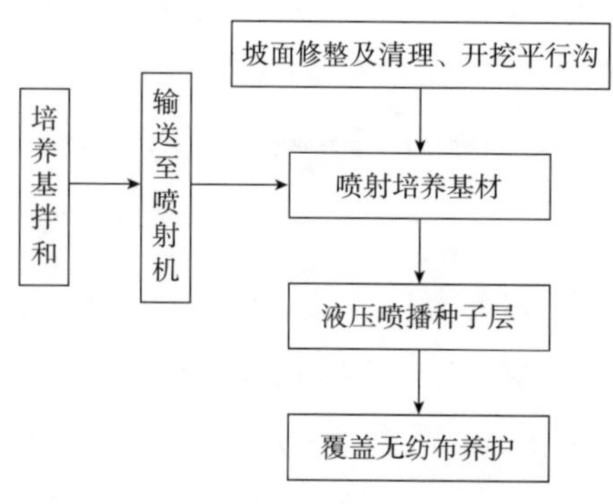

图 4-8 客土喷草灌施工工艺流程

2. 施工工艺流程

客土喷草灌施工工序主要包括:坡面修整并开挖平行沟、培养基材和种子层材料拌和、喷射施工、覆盖及养护等,其施工工艺流程如图 4-8 所示。

3. 施工注意事项

(1)喷播草灌时,种子的草籽和灌木籽宜根据当地气候、降雨情况等进行配合比试验,根据试验结果和需要的绿化效果确定种植配合比。

(2)坡面平整时,需将直径超过 20cm 的土块打碎,平整后坡面高差不超过 10cm;清理坡面碎石和塑料垃坡等,使其有利于培养基和坡面的紧密结合。按坡面纵向间距 0.2m 开挖 3～5cm 深平行沟,纵向 1m 间距内平行沟数量不少于 4 条。

(3)喷射机械搅拌后的培养基,需用高压喷射至坡面,喷播平均厚度为 3～5cm。喷头喷射时距坡面距离宜为 1.5m 左右。

(4)种子层液压喷播是指将混合种子、黏合剂、肥料、保水剂、木纤维和水等按一定比例配制成的黏性浆体,利用装有空气压缩机的喷播机组,通过高压直接喷送至坡面。喷下的种子泥浆应当具有良好的附着力及明显的颜色,不遗漏、不重复且均匀。

(5)喷播后应立即覆盖无纺布,从上到下平整覆盖,坡顶延伸约 30cm 固定;两幅相接叠加不少于 10cm,然后用竹筷或 8 号铁线 U 型钉进行固定,固定间距不少于 100cm。待草长到 5～6cm或 2～3 片叶时,揭去无纺布。无纺布撤下后,应组织人员及时收集,不得遗落在现场。

(6)由于喷射后表面抗冲刷能力较差,用水车养护时要注意控制好喷头与坡面的距离、出水量和移动速度。用高压喷雾器使养护水成雾状均匀地湿润坡面。

(7)种子前期养护期一般为 45d,发芽期为 15d,湿润深度控制在 2cm 左右;幼苗期依据植物根系的发展逐渐加大至 5cm 以上,且应控制不在基材混合物内形成"壤中流"。前期养护时间为每天养护 2 次,早晚各 1 次,早晨养护时间应在 10:00 以前完成,下午养护应在 16:00 以后开始,避免在强烈的阳光下进行喷水养护,以免造成生理性缺水和诱发病虫害。高温干旱季节,种子幼芽及幼苗由于地面高温容易被受伤,每天应增加 1～2 次养护,每次湿润 1～2 cm。中期以自然雨水养护为主,每月喷水 2 次,并追施肥,促苗转青,交付验收。在整个养护期间,须注意病虫害的防治。

4. 工程实例图片

客土喷播施工实例如图 4-9 所示,盖无纺布实例如图 4-10 所示。

图 4-9　客土喷播施工实例

图 4-10　盖无纺布实例

四、三维网(或 CF 网)喷草灌施工

1. 施工技术要点

(1)三维网(或 CF 网)喷草灌主要针对贫瘠且易冲刷的土质或者破碎岩石边坡,通过加入由种植土、有机质、纤维料、肥料等按照合理比例配制成的专业客土基材,给灌木提供正常生长的有效基质,同时表层加设具有较高抗冲刷能力的三维网(或 CF 网),以保障前期灌木生长

时，基材和种子不流失。三维网（或 CF 网）喷草灌适用于边坡坡率缓于 1∶0.75，且易冲刷的土质或破碎岩石路堑边坡。

(2)三维网（或 CF 网）喷草灌的材料要求如下：

①种子、种植土、泥炭、椰粉、木粉、复合肥、保水剂、黏合剂、木纤维、无纺布等材料的要求同客土喷草灌的材料要求。

②有机肥专指以各种动物废弃物（包括动物粪便、动物加工废弃物）和植物残体（饼肥类、作物秸秆、落叶、枯枝、草炭等）作为原材料，采用物理、化学、生物处理技术，经过一定的加工工艺（包括但不限于堆制、高温、厌氧等），消除其中的有害物质（病原菌、病虫卵害、杂草种子等）达到无害化标准而形成的，符合国家相关标准《有机肥料》(NY 525—2012)及法规的一类肥料。

③稻草纤维是指农作物水稻的杆和叶经过机械粉碎且通过 1.5cm 筛筛分后的纤维状物质。稻草纤维加入基材后，能显著提高基材自身的抗冲刷能力、基材的团粒性和透气性，且稻草纤维腐烂后，又是非常好的有机肥料。

④基材混合物应具有保水、保肥、透气等特性，拌和好的混合物以手抓成团、松开掉地能散开为宜。

⑤CF 网又称为椰子壳纤维网，是用 100％的椰子纤维做成的网状结构。椰子纤维是硬纤维和床垫纤维的混合体，含 0.25％半纤维素酶、45％木质素、43％纤维素和 4％胶质，有较低的伸长率和高的抗拉强度。CF 网有较高的耐腐蚀性，一般生物降解时间为 3～5 年。CF 网在边坡上使用，可增加坡面粗糙度、降低流速，由于 CF 网为网格状，坡面径流变为漫流，有效减少对坡面冲刷。同时椰子纤维能吸收部分水分，截留部分雨水，增加坡面的保水性。

⑥三维网也称为土工网垫，是一种以聚乙烯(PE)为主要原料，经挤出菱形网与双向拉伸网复合、点焊、热收缩成型的三维多开口结构。其主要物理力学技术指标（EM3 型）要求如下：黑色，单位面积质量≥260g/m，厚度≥12mm（3 层网垫），纵、横向抗拉强度≥1.4kN/m（应选择有正规资质的大型土工格栅厂家，在原材料上按设计要求选用，应进行现场检测，各项性能指标均合格后方可大规模施工）。有关检测方法、试验、标志、运输、储存、质量管理等内容可参见土工合成材料的相关国家标准和行业规范。

(3)三维网（或 CF 网）喷草灌的材料参考配比，可参照表 4-7 选用。

三维网（或 CF 网）喷草灌材料参考配比（按照坡面客土成形厚度 3cm 配置）　　表 4-7

材料名称		配比量	备注
培养基	种植土	$18L/m^2$	
	泥炭	$6L/m^2$	
	椰粉	$6L/m^2$	
	稻草纤维	$1\ 000g/m^2$	
	木粉	$6L/m^2$	
	复合肥	$100g/m^2$	
	有机肥	$500g/m^2$	
	钙镁磷	$250g/m^2$	
	黏合剂	$5g/m^2$	

续上表

材料名称		配比量	备注
种子层	黏合剂	$3g/m^2$	
	保水剂	$5g/m^2$	
	木纤维	$200g/m^2$	
	复合肥	$50g/m^2$	
	种子	$30\sim40g/m^2$	
三维网或 CF 网		$1.2m^2$	
无纺布		$30g/m^2$	

注：基材压缩系数为 1.5，基材配合比为：种植土：纤维：有机质＝4：2：4，有机质中泥炭：椰粉：木粉＝1：1：1。

（4）三维网（或 CF 网）喷草灌的中间检验评价。外业交工验收前，三维网（或 CF 网）喷草灌的中间检验评价可参照表4-8执行。

三维网（或 CF 网）喷草灌中间检验评价　　表 4-8

检验指标	工程质量			评定方法
	不合格	合格	优良	
种植土以外添加材料	<90%	90%～95%	>95%	现场称量，每坡面抽检 2 次
培养基流失状况	有明显沟蚀	有少量流失	无流失	目测及拍摄
培养基收缩裂缝	有大量裂缝	有少量裂缝	基本无裂缝	
培养基剥离状况	剥离严重	少量剥离	基本无剥离	
设计厚度－喷射厚度	>0.5cm	0～0.5cm	<0	每 1 000m^2 边坡随机抽取 20 个点测试，取其平均值

注：基材覆盖率达到 100%（倒角面及垂直面除外）时进行检验。

（5）三维网（或 CF 网）喷草灌的验收标准。竣工验收前，三维网（或 CF 网）喷草灌的验收标准可参照表 4-9 执行。

三维网（或 CF 网）喷草灌验收标准　　表 4-9

检验指标	工程质量			评定方法
	不合格	合格	优良	
植被株数	<4 株	4～5 株	>5 株	当植被覆盖率为 50%～70% 时，每 1 000m^2 边坡随机取 10 个 1m×1m 面积测试，取其平均值
病虫害发生率	>30%	20%～30%	<20%	每 1 000m^2 边坡随机取 10 个 1m×1m 面积测试，取其平均值

续上表

检验指标	工程质量			评定方法
	不合格	合格	优良	
水分要求	降雨无法满足已形成的植被成活要求	降雨基本满足已形成的植被成活要求	仅靠降雨，且旱季生长良好	现场观测
物种丰富度	单一	丰富	灌、草错落	
根系状况	根系不发育	根系发育，互相缠绕，少量扎入岩层裂隙（岩层边坡）	根系纵横交错，大量扎入坡体	

2. 施工工艺流程

三维网（或 CF 网）喷草灌的施工工序主要包括：坡表处理和开挖平行沟、回填改良土、挂网固定、回填覆土、液压喷播种子层、盖膜养护、揭膜等。采用挂 CF 网固土时，与三维网区别在于不用回填覆土，而是采用喷射培养基材施工，其施工工艺流程如图 4-11 和图 4-12 所示。

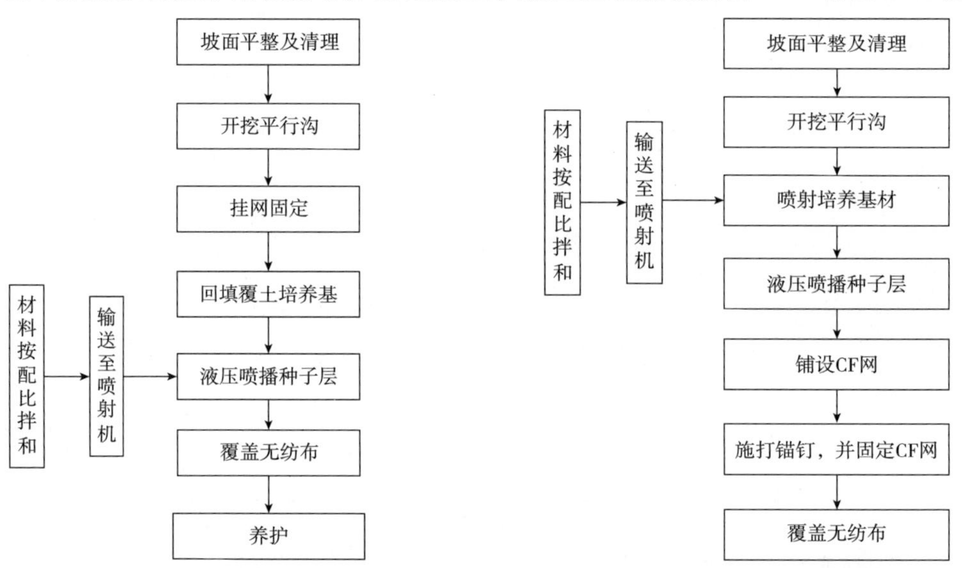

图 4-11　三维网喷草灌施工工艺流程　　图 4-12　CF 网喷草灌施工工艺流程

3. 施工注意事项

（1）三维网铺设施工时，三维网挂网固定在坡顶延伸 0.8～1.0m 处，埋入截水沟或土中至少 0.5m，然后自上而下平铺至坡底，相邻网与网间搭接宽度至少 20cm，网紧贴坡面，无褶折和悬空现象。然后用 ϕ8mm 钢筋做成 U 型钉进行固定，坡面固定间距 100cm，坡顶间距 50cm，固定时钉与网紧贴坡面。

（2）三维网覆土回填主要用培养基填入三维植被网中，1.2cm≤填土平均厚度≤1.5cm，以刚好覆盖三维植被网表面为宜。

（3）CF 网铺设施工时，从坡顶向下铺设椰网至沟边内侧，铺展平顺、拉紧，坡顶预留不小于 50cm，压至硬路肩或上护坡道平台面，用 ϕ8mmU 型钉固定。CF 网横向搭接不小于 5cm，并每隔 1m 用 U 型钉进行固定，纵向搭接宽度不小于 20cm，搭接时应注意将下一级网压在上一级网之下，同时加强搭接部的 U 型钉锚固，最下一级可直接铺设至路基排水沟内侧边缘。

(4)固定 CF 网主要锚钉。锚钉采用 ϕ12mm 螺纹钢筋，长度宜为 35～50cm，顶端做尖锐化处理，直接施打进坡面。坡面外留 5cm 挂 CF 网，施工间距 2.0m×2.0m，为使 CF 网紧贴坡面，局部锚钉施工间距应加密。锚钉完工后将 CF 网网眼挂入锚钉，然后应用铁丝扎紧或椰绳绑紧，使 CF 网紧贴坡面，不得有蓬松。

(5)喷射尽可能从正面进行，避免仰喷，喷射厚度尽可能地均匀。输送基材至喷射机、喷射营养基材，使用时各种物料按配比在现场进行拌和，然后用小铲车将拌和好的物料铲入湿喷机的搅拌罐中，加入水后机械混搅拌不少于 5min，搅拌均匀后进行喷射。

(6)喷播种子后，当天应用无纺布覆盖好，然后用 8 号铁线做成的 U 型钉进行固定，固定间距 100cm。当幼苗植株长到 5～6cm 或 2～3 片叶时，揭去无纺布。

4. 工程实例图片

CF 网铺设实例如图 4-13 所示，CF 网植草灌苗木期实例如图 4-14 所示。

图 4-13　CF 网铺设实例

图 4-14　CF 网植草灌苗木期实例

五、厚层基材(TBS)喷草灌施工

1. 厚层基材(TBS)喷草灌施工要点

(1)厚层基材(TBS)喷草灌又称为厚层基材喷射植被护坡，是指采用喷射机把培养基材与植被种子的混合物按照设计厚度均匀喷射到需防护的坡面的生态防护技术。它通过在坡面喷附一层结构类似于自然土壤且保水、保肥的植物生长所需的基层材料，从而解决了岩石边坡无法生长植物的问题。厚层基材(TBS)喷草灌适用于边坡坡率为(1∶0.75)～(1∶1.0)的岩质路堑边坡。

(2)厚层基材(TBS)喷草灌的材料要求如下：

①种子、种植土、泥炭、椰粉、木粉、复合肥、保水剂、黏合剂、木纤维、无纺布材料等的要求同客土喷草灌施工材料的要求。

②有机肥、稻草纤维材料的要求同三维网喷草灌的材料要求。

③铁丝网采用 14 号镀锌铁丝网，网孔 50mm×50mm，铁丝网应符合《一般用途低碳钢丝》(GB/T 343－1994)的有关要求。挂网锚杆采用 ϕ14mm 螺纹钢筋，钢筋需要相关的质检报告，并符合有关规范要求。

④基材混合物应具有保水、保肥、透气性好等特性，拌和混合物以用手抓成团、松开掉地能散开为宜。

(3)厚层基材(TBS)喷草灌的材料配比，可参照表4-10选用。

厚层基材(TBS)喷草灌材料参考配比(按照成形后客土厚度8cm配置)　　表4-10

材料名称		配比量	备注
培养基	种植土	60L/m²	
	泥炭	8L/m²	
	椰粉	15L/m²	
	稻草纤维	2 500g/m²	
	木粉	15L/m²	
	有机肥	500g/m²	
	钙镁磷	250g/m²	
	黏合剂	5g/m²	
种子层	黏合剂	3g/m²	
	保水剂	5g/m²	
	木纤维	200g/m²	
	复合肥	50g/m²	
	种子	20～30g/m²	
镀锌铁丝网		1.2m²	
钢筋锚杆		600～800g/m²	
无纺布		30g/m²	

注：基材压缩系数为1.5，基材配合比为：种植土：纤维：有机质=5：2：3，有机质中泥炭：椰粉：木粉=1：2：2。

(4)厚层基材(TBS)喷草灌的中间检验评价。外业交工验收前，厚层基材(TBS)喷草灌的中间检验评价可参照表4-11执行。

厚层基材(TBS)喷草灌中间检验评价　　表4-11

检验指标	工程质量			评定方法
	不合格	合格	优良	
种植土以外添加材料	<90%	90%～95%	>95%	现场称量，每坡面抽检2次
流失状况	有明显沟蚀	有少量流失	无流失	目测及拍摄
收缩裂缝	裂缝>0.5cm	裂缝宽度<0.5cm	基本无裂缝	
剥离状况	剥离严重	少量剥离	基本无剥离	
设计厚度－喷射厚度	>1cm	0～1cm	<0	每1 000m²边坡随机抽取20个点测试，取其平均值

注：基材覆盖率达到100%(倒角面及垂直面除外)时进行检验。

(5)厚层基材(TBS)喷草灌的验收标准。竣工验收前，厚层基材(TBS)喷草灌的验收标准可参照表4-12执行。

厚层基材(TBS)喷草灌验收标准　　表 4-12

检验指标	工程质量			评定方法
	不合格	合格	优良	
植被覆盖率	<80%	80%～90%	>90%	每 1 000m² 边坡随机取 10 个 1m×1m 面积测试,取其平均值
病虫害发生率	>30%	20%～30%	<20%	
颜色(绿)	<70%	70%～85%	>85%	
水分要求	降雨无法满足已形成的植被成活要求	降雨基本满足已形成的植被成活要求	仅靠降雨,且旱季生长良好	现场观测
物种丰富度	单一	丰富	灌、草错落	
根系状况	根系不发育	根系发育,互相缠绕,少量扎入岩层裂隙	根系纵横交错,大量扎入坡体	

2. 厚层基材(TBS)喷草灌施工工艺流程

厚层基材(TBS)喷草灌施工工序主要包括:坡面平整及清理,坡面挂网,锚杆钻孔和安装,安装铁丝网,喷射培养基材,液压喷射种子层,无纺布覆盖和养护等,其主要工艺流程如图 4-15 所示。

3. 厚层基材(TBS)喷草灌施工注意事项

(1)厚层基材(TBS)喷草灌作业前应进行坡面平整及清理,坡面清理有利于基材和岩石坡面的自然结合,主要为清理坡面浮石、浮根等。对于凸出或凹进坡面大于 10cm 的岩土,应予以削平,或采用 C15 混凝土或浆砌片石等予以嵌补,尽可能平整坡面。喷射第一层基材前,岩面上的粉尘物应用水冲洗干净。

(2)当石质边坡硬度大时,必须采用风钻锚孔,孔洞深 0.3～0.5m,且交错布置,局部适当加深,孔口直径为 4～5cm,孔向与坡面基本垂直锚孔穴布设,间距为 1m,具体可根据现场情况进行布孔。锚杆用 ϕ14mm 螺纹钢筋,埋入锚孔内,露出孔口 20～30cm,然后用水泥砂浆灌注穴孔,固牢锚杆。如果石质边坡硬度不大,可以采用直接施打锚杆的方法。选用直径为 14mm 的螺纹钢筋,长度约 35cm,端部削尖,经过淬火处理,直接打入边坡,深度不小于 20cm,纵横间距为 1m,边、角局部适当加密。

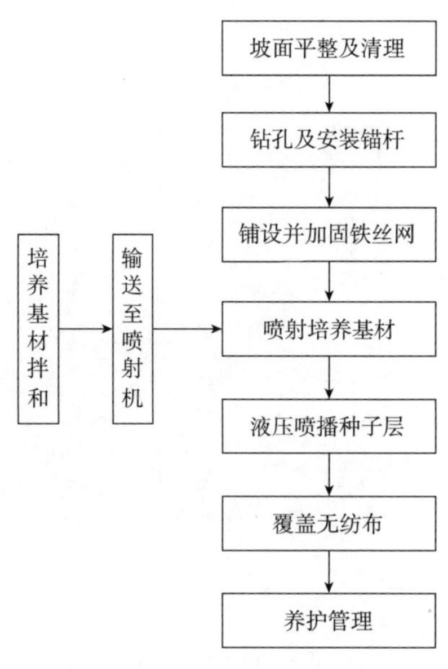

图 4-15　厚层基材(TBS)喷草灌施工工艺流程

(3)铺设前,坡顶先施工一排锚钉。铺设时,铁丝网挂入坡顶锚钉后沿坡面从上到下进行铺设,拉紧至坡底锚钉固定;然后铺设下一幅铁丝网,两幅网边搭接宽度不少于一个网眼,应用铁丝扎紧,两网之间每隔 30cm 应用铁丝扎牢固。固定铁丝网时,将网眼角与锚钉用 20 号铁线绑扎。由于岩面凹凸不平,应根据现场坡面与铁丝网接触情况对锚钉适当加密,即坡面突然变陡位置要增加锚钉，保证在铁丝网和坡面之间间距不小于 5cm。

(4)大面积施工前应进行现场调查及试验，确定营养基材合适的配比。培养基由种植土、有机质、肥料等按配合比掺和而成，应严格按照设计要求对营养基进行配合比确定，根据进场批次材料的包装换算每罐培养基的各种材料用量。种植土可选用黏性红壤(黄壤)，土粒径≤2cm，含水率≤30%。

(5)喷射尽可能从正面进行，避免仰喷，喷射厚度尽可能均匀。基材应按配合比在现场进行拌和，然后用小铲车将拌和好的物料铲入湿喷机的搅拌罐中，加入水后机械混合搅拌至少 5min，在搅拌均匀后进行喷射。

(6)液压喷播种子时，应将混合种子、黏合剂、肥料、保水剂、木纤维和水等按一定比例配制成的黏性浆体，利用装有空气压缩机的喷播机组，通过高压直接喷送至边坡上。喷下的种子泥浆要求具有良好的附着力及明显的颜色，不遗漏、不重复且均匀。

(7)无纺布覆盖时，应用 U 型钉固定，注意不要留接缝。无纺布覆盖后应注意观察种子发芽和生长情况，待草、灌木长到 3cm 后可撤去无纺布，冬天霜冻时应适当延期。

(8)由于喷射后表面抗冲刷能力较差，用水车养护时要注意控制好喷头与坡面的距离、出水量和移动速度，应采用高压喷雾器使养护水成雾状均匀地湿润坡面基材混合物。初期养护一般为 45d，每天养护 2 次，早晚各 1 次。在高温干旱季节，每天应增加 1～2 次养护，每次湿润 1～2cm。中期养护是依靠自然雨水养护，每月喷水 2 次，并追施肥，促苗转青，交付验收。在整个养护期间，应注意病虫害的防治。

4. 工程实例图片

TBS 挂网施工实例如图 4-16 所示，TBS 绿化覆盖如图 4-17 所示。

图 4-16　TBS 挂网施工实例

图 4-17　TBS 绿化覆盖实例

六、CS 混合纤维喷草灌施工

1. 施工技术要点

(1)CS 混合纤维喷草灌是以对岩石界面等绿化期望值很高及绿化较为困难的坡面为施工对象，使用富含有机质和黏土的殖壤土等客土材料，加入高次团粒剂、土壤改良剂等材料，使基材在喷播瞬间与空气发生作用，诱发团粒反应，形成与自然界表土具有相同高次团粒结构的人造绿化生长基质。由于喷播瞬间发生疏水反应，黏结力极强的绿化基质牢固地吸附于坡面上，即使受大雨冲刷也不会脱落。由于基材本身具有强大的抗冲刷能力，且保水、保肥、透气性好，为草灌在岩质坡上生长提供良好的种植平台。CS混合纤维喷草灌适用于边坡坡率为(1∶0.25)～(1∶1)的各类岩质路堑边坡，对坡面平整度无特别要求。

(2)CS混合纤维喷草灌的材料要求如下：

①种子、种植土、泥炭、椰粉、木粉、复合肥、木纤维、无纺布、有机肥、稻草纤维材料的要求同客土喷草灌和三维网(或CF网)喷草灌的材料要求。

②铁丝网采用14号镀锌铁丝网，网孔50mm×50mm，铁丝网应符合《一般用途低碳钢丝》(GB/T 343—1994)要求。主锚件采用ϕ16mm螺纹钢，次锚件采用ϕ10mm圆钢，钢筋需要相关的质检报告，并符合有关规范要求。

③高次团粒剂是由四种高分子化合物混合而成的一种材料。使用富含有机质和黏土的殖壤土等客土材料，加入高次团粒剂后使基材在喷播瞬间与空气发生作用，诱发团粒反应，形成与自然界表土具有相同高次团粒结构的人造绿化生长基质。该基材具有较高强度的抗冲刷能力，能保证灌木前期生长需要。

④基材混合物应具有保水、保肥、透气等特性，拌和好的混合物以手抓成团、松开掉地能散开为宜。

(3)CS混合纤维喷草灌的材料配比，可参考表4-13选用。

CS混合纤维喷草灌材料参考配比(按照成形后客土厚度8cm配置)　　表4-13

材料名称		配比量	备注
培养基(底基层6cm)	种植土	25L/m^2	
	椰粉	10L/m^2	
	泥炭	10L/m^2	
	木粉	20L/m^2	
	稻草纤维	1 500g/m^2	
	钙镁磷	150g/m^2	
	复合肥	100g/m^2	
	有机肥	500g/m^2	
	高次团粒剂(底基层)	200g/m^2	
培养基(种子层2cm)	种植土	10L/m^2	
	泥炭	10L/m^2	
	木粉	10L/m^2	
	稻草纤维	1 000g/m^2	
	复合肥	50g/m^2	
	钙镁磷	100g/m^2	
	木纤维	200g/m^2	
	高次团粒剂(面层)	100g/m^2	
	种子	70～100g/m^2	

续上表

材料名称	配比量	备注
镀锌铁丝网	1.2～1.5m²	
钢筋锚杆	800～1 000g/m²	
木板条	5m/m²	

注:基材压缩系数为1.5,基材配合比为:种植土∶纤维∶有机质=3∶2∶5,有机质中泥炭∶椰粉∶木粉=2∶1∶3。

(4)中间检验评价。外业交工验收前,CS混合纤维喷草灌施工的中间检验评价可参照表4-14执行。

CS混合纤维喷草灌中间检验评价 表4-14

检验指标	工程质量			评定方法
	不合格	合格	优良	
种植土以外添加材料	<90%	90%～95%	>95%	现场称量,每坡面抽检2次
流失状况	有明显沟蚀	有少量流失	无流失	目测及拍摄
收缩裂缝	裂缝宽度>0.5cm	裂缝宽度<0.5cm	基本无裂缝	
剥离状况	剥离严重	少量剥离	基本无剥离	
设计厚度－喷射厚度	>1cm	0～1cm	<0	每1 000m²边坡随机抽取20个点测试,取其平均值

注:基材覆盖率达到100%(倒角面及垂直面除外)时进行检验。

(5)CS混合纤维喷草灌的验收标准。竣工验收前,CS混合纤维喷草灌施工的验收标准可参照表4-15执行。

CS混合纤维喷草灌验收标准 表4-15

检验指标	工程质量			评定方法
	不合格	合格	优良	
植被株数	<5株	5～7株	>7株	当植被覆盖率为50%～70%时,每1 000m²边坡随机取10个1m×1m面积测试,取其平均值
病虫害发生率	>30%	20%～30%	<20%	每1 000m²边坡随机取10个1m×1m面积测试,取其平均值
水分要求	降雨无法满足已形成的植被成活要求	降雨基本满足已形成的植被成活要求	仅靠降雨,且旱季生长良好	现场观测
物种丰富度	单一	三种以上	灌、草错落	
根系状况	根系不发育	根系发育,互相缠绕,少量扎入岩层裂隙(岩层边坡)	根系纵横交错,大量扎入坡体	

2. 施工工艺流程

CS混合纤维喷草灌施工工序主要包括:坡面修整、铺设铁丝网、锚杆施工并固定铁丝网、架设基盘平台、喷射培养基层和种子层、养护等，其施工工艺流程如图4-18所示，流程实例如图4-19所示。

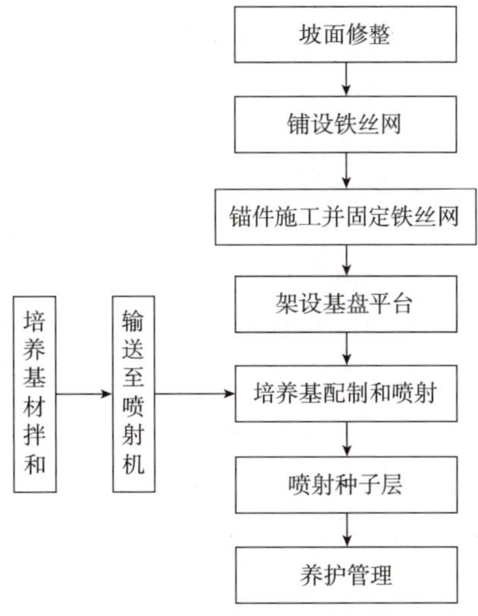

图4-18　CS混合纤维喷草灌施工工艺流程

3. 施工注意事项

(1)CS混合纤维喷草灌作业前应清理坡面杂物，清除浮石及松动的岩石，并对边坡进行修整，使坡面平顺，以便于铺设铁丝网。检查坡顶是否有沟渠，以防止对喷播面造成直接冲刷。对于裂隙较少、坡度较陡的岩石边坡，对坡面采用开孔处理，以利于植物根系的伸展，种植孔直径为4cm，内填充基材。根据岩石裂隙发育情况，种植孔间距为30～40cm，种植孔深度为30～50cm。

(2)铺设铁丝网前，坡顶先施工一排主锚件。铺设时，铁丝网挂入坡顶锚件后应顺沿坡面从上到下进行铺设，拉紧至坡底并施打锚件固定，然后铺设下一幅。两幅网边搭接宽度不少于一个网眼，应用铁丝扎紧，两个网之间有空隙也应用铁丝绑扎牢固。坡顶用主锚件固定铁丝网时，应将铁丝网固定在锚件中间，然后打入。

图4-19　CS混合纤维喷草灌施工工序实例

(3)当石质边坡硬度大时,必须采用风钻锚孔施工主、次锚固件,施工次锚固件应注意依据坡面形态施工,尽量设在坡面凹进部位,使铁丝网拉紧牢固固定在坡面。局部软岩石坡面可用顶端锐化的主锚固件直接固定,当局部坡面凹凸起伏较大(含软岩)时,应根据实际情况多设置次锚固件,使铁丝网尽可能地贴近坡面。在岩壁裂缝处,尽可能地用铁质主锚固件,以保证金属网的稳固。

(4)由于岩面凹凸不平,在铁丝网和岩面之间宜设置基盘平台,以更好地保证植物生长时根系更好地延展。每列附着基盘平台的间距依据坡率在 20～30cm 调整。基盘平台选用木片,厚度 1cm,宽度 5cm,长度 20～100cm。施工时将每个木片水平地敲入铁丝网,然后调整至与坡面垂直,用 20 号铁线与铁丝网扎紧。

(5)为达到全灌效果,可在基材中加入高次团粒剂,使基材能在短时间内发生反应,形成的客土层具有表土的各项特性,且附着力强,具有强大的抗雨水冲刷能力,有效地解决了灌木在生长期间基材易被冲刷的困扰。

(6)CS 混合纤维喷草灌工法进行生态恢复的边坡前期养护时间为一年。出苗期应保持土壤湿度,防止土壤板结,防止病、虫危害,为种子发芽创造条件;幼苗期要保证幼苗的根系生长,保证幼苗的成活,要防止病虫危害发生;速生期要加强水、肥管理,防止水肥浪费,防止苗木徒长影响苗木硬化;苗木硬化期要适当施加有利于苗木木质化的磷、钾肥,促进苗木木质化,并采取防寒措施,待苗木长到 40～50cm 形成灌木丛后,可以停止人工浇水,依靠自然养护。

4. 工程实例图片

CS 喷灌初期绿化实例如图 4-20 所示,CS 喷灌后期绿化实例如图 4-21 所示。

图 4-20　CS 喷灌初期绿化

图 4-21　CS 喷灌后期绿化

第三节　喷锚防护工程施工

一、喷锚防护工程特点

喷锚支护工程首先应用于隧道开挖初期支护工程中,主要是针对开挖裸露的岩石进行封闭和临时稳定防护。山区公路工程建设开挖路堑形成高陡边坡,为防止土质边坡的地表水入渗、坡体的浅层失稳、岩质边坡坡面的掉块落石、局部失稳等病害,结合锚喷支护的工程作用特点，将锚喷技术应用于边坡工程中。边坡锚喷防护根据材料与结构的不同，主要分为素混凝土喷射防护、挂网喷射混凝土防护及喷锚联合防护等工程防护措施。

（1）素喷混凝土防护是指采用素混凝土对裸露的坡面进行喷射封闭防护的施工。根据工程应用特点的不同，适用于各种地质条件的边坡封闭防护，主要应用于临时边坡、缓坡等边坡的封闭防护。素喷混凝土厚度宜薄，施工工序相对简单。

（2）挂网喷浆防护施工的主要工程结构特点是边坡坡面先进行挂网施工，后进行混凝土喷射防护。挂网喷浆防护的主要作用是对坡面进行更强的防护，喷射层厚度较大，坡面整体性防护作用强，适合于碎块状、砂土状及块状地层的坡体防护，对坡体的浅层稳定性防护作用明显。

（3）喷锚联合防护施工的主要工程结构特点是挂网喷浆防护与系统锚杆锚固防护联合作用，坡体稳定性明显提高，可加强对坡体深层的稳定性防护，适合于坡体浅层稳定性较差的、局部稳定性较差的坡体，对砂土状、碎块状及块状岩体边坡的防护效果明显。

二、素喷防护施工

1. 施工技术要点

（1）素喷防护施工是将一定配合比的水泥、砂、石的拌和料，通过混凝土喷射机，用压缩空气作为动力，将拌和料输送到喷枪出口处，以较高的速度分层喷射到岩土表面迅速凝结而成，起到加固、防渗漏、防掉块作用的支护结构。边坡工程喷射混凝土施工通常以湿式喷射混凝土方式为主。

（2）素喷前应先清理防护岩面杂物，清除浮石及松动的岩石，并用高压水冲洗坡面，使岩面保持一定湿度。

（3）喷射混凝土的混合料配合比应符合下列规定：

①水泥与集料的重量比宜为（1∶4）～（1∶4.5）。

②砂率为45％～55％。

③水灰比宜为0.40～0.45。

④速凝剂掺量应通过试验确定。

（4）喷射混凝土应分段、分片由下而上进行。喷射开始时，应减小喷头至受喷坡面的距离，并调节喷射角度，以保证岩面间混凝土的密实性。喷射混凝土应按设计要求设置伸缩缝及排水孔。

2. 施工工艺流程

素喷防护施工工序主要包括：边坡坡面整修、排水孔制作和安装、伸缩缝设置、喷射混凝土施工、混凝土养护等，其施工工艺流程如图4-22所示。

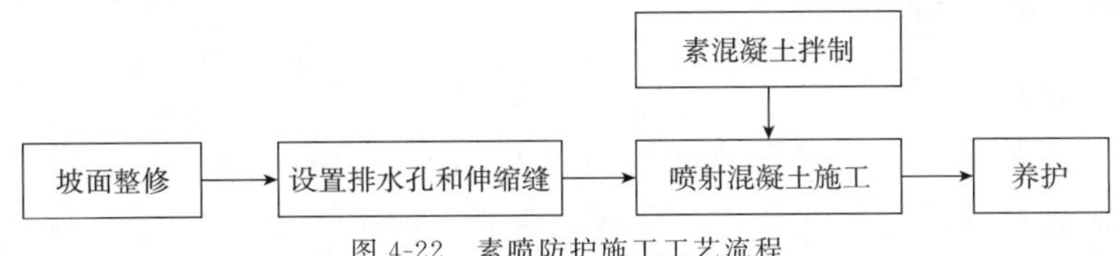

图4-22　素喷防护施工工艺流程

3. 施工注意事项

（1）喷射混凝土施工前应先进行试喷、调整回弹量、确定混凝土配合比及施工操作程序，经监理工程师确认后方可大面积施工。

(2)混合料的搅拌宜采用强制式搅拌机。混合料宜随拌随用。不掺速凝剂时，存放时间不应超过 2h；掺速凝剂时，存放时间不应超过 20min。混合料的拌和时间需满足相关规范要求。

(3)混合料在运输、存放过程中，应严防雨淋、滴水及大块石等杂物的混入，在装入喷射机前应过筛。

(4)喷射时，应保持混凝土表面平整，呈湿润光泽，无干斑或滑移流淌现象。

(5)喷射后，当采用普通硅酸盐水泥时，养护时间应不少于 10d；当采用矿渣硅酸盐水泥或火山灰硅酸盐水泥时，养护时间不得少于 14d，喷层周边与未防护坡面的衔接处应做好封闭处理。

(6)喷射混凝土的回弹物，不能收集起来放入下批配料中，以免影响喷射混凝土质量。

(7)喷射机司机的操作应遵循下列规定：

①作业开始时，应先送风，后开机，再给料；结束时，应待料喷完后，再关机。

②向喷射机供料时应连续均匀，机器正常运转时，料斗内应保持足够的存料。

③喷射机的工作风压，应满足喷头处的压力保持在 0.1MPa 左右。

④喷射作业完毕或因故中断喷射时，必须将喷射机和输料管内的积料清除干净。

(8)喷射手的操作应遵循下列规定：

①喷射手应经常保持喷头具有良好的工作性能。

②喷头与受喷面应垂直，宜保持 0.6～1.0m 的距离。

(9)下列情况应暂停喷射施工：

①雨天冲刷新喷面上的水泥，造成混凝土脱落。

②气温低于 5℃。

③大风妨碍喷射手进行工作。

(10)素喷防护施工外观鉴定要求如下：

①表面平整，喷射厚度满足设计要求，无外露现象。

②防护的表面平顺、密实，无脱落现象。

③设置的伸缩缝整齐垂直，上下贯通。

④泄水孔坡度向外，无堵塞现象。

4. 工程实例图片

边坡素喷防护实例如图 4-23 所示。

图 4-23 边坡素喷防护实例

三、挂网喷混凝土施工

1. 施工技术要点

(1)挂网喷混凝土防护是在坡面植入挂网锚杆后，进行挂网喷混凝土防护。对比素喷防护，其利用挂网起到整体性防护的作用。挂网喷混凝土防护适用于全风化、碎块状、块状地层，通常锚喷防护采用挂网喷混凝土防护。

(2)挂网喷混凝土防护的挂网锚杆长度应根据具体边坡地质条件确定。通常锚杆长度设置为：全风化地层锚杆长度宜不小于 90cm；碎块状地层锚杆长度一般宜不小于 60cm；块状地层锚杆长度宜不小于 30cm。锚杆交错布置，间距一般宜为 100～200cm。

(3)确定岩面挂网锚杆孔位后方可进行钻孔,孔深及孔径应符合设计要求。钻孔完毕,应将孔内岩粉吹干净。

(4)挂网锚杆安装时,宜先进行锚孔注浆,再进行锚杆安装施工。

(5)铺设钢筋网(或铁丝网、土工格栅等)。钢筋网应根据设计要求在喷射混凝土之前或初次喷射混凝土后进行布设,并要求与锚杆连接牢固,其材料和连接应满足设计要求规定。铺设钢筋网时应埋设喷射混凝土厚度控制标志。

(6)排水孔设置间距与深度需根据地层条件和含水情况确定,排水孔安装需设置聚氯乙烯管及过滤网。

(7)纵向伸缩缝间距 10～20m,缝宽 2cm,采用弹性沥青填缝板填缝。每间隔 30～50m 设置边坡急流槽,兼作检查梯。

(8)喷射混凝土施工技术要求和工艺与素喷防护相同。

2. 施工工艺流程

挂网喷混凝土防护施工工序主要包括:边坡坡面整修、锚孔位置测量放样、锚孔(含排水孔)钻孔、锚孔注浆、锚杆安装、排水孔制作和安装、伸缩缝设置、挂网施工、喷射混凝土施工、混凝土养护等,其施工工艺流程如图 4-24 所示。

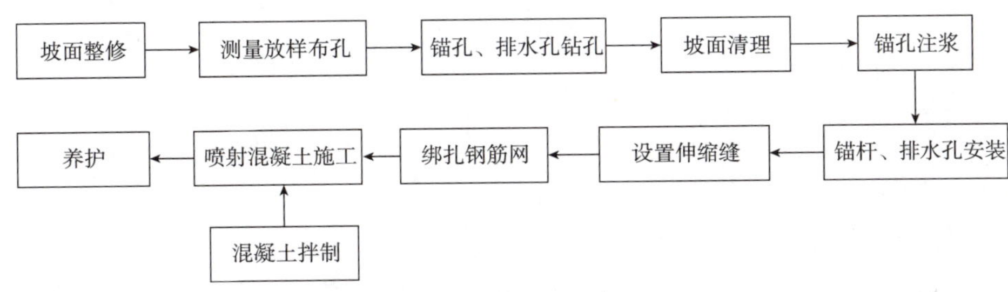

图 4-24　挂网喷混凝土防护施工工艺流程

3. 施工注意事项

(1)挂网锚杆施工中严格按照如下顺序进行:清理边坡→设置锚杆孔→清孔→注浆→放入锚杆→进行其他坡面施工。

(2)锚杆杆体使用前应平直,除锈、除油,锚杆安装深度应满足设计要求。

(3)注浆用砂浆配合比为:水泥与砂重量比宜为(1∶3.5)～(1∶4.0),水灰比宜为 0.42～0.50,砂率宜为 50%～60%。

(4)砂浆应拌和均匀,随拌随用,一次拌和的砂浆应在初凝前用完,并严防石块、杂物混入。

(5)其他相关施工注意事项与素喷防护施工相同。

4. 工程实例图片

挂网喷混凝土防护实例如图 4-25 所示。

图 4-25　挂网喷混凝土防护实例

四、喷锚联合施工

1. 施工技术要点

(1)喷锚联合防护是指在挂网喷混凝土防护的基础上,增加锚杆长度,使锚杆深入岩体一定深度,增加锚杆抗拉力,起到稳定坡体局部岩体的作用。喷锚联合防护主要应用于坡面局部稳定性稍差或坡体浅层稳定性稍差的边坡。对于坡体浅层稳定、掉块落石、局部滑移等情况,加固效果较好。

(2)系统锚杆长度根据边坡地质条件分析确定。对于块状岩质边坡,岩体整体性较好,锚杆长度宜不小于3m;对于碎块状岩质边坡,岩体裂隙发育,锚杆长度一般宜不小于6m;对于全风化、类土质地层边坡,锚杆长度宜不小于9m。锚杆间距一般设为200～400cm,交错布置。

(3)根据坡面岩体发育情况,需清除坡面松散岩石。通常从上往下清除坡面杂物和松动岩石,凿掉小块松动、悬浮岩石,达到施工面平整,以利于喷射混凝土与坡面紧密连接。

(4)系统锚杆和挂网锚杆的锚孔成孔采用无水进孔工艺进行施工。钻孔终孔深度比设计超深尺寸小于500mm,孔位和孔深的允许偏差均不大于50mm,偏斜率不应超过3%,孔距误差为±150mm。

(5)成孔达到设计要求深度后,采用机械后风压清孔,将孔内岩粉、岩屑、沉渣清除干净,确保孔底沉渣厚小于5cm。

(6)锚杆安装时外露端应满足设计要求,设计外露端预留长度应满足设计要求,且成90°弯起,弯起段锚固置于喷射混凝土层钢筋网内侧。

(7)按设计要求,锚杆通常采用全长黏结型锚杆。

(8)注浆时,注浆管应插至距孔底50～100 mm,随砂浆的注入缓慢匀速拔出;杆体插入后,若孔口无砂浆溢出,应及时补注。

(9)系统锚杆采用先注浆后插筋的方式施工。锚杆插入后,如锚孔内有空洞或锚孔口处缺浆,应在45min内及时补浆,保证注浆的饱满和密实。

(10)锚杆验收试验应符合下列要求:

①系统锚杆施工完成后,取其锚杆总数量的0.5%且不得小于3根进行验收试验,检查施工质量是否达到设计要求。锚杆抗拉力不得小于设计要求,通常单根系统锚杆抗拔力不低于50kN。

②验收试验的锚杆应随机抽样,验收试验的锚杆应具有代表性,具体位置由质监、业主、监理或设计单位现场确定;质监、业主、监理或设计单位对质量有疑问的锚杆也须进行验收试验,检查其偏差值,便于采取相应措施进行补救,使边坡全部锚杆均符合设计。

(11)铺设钢筋网应随受喷面起伏铺设,与受喷面的间隙宜为3cm,钢筋网的喷射混凝土保护层进度不小于2cm,钢筋网与锚杆相接处锚杆应锚入钢筋网内与钢筋网焊接牢固,使其喷射混凝土后边坡锚喷整体性能良好。

(12)喷射混凝土施工,喷射混凝土分段进行,分段间预留施工缝。

(13)喷射混凝土施工完毕后应及时进行养护,养护可采用塑料布遮盖,也可采用草垫等保湿性材料遮掩,同时保证每天至少浇水两次。

2. 施工工艺流程

锚喷联合防护施工工序主要包括：边坡坡面整修、锚孔位置测量放样、锚孔（含排水孔）钻孔、锚孔注浆、锚杆安装、排水孔制作和安装、挂网施工、喷射混凝土施工、混凝土养护等，其施工工艺流程如图 4-26 所示。

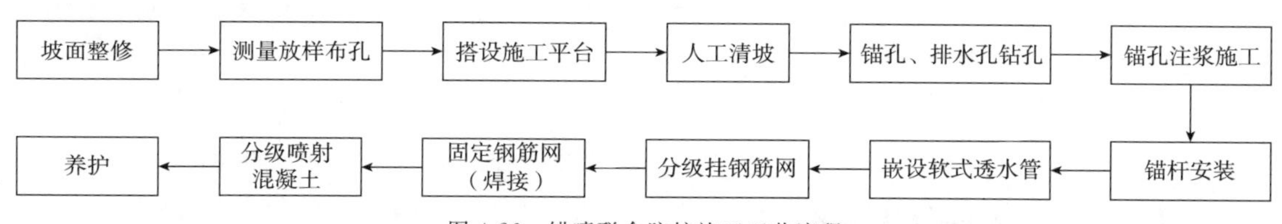

图 4-26　锚喷联合防护施工工艺流程

3. 施工注意事项

(1)对大块岩石采用人工配合机械切割方法，化整为零，逐步消除。

(2)清除危岩时在平台四周挂好安全网，每层平台铺满跳板，防止岩石滚出施工场地，损坏机械设计及造成人员伤亡事故。

(3)钻机安装应根据测量放出的孔位，调整主轴角度(满足设计要求)，使之对准孔位，且与设计倾向一致，钻机安装水平、周正、稳固。

(4)杆制作、安装应满足下列要求：

①锚杆钢筋，应有专门的库房堆放，避免污染和锈蚀。

②钢筋使用前要平直，除锈去油污，表面无损伤，有产品合格证、质理保证书和合格复检报告。

③锚杆钢筋在加工房按孔深下料，下料应采用砂轮切割，严禁采用电焊机、氧气切割。

(5)注浆施工应满足下列要求：

①灌浆前应检查灌浆管是否畅通，发现堵塞应起拔重新下放灌浆管。

②砂浆现场按配合比计量过磅制作，砂浆浆液搅拌均匀，随拌随用，浆液应在初凝时用完。

③注浆作业前，先用稀水泥浆润滑注浆泵和管路，然后压力注浆。为防止孔内溢出的砂浆流到下排锚孔内凝固后阻塞锚孔，故注浆应从下往上，边注浆边拔注浆管，直至孔口泛浆为止；判断孔内注浆是否合格，应看孔口泛出的浆是否有杂质，如孔内是否残留有积水、石块、土粒等，若有，应继续注浆，直至没有为止。

④每次每批注浆随机取样 2 组，测试 28d 抗压强度。

⑤灌浆时如遇岩层里有裂缝贯通漏失，采用添加速凝剂或分次注浆法进行解决。

(6)钢筋网制作与施工应满足下列要求：

①钢筋网筋材技术指标应满足设计要求。

②采用钢筋网进行挂网防护，一般从上至下逐级施工，钢筋网应按有关规范规定或设计要求绑扎牢固，使其网片钢筋交接处不产生位移。

(7)喷射混凝土施工应满足下列要求：

①在喷射混凝土施工之前，清除坡面灰尘，检查断面，润湿岩石。

②向钢筋网喷射时，喷头应稍微倾斜，网后混凝土的流动性应大一些，使其喷射的混凝土密实性好。

③喷层厚度检查。检查记录应定期报送监理人员，经检查，喷射混凝土厚度未达到设计厚度的应按监理要求进行补喷，所有喷射混凝土都必须经监理检查合格后才能进行验收。

④经检查喷射混凝土中有鼓皮、剥落，强度偏低，或有其他缺陷的部位，应及时予以清理和修补。

(8)当混凝土强度达到90%以上后，按相关规范进行系统锚杆的验收试验。验收试验采用循环加卸荷法进行验收试验。

(9)锚杆的验收试验应满足下列要求：

①荷载加载至试验最大值后变形稳定。

②岩石锚杆的总弹性位移应小于自由段长度的理论弹性伸长值，砂质土、硬黏土锚杆总弹性位移应小于自由段长度与1/2锚固段长度和的理论弹性伸长值，且均应超过自由段长度理论弹性伸长值的80%。

③卸荷后岩石锚杆总变形应小于2mm，砂质土、硬黏土锚杆总变形量应满足设计允许值。

4. 工程实例图片

锚喷联合防护实例如图4-27所示。

图4-27　锚喷联合防护实例

第四节　柔性防护工程施工

一、柔性防护工程特点

柔性防护网系统是指以高强度钢丝绳柔性网(如菱形钢丝绳网、环形网、高强度钢丝格栅)作为主要构成部分，并以覆盖、紧固来防治坡面岩石崩塌、滚落、爆破飞石等危害的钢丝绳柔性防护系统。

柔性防护网系统可分为主动防护系统和被动防护系统两种，系统以钢丝绳作为重要组成部分，并以笼罩(主动防护)和拦截(被动防护)两大基本类型来防治各种斜坡坡面地质灾害和岸坡冲洗、爆破飞石、坠物等危害的柔性安全防护系统。

主动防护系统是用以钢丝绳网为主的各种柔性网笼罩或包裹在需防护的斜坡或岩石上，以限定坡面岩土体的风化剥落或粉碎以及危岩崩塌，将落石控制于防护网内，起围护作用；被动防护系统是由钢丝绳网或环形网(需拦截小块落石时附加一层铁丝格栅)、固定系统(锚杆、拉锚绳、基座和支撑绳)、减压环和钢柱四个主要部分组成的拦截系统，对所防护的区域形成面防护，拦截和阻止崩塌岩石土体的下坠，对道路起防护作用。

二、主动防护网施工

1. 施工技术要点

(1)主动防护系统是采用锚杆和支撑绳固定方式将钢丝绳网和钢丝网覆盖在具有潜在地质灾害的坡面上，从而实现坡面加固或限制落实运动范围的一种边坡柔性防护系统。主动防护网适用于块状、碎块状岩质边坡坡面的掉块落石病害。

(2)钢丝绳网的编制应满足以下要求:

①上下交错编织。

②编制成网的钢丝绳不得有断丝、脱丝等现象。

③交叉节点处用扣压件固定,接头处用搭接件压接,不得遗漏,钢绳露出搭接件的长度至少为10mm。

④编网时扣压件和搭接件用机械压接,表面不得有破裂和明显损伤。

⑤网的形状平整,网绳不得有打结和明显扭曲现象。

⑥编网用扣压件的材质、结构尺寸和压接工艺应保证其抗滑力(拉错动力)不小于5kN,拉脱落力不小于10kN。

(3)主动边坡防护网施工前应清理坡面存在的浮土或浮石,清除可能发生崩塌的悬土、危石。

(4)根据设计文件和产品规格,放线测量确定锚杆孔位,根据地形条件,孔间距可有0.3m的调整量,并在每一个孔位处凿一个深度不小于锚杆外露环套长度的凹坑,口径一般为20cm,深15cm。

(5)按设计深度钻凿锚杆孔并清孔,孔深宜大于设计锚杆长度5cm,孔径不小于42mm;当受到凿岩设备的限制时,构成每根锚杆的两股钢绳可分别锚入两个孔径不小于35mm的锚孔内,形成人字形锚杆,两股钢绳间夹角为15°~30°。

(6)注浆并插入锚杆,锚杆外露环套顶端不能高出地表,且环套段不能注浆,以确保支撑绳张拉后尽可能地紧贴地表;若图纸无强度要求,采用不低于M20水泥砂浆,孔内应确保浆液饱满,在进行下一道工序前注浆体养护不少于3d。

(7)安装纵横向支撑绳,张拉紧后两端各用2~4个(支撑绳长度小于15m时为2个,大于30m时为4个,其间为3个)绳卡与锚杆外露环套固定连接。

(8)从上向下铺挂格栅网,格栅网间重叠宽度不小于5cm,两张格栅网间的缝合以及格栅网与支撑绳间用ϕ1.2mm铁丝按1m间距进行绑扎,有条件时本工序可在前一工序前完成,即将格栅网置于支撑绳之下。

(9)从上向下铺设钢丝绳网并缝合,缝合绳应满足设计要求。每张钢绳网应与四周支撑绳进行缝合并预张拉,缝合绳两端用两个绳卡与网绳进行固定联结。

(10)系统安装完毕后,有条件时宜用土或小石块将平铺在地面上的格栅压住,避免落石将格栅向上掀起。

2. 施工工艺流程

主动柔性防护网施工工艺其主要包括:现场准备、放线、成孔、锚杆安装、支撑绳安装、格栅挂网、安装钢丝绳网及缝合等,其施工工艺流程如图4-28所示。

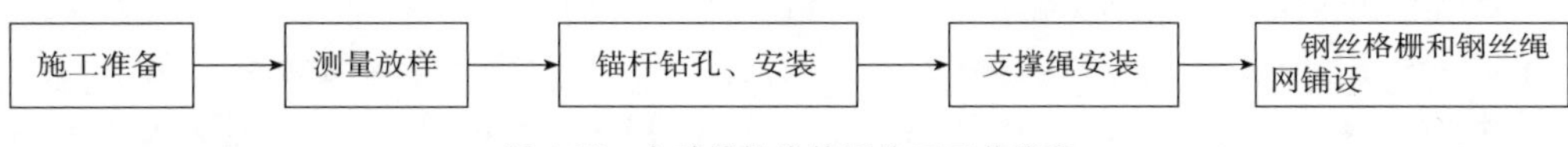

图4-28　主动柔性防护网施工工艺流程

3. 施工注意事项

(1)锚孔成孔应满足下列要求:

①钻孔作业宜采用自上而下的施工顺序进行。

②在钻孔前或钻孔时，在每一个孔位处凿一个深度不小于锚杆外露环套长度的凹坑，口径一般为 20cm，深 20cm。若本身满足要求的既有凹坑或临近锚杆孔间的坡面凸起或为孤石时，不必人工开凿凹坑。

③锚杆孔方位应尽可能垂直于坡面或潜在滑动面。

(2)锚杆安装应满足下列要求：

①注浆并插入锚杆，浆液强度等级不低于 M20，宜用灰砂比为 1：(1～1.2)、水灰比为 0.45～0.50 的水泥砂浆或水灰比为 0.45～0.50 的纯水泥浆，水泥宜用强度等级为 42.5 的普通硅酸盐水泥，优先选用粒径不大于 3mm 的中细砂，确保浆液饱满，在进行下一道工序前注浆体养护不少于 3d。

②在锚杆深度不大于 3m 的情况下，可通过人工搅动杆体使孔内浆体均匀饱满；当锚固深度更大时，应采用机械注浆。

③孔口凹坑内不应留置砂浆，不允许砂浆体将外露环套掩埋，不利于支撑绳的安装。

(3)支撑绳安装应满足下列要求：

①支撑绳的安装，应在锚杆砂浆至少凝固 3d 后进行，单根支撑绳长度不宜超过 30m。

②支撑绳安装，应逐个穿过同排或同列锚杆外露环套，直至该支持绳末端锚杆处张拉收紧。

(4)安装钢丝绳网及缝合应满足下列要求：

①安装钢丝绳网时，应尽量将其置于支持绳形成的网格中间，并将其四角临时固定。

②安装完毕后，检查钢绳网与山体之间贴合是否紧密，如果有明显局部部位与岩体间隙过大(悬空大于 $1m^3$)，应在相应部位增加长度为 2m 的随机锚杆加强整体防护效果。

图 4-29　主动网防护实例

(5)为避免潜在破坏区向周边扩展，在上沿及两侧，防护区域一般应跨越潜在破坏区 2m 左右；从利于成孔或减少孔口凹坑开凿量的角度考虑，锚杆孔的布置应在锚杆间距的允许调整范围内(一般不超过标准值的 10%)充分利用坡面的凹凸特征；锚杆间距都应大于钢丝绳网的边长；主动加固系统应尽可能地贴近坡面。

4. 工程实例图片

主动网防护实例如图 4-29 所示。

三、被动防护网施工

1. 施工技术要点

(1)被动防护网是指采用锚杆、钢柱、支撑绳和拉锚绳等固定方式将钢丝绳在坡面上形成栅栏形式的拦石网，从而实现拦截落石的一种边坡柔性防护系统，其适用于存在落石病害的边坡、陡崖等地形。

(2)被动防护网由钢丝绳网或环形网(需拦截小块落石时，附加一层铁丝格栅)、固定系统(锚杆、拉锚绳、基座和支撑绳)、减压环和钢柱四个主要部分构成。

(3)被动网施工前,应先将被动网以上部位坡面、坡体上部等部位的松动的或存在掉落风险的岩石、岩块进行清理。

(4)根据被动网规格尺寸和设计要求,测量放样被动网支撑柱位置。通常工程现场地形、工程设置条件等较为复杂,设计文件较难完全地反映被动网支撑柱位置,对特殊结构、细部位置应加强测量。

(5)支撑柱和拉锚绳的基础施工应根据工程地质条件进行设置和施工。对于锚固地层为基岩或坚硬岩土的部位,应进行锚杆锚固基础施工;对于不能直接成孔的松散岩土体位置,需采用基坑开挖、混凝土基础浇筑进行锚杆锚固。

(6)对于直接成孔的锚杆位置,锚杆采用灌注矿浆方式安装;对于采用混凝土基础的地方,锚杆需在浇筑基础混凝土的同时直接埋设。

(7)支撑柱施工时,钢柱通常与拉锚绳同时安装,并在安装后通过拉锚绳张拉段长度的改变将钢柱调整到设计的安装倾角。通常,支撑绳安装后常会改变钢柱的倾角,而需要进行二次调试。

(8)上支撑绳通常须在柔性网铺挂前安装。下支撑绳的安装可先于柔性网,安装方法较为简单;后于柔性网安装,采用直接穿过下沿网孔的方式安装,同时可省去底部缝合连接,但安装相对麻烦,特别是有减压环时。

(9)支撑绳的安装必须严格满足其位置要求,同时必须事先将减压环调整到正确位置,否则一旦支撑绳张紧后,其位置就不易改变。支撑绳安装就位后,必须张紧;当为双支撑绳时,宜按相反的方向对两根支撑绳各自同步张拉,避免单向张拉时钢柱发生明显倾斜;当为单支撑绳时,宜在张拉的同时对已发生明显倾斜的钢柱调整复位,避免钢柱进行二次调试。

(10)柔性网的铺挂与缝合施工,通常可采用绳卡或卸扣将钢丝绳网或环形网临时悬挂在上支撑绳上,且网上的悬挂点宜在上沿网孔以下,以方便下一步的缝合连接。缝合绳在任何情况下都不得与钢柱、基座、拉锚绳连接,仅在网与支撑绳和不同网块间连接,且对于支撑绳上带有减压环的系统,还必须注意缝合绳在减压环附近不得与带减压环的一根支撑绳连接。

(11)当设计采用小网孔普通钢丝格栅时,格栅与柔性网间应用扎丝绑扎,并宜翻越网顶上沿适当宽度,避免落石冲击时格栅被轻易坠拉下来。格栅下部通常宜留有一定富余,使其自然平铺在网后地面上,避免拦截下来的小块岩石从网底可能存在的悬空处外泄。

(12)系统安装完毕后,有条件时宜用土或小石块将平铺在地面上的格栅压住,避免落石将格栅向上掀起。

2. 施工工艺流程

被动柔性防护网施工工艺主要包括:清坡、放线、基础施工、基座及锚杆安装、钢柱及拉锚绳安装与调试、支撑绳安装与调试、环形网铺挂与缝合、格栅铺挂等,其施工工艺流程如图 4-30 所示。

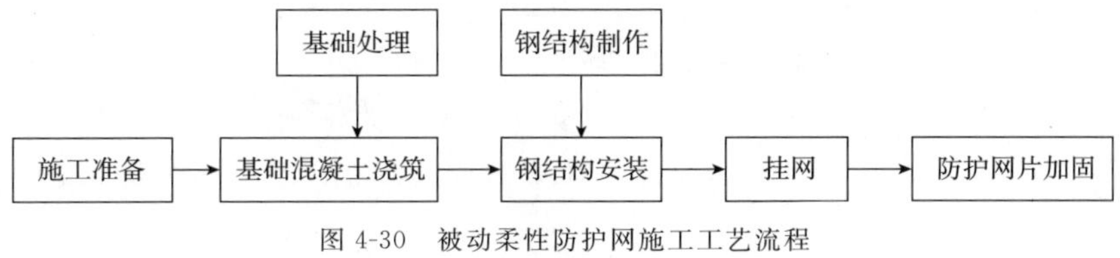

图 4-30　被动柔性防护网施工工艺流程

3. 施工注意事项

(1)被动防护网现场实地放样时，需要监理及地质工程师在场进行指导，工程量计量需由监理工程师据实计算。

(2)被动防护网工程施工前，施工方需进行实地核对与调查，对控制点坐标及高程等数据进行复核，若有问题应及时提出，以便处理。

(3)被动防护网施工前应制定施工安全措施，在危险地带应设置明显的标志。

(4)施工阶段需建立边坡危岩体变形观测网，对易滑动和崩塌的部位进行施工阶段全过程监测。

(5)对于需要用爆破清除的危岩体，被动防护网施工前应进行爆破试验，选定爆破参数，并经监理工程师批准后才能进行爆破施工。

(6)碎石及石渣严禁沿全坡面向下清理，以免破坏坡面植被，应利用坡面现有冲沟作为溜渣通道向下溜渣或就近堆砌于平缓地带，堆砌体应保持稳定状态。

(7)被动防护网工程施工放线应满足下列要求：

①被动网的横向位置、纵坡位置或其所处的高程可根据现场实际情况适当地调整，但不能随意改变。

②被动网设计安装在平台或上下坡段都是缓坡段时，应尽可能地安装在该区域的外沿或远离上侧陡坡处，给落石更大的缓冲空间，减少冲击作用，并降低落石飞跃网顶的可能性。

③特殊情况下，钢柱的柱间距允许有 20%的调整量，宜选择最有利于基础施工的位置。当基础走向上有局部沟槽存在时，应通过钢柱间距的调整来避免将钢柱设置在沟槽内，以保证系统的拦截高度，系统底部悬空部分应采用柔性网予以封闭。

(8)基础施工、基座及锚杆安装时应满足下列要求：

①当基础所在位置覆盖层厚度大于混凝土基础深度，锚固深度不够时，需加大混凝土基础尺寸。

②基础位置处地层位基岩裸露或覆盖很薄时，直接钻凿锚杆孔，钢束混凝土基础地脚螺栓锚杆孔径不小于设计要求，基础顶面用薄层 C20 细石混凝土或 M20 水泥砂浆抹平。

③基础位置处地层厚度小于混凝土基础深度的覆盖层时，覆盖层部分用混凝土置换，下部直接钻凿锚杆孔，形成复合基础。

④混凝土基础采用人工开挖，原则上禁止爆破作业。

⑤混凝土基础顶面与拦石网系统走向中心线处地面齐平。

⑥钻孔注浆锚杆采用不低于 M20 水泥砂浆或纯水泥砂浆。

(9)钢柱及拉锚绳安装与调试应满足下列要求：

①钢柱应与拉锚绳同时安装，安装过程中通过拉锚绳张拉段长度的改变将钢柱调整到设计安装倾角。

②钢柱与拉锚绳安装前锚杆的砂浆强度均应满足设计要求。

(10)支撑绳的安装与调试时应满足下列要求：

①上支撑绳应在柔性网铺挂前安装，支撑绳安装必须严格满足其位置要求。

②支撑绳安装就位后，应予以张紧；当为双支撑绳时，宜按相反的方向对两支撑绳各自同步张拉，避免单向张拉钢柱发生倾斜。

③因支撑绳的张拉引起钢柱发生倾斜时，应对钢柱进行二次调试。

(11)柔性网铺挂与缝合应满足下列要求：

①通常采用缝合绳或卸扣进行柔性网缝合。

②缝合绳不能与钢柱、基座或拉锚绳连接，仅在网块与不同网块或支撑绳之间连接。

(12)格栅铺挂应满足下列要求：

①铺设小网孔普通钢丝格栅网时，格栅与柔性网间应用钢丝扎紧。

②格栅网应自然平铺至网后的地面上，留有一定富余，避免小石块从网底可能存在的悬空处外泄。

(13)雨季施工，被动防护网应有保证工程质量和安全施工的技术措施，防止雨水冲刷对危岩体的稳定产生不利影响。

4. 工程实例图片

被动网防护实例如图 4-31 所示。

图 4-31　被动网防护实例

第五章　支挡加固工程施工技术

第一节　挡土墙工程施工

一、挡土墙工程特点

挡土墙用于边坡防护加固或滑坡病害整治工程，主要是指重力式挡土墙，也称为抗滑挡土墙，即依靠墙身自重抵抗岩土体侧压力或下滑力的支挡工程结构。重力式挡土墙可用石砌或混凝土浇筑，一般做成简单的梯形。它的优点是就地取材，施工方便，经济效果好。因为重力式挡土墙依靠自重维持平衡稳定，所以体积、重量较大，地基承载力要求较高。

在边坡工程中，挡土墙通常设置于边坡第一级或滑坡坡脚，为坡体提供有效的水平抗力，对边坡的稳定作用较大，是边坡工程防护、滑坡工程治理中应用较为广泛、较为经济有效的抗滑支挡工程措施。

根据挡土墙使用部位和功能的不同可分为路堑挡土墙、路肩挡土墙、路堤挡土墙和抗滑挡土墙等。边坡工程中应用的挡土墙主要是路堑挡土墙（边坡）和抗滑挡土墙（滑坡），在本章统称为挡土墙工程。挡土墙根据工程建设的用材不同，主要可分为浆砌片石挡土墙、片石混凝土挡土墙、混凝土挡土墙及钢筋混凝土挡土墙等。对于山区高速公路建设，通常采用的挡土墙为浆砌片石挡土墙、片石混凝土挡土墙和混凝土挡土墙；钢筋混凝土挡土墙在高速公路中通常应用于路堤、路肩等部位，在边坡工程和滑坡工程较少使用。高速公路中，一般不使用干砌片石挡土墙，特殊用途和要求除外。

重力式挡土墙的尺寸随墙型和墙高而改变。重力式挡土墙墙面胸坡和墙背的背坡坡率一般选用(1∶0.2)～(1∶0.3)，仰斜墙背坡率愈缓，土压力愈小。但为避免施工困难及保持本身的稳定，墙背坡率不小于1∶0.25，墙面尽量与墙背平行。对于垂直墙，如地面坡度较陡时，墙面坡率可有(1∶0.05)～(1∶0.2)；对于中、高挡土墙，地形平坦时，墙面坡度可较缓，但坡率不宜缓于1∶0.4。

挡土墙墙身为混凝土浇筑时，墙顶宽不应小于0.4m；墙身为浆砌时，墙顶宽不应小于0.5m；墙顶宽通常设置为2m。挡土墙高度不宜超过12m，高速公路中通常采用3～5m较为经济合理。当墙身高度超过一定限度时，基底压应力通常是控制截面尺寸的重要因素。为了使地基压应力不超过地基承载力，可在墙底加设墙趾台阶，也有利于挡土墙抗倾覆稳定。墙趾的高度与宽度比，应按圬工（砌体）的刚性角确定，要求墙趾台阶连线与竖直线之间的夹角θ，对于石砌圬工不宜大于35°，对于混凝土圬工不宜大于45°。

对于挡土墙墙身及基础，采用混凝土强度等级不应低于C15；采用砌石、石料，一般不小于MU30。寒冷及地震地区，石料的重度不小于20kN/m^3。挡土墙墙高小于6m，砂浆强度等级不宜小于 M5；墙高超过 6m 时不宜小于 M7.5，在寒冷及地震地区宜选用 M10。

在挡土墙施工时，由于其体积大、重量大，且坡脚需开挖较深基坑，施工时多分段进行，留竖向沉降缝（兼施工缝）。挡土墙分段施工可采用两头往中间进行、分段跳槽开挖等开挖施工方案。

二、浆砌片石挡土墙施工

1. 施工技术要点

（1）浆砌片石挡土墙为重力式挡土墙，利用挡土墙墙身石料重力提供水平抗滑力。这类挡土墙主要用料为石料，石料应选择硬岩，如未风化、微风化岩石，石料强度应满足设计要求。在高速公路中，挡土墙通常设置为：墙面坡率一般为（1∶0.75）～（1∶0.3）、高度 2～10m、基础埋深 1.5～3m 等，主要依据坡体受力、坡体地形、坡率、地质条件等情况具体而定。

（2）浆砌片石挡土墙的材料要求如下：

①石料应符合设计规定的类型和强度，石质应均匀，不易风化，无裂纹。片石一般是用爆破法或楔劈法开采的石块，卵形和薄片者不得采用；用作镶面的片石，应选择表面平整、尺寸较大者，并应稍加修整。

②水泥进场应有产品合格证和出厂检验报告，进场后对强度、安定性及其他必要的性能指标进行取样复试，其质量必须符合国家现行标准。不同品种水泥不得混合使用。

③砂的质量应符合混凝土工程相应的质量标准。砂的最大粒径不宜超过 5mm；砂的含泥率不大于 3%。

④砌筑砂浆所用的水宜采用饮用水，当采用其他水源时，应按有关标准确认合格后使用。

⑤浆砌片石挡土墙通常采用强度等级为 M7.5 的水泥砂浆砌筑，M10 砂浆勾缝抹面。砂浆的配合比通过试验确定，砂浆应有良好的和易性，圆锥体沉入度 50～70mm，气温较高时可适当增大。

（3）挡土墙基础开挖应满足下列要求：

①基坑开挖应分段跳槽开挖，边坡稳定性差或基坑开挖较深时，应设置临时支护措施。

②基坑开挖时应核对地质情况，基底应进行承载力检测。当达到设计的基坑承载力要求时，方可进行下一道工序施工；若不能达到设计基坑承载力要求，应根据设计要求及有关规范处理，达到设计要求后方可继续下一道工序的施工。

（4）挡土墙基础砌筑应满足下列要求：

①挡土墙砌筑基础时应先坐浆后砌石。砌筑前应将石料表面清洗干净，用水湿润，在基坑内外两侧立杆挂线，外侧面线应顺直平整、逐层收坡。

②挡土墙基础沉降缝同墙身沉降缝设置在同一断面上，上下齐平。

③基础浆砌完成后立即用透水性材料分层回填基坑，用小型机械分层夯实，并使表层稍留向外斜坡，以免积水渗入浸泡基底。

（5）浆砌片石挡土墙墙身应满足下列要求：

①浆砌片（块）石挡土墙砌筑时必须两面立杆或样板挂线，外面线应顺直整齐，逐层收坡，内外线顺直。在砌筑过程中应经常校正线杆，以保证砌体各部分尺寸符合设计要求。

②砌筑墙身时，如基底为基岩或混凝土基础，应先将表面加以清洗、湿润，坐浆砌筑。砌筑工作中断后再进行砌筑时，应将砌层表面清扫和湿润。

③砌体应分层坐浆砌筑。砌筑上层时，不应振动下一层，不得在已砌好的砌体上抛掷、滚动、翻转和敲击石块。砌筑完成后，应进行勾缝。

④挡土墙应分段砌筑，工作段的位置宜在伸缩缝或沉降缝处。各段水平缝应一致；分段砌筑挡土墙时，相邻段的高差不宜超过1.2m。

⑤挡土墙的泄水孔预先埋设，向排水方向倾斜，保证排水顺畅，不得反倾斜。折线挡土墙易积水处应设泄水孔。

(6)墙背填料、填筑应满足下列要求：

①墙背填料应选择透水性强、易排水、抗剪强度大且稳定的填料。碎石土、砂类土力学性能稳定，受水影响较小，因而应优先选择渗透性良好的碎石类土、砂类土作为填料。填料中严禁含有有机物、草皮、树根、冰块等杂物及生活垃圾。

②浸水挡土墙的墙背应全部采用水稳定性和透水性良好的材料填筑。

(7)质量控制应满足下列要求：

①砌体表面平整，砌缝完好、无开裂现象；勾缝平顺、无脱落现象，泄水孔坡度向外，无堵塞现象；沉降缝整齐垂直，上下贯通，施工完毕后用麻絮沥青填塞。

②位于弯道处的挡土墙应平顺、圆滑、美观。

③沉降缝、泄水孔、反滤层的位置、数量和材料应符合设计要求。

④实测项目质量应满足规范《公路工程质量检验评定标准　第一册　土建工程》(JTG F80/1—2004)规定的要求。

2.施工工艺流程

浆砌片石挡土墙施工工序主要包括：挡土墙基础及墙身、伸缩缝位置的测量放样，基坑开挖，基底处理及检测，基础和墙身砌体砌筑(含墙背反滤层回填和处理、砂浆配合比设计、试块制作等)，伸缩缝处理，勾缝及覆盖养生等，其施工工艺流程如图5-1所示。

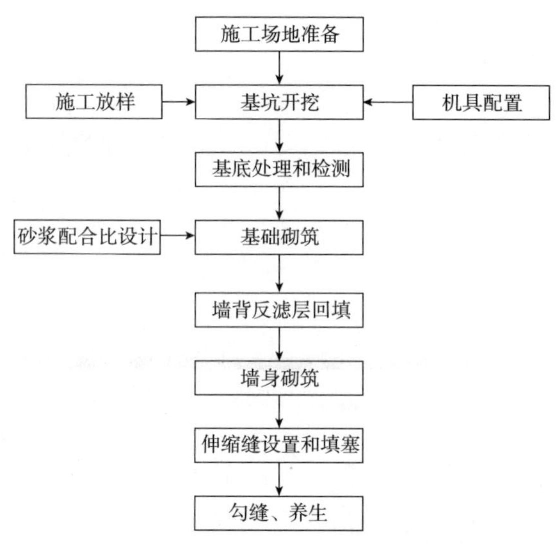

图5-1　浆砌片石挡土墙施工工艺流程

3.施工注意事项

(1)测量放线时，应准确放出基础四个角点的坐标点位，精确测定挡土墙基座主(横)轴线、起讫点及沉降缝位置；按施工放样的实际需要，用水准仪测量挡土墙各点的原地面高程，以确定基坑开挖深度。

(2)选用的片石必须合格，要求无风化、无裂纹，中部最小厚度不小于150mm，其宽度和长度不应小于厚度的1.5倍。

(3)严格按坐浆法施工，保证砂浆饱满。砌体不应出现垂直通缝；避免通长水平缝。

(4)砌体工程所用砂浆的强度等级必须符合设计要求，用于检查砂浆强度的试件应在搅拌机出料口随机抽样制作。

(5)挡土墙基础施工时，应做好场地临时排水。土质基坑应保持干燥，雨天施工坑内积水应及时排除，受水浸泡的基底土应全部予以清除，并将满足填筑要求的土体回填(或以砂、砾石夯填)至设计高程。

(6)当挡土墙基础直接置于天然地基上时，应经检验并报监理工程师同意后，方可开始砌筑。有渗透水时，应及时排除；在岩体或土质松软、有水地段，应避开雨季分段集中施工。

(7)挡土墙基础采用倾斜地基时，应按设计倾斜挖凿，不得用填补法筑成斜面。

(8)当挡土墙基础设置在岩石的横坡上时，应清除表面风化层，横向凿成台阶，台阶应设置为坡率不小于4∶1的内倾横坡，单级台阶宽度应不小于50cm；沿墙长度方向有纵坡时，应沿纵向按设计要求做成台阶。

(9)挡土墙墙身砌筑时，砌体石块应互相咬接，砌缝砂浆饱满。砌缝宽度一般不大于3cm(浆砌块石)，上下层错缝(竖缝)距离不小于8cm，并应尽量使每层石料顶面自身形成一个较平整的水平面。

(10)挡土墙沿墙高和墙长设置泄水孔，其间距宜为2～3m，上下交错布置。泄水孔应墙外倾斜设置，坡度宜为3%～5%；最下排泄水孔底部应高于地面至少0.3m；泄水孔的进水侧应设置反滤层，厚度不应小于0.3m，最下排泄水孔底部应设置隔水层。

(11)挡土墙应分段设置沉降缝(或伸缩缝)，宽度宜为2～3cm，间隔宜为10～15m，采用低发泡聚乙烯泡沫塑料隔离，靠墙背一侧嵌2cm深橡胶沥青防水密封膏，并确保沉降缝竖直。

(12)较长且较高的挡土墙区段，宜根据养护和维修需要，设置检修台或检修梯。

(13)砌体砌筑完毕应及时覆盖，并经常洒水保持湿润，常温下养护期不宜少于7d。

(14)浆砌片石挡土墙施工应遵守下列安全事项：

①所有进入施工现场的施工人员必须佩戴安全帽。

②作业人员不得穿拖鞋、高跟鞋、硬底易滑鞋进入施工现场。

③施工现场设置“施工重地、非施工人员严禁进入”的警示牌，作业现场必须有安全施工责任牌。

④夜间施工必须有充足的灯火照明。

⑤禁止酒后作业。

⑥所有进场施工的机械设备必须持有出厂合格证，机械操作手必须持有特种操作人员上岗证件。

⑦现场施工用电严格采用三级配电、两级保护，电缆采用五芯电缆，做到一机、一闸、一箱、一漏。

4.工程实例图片

浆砌片石挡土墙实例如图5-2所示。

图5-2　浆砌片石挡土墙实例

三、片石混凝土挡土墙施工

1.施工技术要点

(1)片石混凝土挡土墙是在浆砌片石挡土墙的基础上发展而来的，其墙身材料为片石混凝土，其受力原理、设置原则、设计条件等与浆砌片石挡土墙基本相同。片石混凝土挡土墙施工是在混凝土浇筑过程中填充片块石进行施工，其整体性、墙体强度优于浆砌片石混凝土挡土墙，且受施工过程中人为影响小，能更好地确保混凝土的施工质量；在石料丰富地区，由于回填片石，其造价优于混凝土挡土墙。

(2)片石混凝土挡土墙的测量放样、基础开挖、基底处理和承载力检测要求同浆砌片石混凝土施工。

(3)测量放线复核基础尺寸合格后，方可进行立模作业；挡土墙基础按跳槽施工，几个作业面可同时施工，为挡土墙的墙身施工提供较多的作业面。

(4)模板宜采用钢模板(或胶合木模板)，禁止使用有缺角、破损的模板。

(5)浇筑基础片石混凝土宜采用沿槽浇筑，混凝土强度等级应满足设计要求，浇筑过程中严格控制材料的配合比。

(6)混凝土灌注与加填片石施工时，混凝土宜采用拌和站集中拌制，混凝土搅拌运输车运输。

(7)在基础混凝土施工完成后应及时对墙身处的混凝土凿毛，保证浇筑挡土墙的墙身时新浇混凝土与已浇混凝土的连接，待基础混凝土达到设计强度的80%后方可进行墙身施工。施工中应特别注意模板的垂直度、平整度及稳定性。

(8)混凝土挡土墙的浇筑应符合设计和规范要求。当进行分层浇筑时，应注意预埋石榫，连接处混凝土面应凿毛，并在浇筑前清洗干净。

(9)混凝土养护主要是保证混凝土表面的湿润，防止混凝土水化反应的各种影响。应定期测定混凝土内部温度、环境温度，控制混凝土内、外温差，防止混凝土表面产生裂缝。

(10)混凝土强度达到2.5MPa以上，且其表面及棱角不因拆模而受损时，可进行拆模施工，在拆模时不要损坏混凝土，正面模板主要采用整体移动，在移动过程中注意模板的稳定性、安全性，保证施工安全。

(11)沉降缝宜布设于基础错台处、分段处及与结构相接处，沉降缝按纵断面设计分段长度预留，缝宽2～3cm。

(12)泄水孔通常采用PVC管制作，横坡坡度为3.0%～5.0%，安装PVC管时要求牢固定位。对于面板方向的泄水孔，要使PVC管与正面模板接触紧密，PVC管的端面要形成相应的斜面，保证在浇筑混凝土的过程中PVC管周围不会漏浆，使面板光滑、平整，PVC管管口采用胶布进行密封。

(13)片石混凝土挡土墙的质量检验应满足下列要求：

①地基与基础必须满足相关规范与设计要求。

②混凝土的配合比应符合试验规定。

③混凝土表面应平整、密实，无蜂窝麻面现象。

④墙背填料符合规范要求。

⑤沉降缝、泄水孔的位置和数量应符合规范要求。

⑥混凝土表面平整，无蜂窝、麻面现象。

⑦泄水孔坡度向外，无堵塞现象。

⑧沉降缝整齐垂直，上下贯通。

2.施工工艺流程

片石混凝土挡土墙施工工序主要包括：挡土墙基础及墙身、伸缩缝位置的测量放样，基坑开挖，基底处理及检测，基础片石混凝土浇筑（含墙背反滤层回填和处理、砂浆配合比设计、试块制作等），墙身立模板，墙身混凝土浇筑，安装石笋，混凝土凿毛，伸缩缝处理，勾缝及覆盖养生等，其施工工艺流程如图5-3所示。

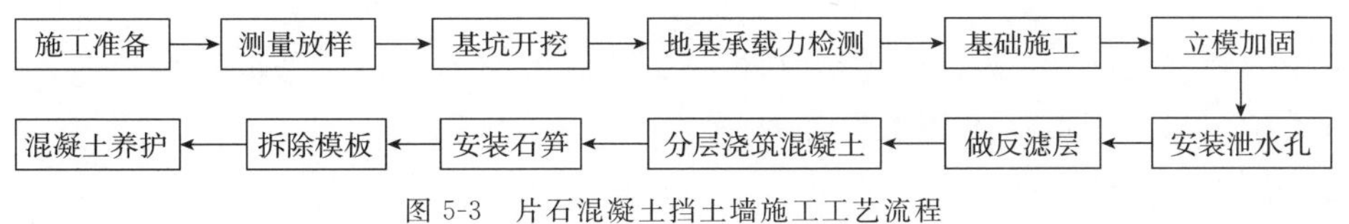

图5-3　片石混凝土挡土墙施工工艺流程

3.施工注意事项

(1)挡土墙泄水孔、沉降缝的设置，以及基底等技术指标要求与浆砌片石挡土墙相关内容相同。

(2)挡土墙墙身及基础混凝土，应在整个平截面范围内水平分层进行浇筑。

(3)模板安装应满足下列要求：

①模板应具有足够的强度、刚度和稳定性，能承受新浇筑混凝土的重力侧压力及施工中可能产生的各项负荷。

②模板的接缝不得漏浆；在浇筑混凝土前，木模板应浇水湿润，但模板内不应有积水。

③模板与混凝土的接触面应清理干净并涂刷脱膜剂，但不得影响模板的结构性能。模板使用后应按规定修整保存。

④模板之间粘贴双面不干胶带，以减小模板缝防止漏浆，以保证混凝土面的观感质量。

⑤模板采用螺栓与预埋钢筋对拉，结合钢架管横、竖龙骨加固，并配以大号蝶形卡紧固，对拉螺杆通常按1 000mm×500mm的间距布置，设置时将泄水孔位置与螺杆位置紧贴，紧贴模板的竖向龙骨间距不得大于500mm。

(4)浇筑混凝土时应符合下列要求：

①混凝土浇筑宜采用泵送混凝土施工措施。若采用由高处向模板内倾卸混凝土施工方法时，为防止混凝土离析，混凝土倾落高度不宜超过2m，以不发生离析为度。采用串筒出料时，串筒口下混凝土堆积高度不宜超过1m。

②混凝土浇筑过程中不得随意向混凝土运输车中加水，来调整混凝土的坍落度及流动性。

③混凝土按一定厚度、顺序、方向分层浇筑。

④混凝土浇筑应连续进行。当因故间歇时，其间歇时间应小于前层混凝土的初凝时间或重塑时间。不同混凝土的允许间歇时间应根据环境温度、水泥性能、水胶比和外加剂类型等条件通过试验确定。

⑤新浇混凝土与邻接的已硬化混凝土或岩土介质间的温差不得大于15℃。

⑥在浇筑混凝土过程中或浇筑完成时，如混凝土表面泌水较多，须在不扰动已浇筑混凝土的条件下，采取措施减少泌水。

⑦浇筑混凝土期间，应设专人检查模板稳定情况，发现有松动、变形、移位时应及时处理。

⑧浇筑混凝土时，应填写混凝土施工记录。

⑨加填片石时要选用质地坚硬、无风化的片石，片石与片石之间应有不小于 10cm 的间隙，每层混凝土灌注完成后，加填一层片石，然后再灌注一层混凝土，片石层间混凝土厚度不得小于 30cm。

(5)浇筑片石混凝土应满足下列要求：

①石块厚度不小于 15cm，埋放石块的数量应满足设计要求，通常不宜超过混凝土结构体积的 25%。

②石块必须经过挑选，无裂纹及夹层且未被烧过的、具有抗冻性能的石块较适宜。

③石块抗压强度不应低于 30MP 及混凝土的强度。

④石块使用前应清洗干净，使用时再用水湿润。

⑤石块应嵌在新浇筑的流态混凝土上，不应在初凝后的混凝土上放置。块石应竖向嵌置不得乱抛，并应在捣实的混凝土中埋入，埋入深度约为混凝土高度的 1/2。

⑥填嵌块石时不容许碰触结构中的预埋件。

⑦石块应分布均匀，净距不得小于 10cm，距结构侧面和顶面的净距不得小于 15cm。

⑧受拉区混凝土或当气温低于零摄氏度时，不得埋放石块。

(6)混凝土的振捣应满足下列要求：

①混凝土采用插入式振捣器，其移动间距不宜大于振捣器作用半径的 1.5 倍，且插入下层混凝土内的深度为 50～100mm，与侧模保持 50～100mm 的距离。

②表面振动器的移动距离应能覆盖已振动部分的边缘。

③每一振点的振捣延续时间宜为 20～30s，以混凝土不沉落、不出现气泡、表面呈现浮浆为度，防止过振、漏振。

④当振动完毕需变换振捣器在混凝土拌和物中的水平位置时，不得将振捣器在拌和物内平拖，应避免碰撞模板及其他预埋件。

⑤混凝土振捣完成后，应及时修整，抹平混凝土裸露面，待定浆后再抹第二遍并压光。抹面时严禁洒水，并应防止过渡操作影响表面层混凝土的质量。尤其要注意施工抹面工序的质量保证。

(7)墙背回填及泄水孔、沉降缝设置应满足下列要求：

①墙背回填材料采用透水性填料，按 30cm 一层分层填筑夯实，在墙身混凝土达到规范规定的强度前，严禁在墙背填土。

②墙身位于地面以上部分，按设计要求设置泄水孔。应严格控制泄水孔位置，保证其位置准确、横平竖直。最底排泄水孔下部及墙顶以下 0.5m 的范围内设夯填黏土防渗层。同时施工过程中严格控制泄水孔 3.0%～5.0%的流水坡度，并保证泄水孔向外排水顺畅。

③挡土墙沿墙身方向结合墙高每隔 10～20m 设置一道伸缩缝，缝宽 2～3cm，挡土墙沿墙顶内外三边填塞沥青麻筋，填塞深度为 20cm。

(8)片石混凝土养护应满足下列要求：

①混凝土养护期间，应重点加强对混凝土湿度和温度的控制，及时对混凝土暴露面进行洒水养护，并保持暴露面持续湿润，直至混凝土终凝为止。

②混凝土带模养护期间，应采取带模包裹、浇水。通过喷淋洒水措施进行保湿、潮湿养护，保证模板接缝处不失水干燥。为了保证顺利拆模，可在混凝土浇筑 24～48h 后略微松开模板，

并继续浇水养护至拆模后。

③养护淋注于混凝土表面的养护水温度低于混凝土表面温度，二者间温差不得大于15℃。

(9)混凝土拆模应满足下列要求：

①侧模应在混凝土强度达到2.5MPa以上，且表面及棱角不因拆模而损失时，方可拆除。

②拆模宜按立模顺序逆向进行，不得损伤混凝土，并减少模板破损。当模板与混凝土脱离后，方可拆卸、调运模板。

③拆除临时埋设与混凝土中预埋部件时，不得损伤混凝土。

④拆除模板时，不得影响或中断混凝土的养护工作。

⑤拆除后的混凝土结构应在混凝土达到100％的设计强度后，方可承受全部设计荷载。

⑥挡土墙混凝土浇筑完毕脱模后采用草帘、麻袋覆盖，洒水养护，保持覆盖物湿润，养护时间不少于14d。

(10)雨季施工应采取下列措施：

①混凝土浇筑前应及时了解天气预报，尽量利用非雨天气组织施工。如果在混凝土浇筑过程中遇雨，应急时用塑料布或雨布遮盖，因工程抢工必须浇筑混凝土时，应采取搭棚遮盖措施，并合理留设施工缝。

②雨后接缝时应凿掉被雨水浸泡冲刷过的松散混凝土，继续浇筑混凝土时应按施工缝处理。

③混凝土浇筑后，未达到初凝如遇下雨应及时用塑料布遮盖，防止雨淋。

④如果浇筑的混凝土在终凝前受到雨水冲刷或浸泡，使其表面遭到破坏，应将这部分混凝土及时凿打至密实层，再进行修补处理。

4.工程实例图片

片石混凝土挡土墙实例如图5-4所示。

图5-4　片石混凝土挡土墙实例

第二节　抗滑桩工程施工

一、抗滑桩工程特点

抗滑桩工程是目前高速公路高边坡防护工程中滑坡治理工程主要采用的支挡加固工程措施。其对滑坡体的作用主要是利用抗滑桩嵌入滑动面以下的稳定地层对桩的抗力(锚固力)平衡滑坡体的推力，增加其稳定性；当滑坡体下滑时受到抗滑桩的阻挡，使桩后滑坡体达到稳定状态。

抗滑桩根据桩截面形式的不同可分为矩形桩和圆形桩。通常抗滑桩设置为矩形截面，其主要原因应为矩形截面比圆形和方形截面有更好的抗弯模量，抵抗滑坡推力效果最好。当工程地质条件受限时，如遇软弱岩土体、淤泥质地层、地下水位线较高的松散地层时，采用人工开挖桩坑难度较大，可将抗滑桩设置为圆形截面，以利于机械成孔。当介于二者之间，且坡体工程地质松散，全风化软岩等岩体难于提供具有较大抗力的地层时，可设置方桩，以满足桩侧抗力的需要。

在抗滑桩的设置形式上，可分为普通钢筋混凝土抗滑桩、预应力锚索抗滑桩及微型抗滑桩。在普通抗滑桩的基础上，增加桩头预应力锚索工程即为预应力锚索抗滑桩。结合锚索施加预应力后，能大大提高抗滑桩的受力性能，改善受力分布，从而优化钢筋配筋设置，节约工程造价。但是，预应力锚索抗滑桩的锚索工程需要良好的锚固地层，当锚固地层受限时，不宜设置预应力锚索抗滑桩。微型抗滑桩成为近年来使用的新型桩结构，主要利用钢筋与混凝土柱的柔性抗弯性能提供抗滑支挡力，属于柔性支挡工程。工程应用中，其显著特点是施工周期短，使用机械即可全部完成，主要应用于比较紧急、重要的工程中，适合于应急抢险工程。同时该工程钢筋、水泥、砂浆等使用量较大，工程造价较高。

总体上，抗滑桩工程施工，在边坡工程防护、滑坡工程治理中是工程量较多和难度系数较大的一项工程，其存在材料用量大、施工难度大和工序复杂等特点。施工中的主要特点为：①挖方量大，在滑坡体内或竖向深度开挖存在一定的安全风险，抗滑桩开挖施工对护壁施工要求较高；②钢筋用量大，一般受力钢筋采用 ϕ32mm 钢筋，钢筋绑扎时需要连接，筋材连接的好坏直接关系抗滑桩的受力性能，因此对抗滑桩钢筋绑扎要求严格；③混凝土浇筑难度大，由于抗滑桩桩坑内场地狭小，且钢筋制作完成后混凝土振捣施工难度大，对抗滑桩施工浇筑要求严格；④预应力锚索施工技术要求高。滑坡体或高边坡采用抗滑桩工程防护时，一般工程地质条件差、岩土破碎，在预应力锚索施工过程中存在钻孔卡孔、钻进难、下锚索难等特点。

二、普通抗滑桩施工

1. 施工技术要点

(1)普通抗滑桩主要是以钢筋混凝土结构的抗弯性能来提供支挡力，其分为受荷段和锚固段，滑动面以上为受荷段，以下为锚固段。普通抗滑桩一般为矩形截面(挖孔难以成型时采用机械施工的圆形截面)，以人工挖孔为主；钢筋混凝土作为护壁支护结构，结构受力钢筋主要布设于受拉侧。

普通抗滑桩施工准备工作主要有：

①抗滑桩平面位置应按图纸放样，开挖过程中应核实滑动面情况。

②准备好各项工序的机械设备和桩孔内排水、通风、照明设备。

③桩坑开挖时，应整平孔口地面，做好施工桩区地表截、排水及防渗措施，在雨季施工时，孔口应搭雨棚。

④设置滑坡变形的观测等监测设施，在滑体和建筑物上建立位移和变形观测标志，预防施工期间发生突发事故。

⑤孔口地面以上锁口盘应按设计图纸先施工，孔内地面向下 0.5～1.0m 内应加强衬砌，锁口盘需加筑挡水埂，高度不宜小于 0.3m。

⑥井口竖立吊架(三角架或摇头扒杆)，供开挖过程出渣使用，宜配置防坠器，并完善施工作业人员的安全防护措施。

⑦对开挖路堑边坡(或山坡)而引起的滑坡采用抗滑桩工程治理时，为防止施工过程中滑坡体滑动，可采取原土回填反压以平衡滑体，待防护系统完工后再将其挖除。

(2)桩坑开挖应满足下列要求：

①采用人工开挖桩坑时，须采用跳桩开挖方式(一般采用跳二挖一或跳一挖一的方式)，抗滑桩坑开挖方式和施工工序须严格按照设计文件的要求。

②坡体变形较大时，抗滑桩桩坑开挖施工应由两侧至中间进行。

③桩坑施工须分节开挖，每节最大高度不宜超过 1.2m(表 5-1)，挖一节应立即支护一节。

分节开挖高度　　表 5-1

序　号	地质类别	每节开挖深度(m)	说　明
1	扰动松散土或弃渣	0.2～0.5	(1)含水地层灵活掌握； (2)井口一节应高出地面 0.3～0.5m； (3)桩坑垮塌严重段宜先注浆后开挖； (4)分节不应在土石层变化处和滑动面处
2	中密土夹石	0.4～0.8	
3	密实黏土、砂黏土、夹卵石、碎石	0.5～1.2	
4	围岩较松软、破碎或富水	分节应缩短	

④桩坑内工作人员不宜超过 2 人，工作人员下坑前，需测量桩坑内空气浓度及污染情况，如超过规范规定的各项污染物浓度或桩井深度大于 10m 时，应增设通风设施。

⑤桩坑内照明必须采用安全电压和低压灯泡(36V)，爆破前应全部拆除并提出井外。

⑥出渣进料的升降设备，宜采用满足要求的电动卷扬机，出渣吊斗设备必须有双套防开保险装置，并配备防坠器。

⑦桩坑内爆破宜采用迟发雷管电器引爆，爆破时坑口应上盖封闭，爆破后应采用吹风排烟和喷水降尘措施，排烟降尘 15min 后方可继续作业。

⑧施工过程中，因土层软弱、松散、地下水渗透等作用产生坑壁塌方时，护壁厚度、钢筋应适当加强，塌腔内须使用同标号混凝土填充，若坑壁塌方或护壁变形较严重时可对护壁增设临时或永久钢支撑。

⑨桩坑内工作人员下井时，需对护壁变形进行检查。若护壁变形，施工单位应及时上报监理、设计及项目业主单位，共同研究处理措施，变形较大时，应停止施工。

⑩桩坑内工作人员上下宜采用直径为 16～18mm 的钢筋梯，每节长度为 2～4m，宽为 0.3～0.5m；使用时顶节插入预埋环中，其余逐级挂接，或分节扣挂于坑壁预埋 U 型杆件上；爆破时，底部 2～3 节钢筋梯应吊离坑底，以免受损发生安全事故。

⑪开挖桩坑遇到地下水时，应及时会同设计等有关单位研究处理措施，坑内积水需及时排除，但不能持续强抽水，以免造成坑壁坍塌。

⑫桩坑开挖过程中应及时进行地质编录，仔细核对滑面(带)情况，综合分析研究，当实际情况与设计有较大出入时，应及时报业主、监理及设计单位，以便动态设计。

⑬桩坑开挖的弃土出桩坑后须立即运走，不得在滑坡体上随意堆放，防止诱发次生灾害。

⑭抗滑桩桩坑开挖断面尺寸不得小于护壁厚度加桩身断面尺寸，开挖深度应达到设计要求，采用机械钻孔成桩时，可参见桥梁桩基工程的有关规定。

(3)护壁浇筑应满足下列要求：

①护壁浇筑前应清除坑壁上的松动石块、浮土，护壁质量及厚度应符合设计要求。

②地质松软破碎和滑动面处的护壁节段，应在护壁内顺滑坡方向采取临时横向支撑加强

支护，并注意观察其变形情况；当发现横撑受力变形、破损而失效时，坑内施工人员必须立即撤离。

③桩坑开挖过程中应随时校准其垂直度和净空尺寸；浇筑护壁混凝土时，护壁不得侵占抗滑桩截面空间。

(4)钢筋笼的制作与安装应满足下列要求：

①钢筋笼制作需根据工程实际情况和抗滑桩规格确定钢筋笼制作方案，钢筋的连接须满足规范要求；抗滑桩规格较小时，可采用工厂化制作、整体吊装或分节安装。

②抗滑桩主筋宜采用对焊或机械连接，不得损伤受力主筋，并满足相关规范规定与设计要求，其他钢筋宜提前加工完成，现场绑扎，并保证钢筋的保护层厚度。

③主筋连接处不得放置于钢筋弯曲处、土石分界面和滑动面(带)处。

(5)浇筑桩身混凝土应满足下列要求：

①桩身混凝土浇筑时，由于水化热作用，坑内温度较高，为确保工作人员的施工安全，需对坑内通风。

②浇筑前须排出桩坑内积水，当坑内渗水量过大时，应采取措施降低坑内积水，必要时可在坑底设置积水坑，预埋潜水泵等降水设备。

③当护壁渗水严重时，对于渗水部位，需在混凝土浇筑前采用防水材料封闭渗漏部位，确保桩身混凝土强度和桩身的整体质量。

④混凝土浇筑，需采用串筒下料、分层振捣浇筑(水下混凝土除外)措施，不得间断。

⑤当孔底积水厚度小于100mm时，可用部分干拌混凝土混合料或干水泥铺入孔底(干法灌注)，然后再浇筑混凝土；否则应先采取措施处理积水，再进行混凝土灌注。

⑥采用干法灌注时，混凝土应通过串筒注入桩孔，串筒的下口与混凝土面的距离为1～3m。

⑦桩身混凝土每连续灌注0.5～0.7m时，应插入振动器振捣密实一次。

⑧抗滑桩浇筑需加强混凝土振捣，并根据抗滑桩截面积确定振捣人数。

⑨当坑内地下水丰富，无法按设计要求和相关规定排除坑内积水时，桩身混凝土的施工须采取水下混凝土浇筑施工工艺，水下混凝土必须具有良好的和易性，其配合比按计算和试验综合确定。

⑩地下水或环境土有侵蚀性时，水泥应按有关规定选用。

⑪桩身混凝土应满足设计强度要求，监理工程师须对混凝土进行试验抽检，抽检要求可参见桩基工程相关试验规范。

(6)桩身混凝土质量检测应符合下列要求：

①抗滑桩施工过程中每根桩需预埋4根声测管，施工完成后，要对全部抗滑桩进行超声波透射法检测，确保抗滑桩施工质量，当抗滑桩检测结果显示抗滑桩存在异常现象，应对桩身混凝土进行取芯检查。

②采用钻孔取芯法进行桩身混凝土强度检测应按《基桩钻芯法检测技术规程》(DBJ13 28—1999)的有关规定执行。

③实测项目详见《公路工程质量检验评定标准　第一册　土建工程》(JTG F80/1—2004)的有关规定。

2. 施工工艺流程

普通抗滑桩施工工序主要包括：桩位测量放样、孔口锁口盘施工、桩身开挖（含护壁施工）、钢筋笼绑扎、浇筑桩身混凝土施工等，其施工工艺流程如图 5-5 所示。

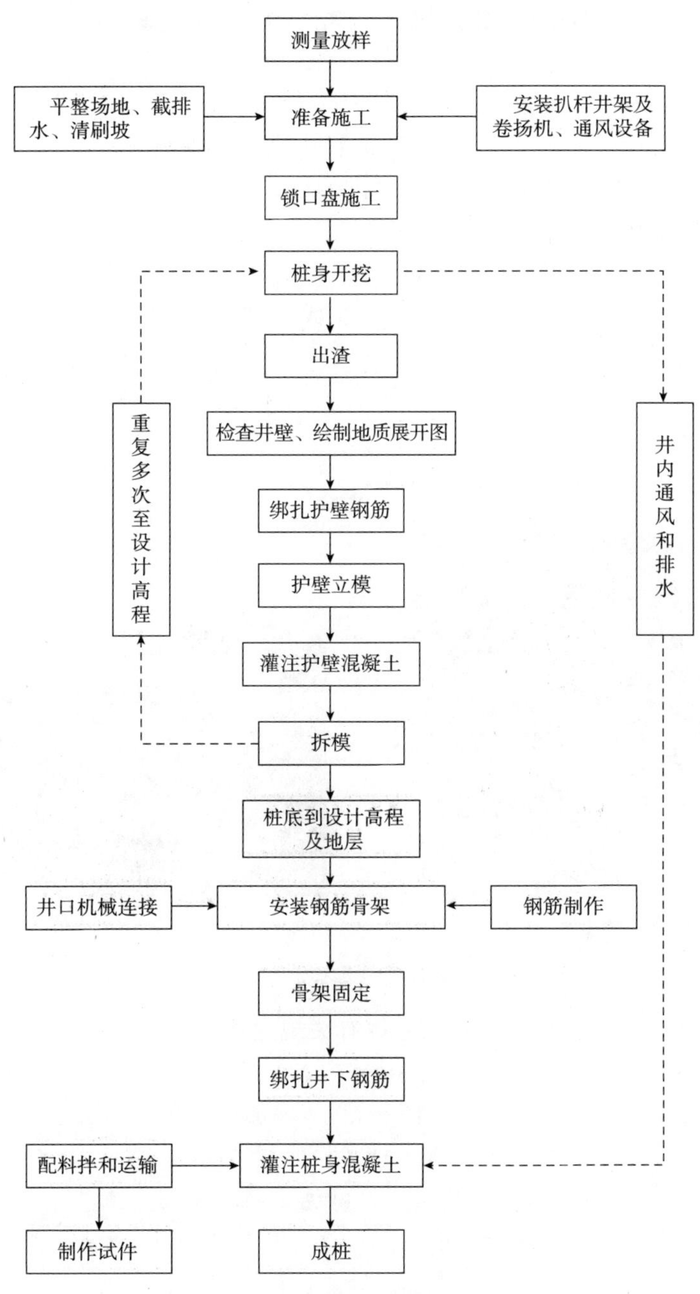

图 5-5　普通抗滑桩人工开挖施工工序流程

注：虚线表示需要进行该环节施工时，采用该方案。

3. 施工注意事项

(1)制订详细的专项施工组织计划。专项施工组织计划中，要明确提出施工安全预警机制，以及临时稳定支护方案等措施。

（2）抗滑桩桩坑采用人工开挖时，须先完成孔口安全防护，确保工程施工安全。

（3）抗滑桩桩坑人工开挖过程中，须配备降排水设备，制订桩坑排水措施，有效降低地下渗水对抗滑桩护壁稳定的影响，确保抗滑桩施工安全。为确保护壁稳定，施工安全，须制订护壁稳定临时支护措施。

（4）抗滑桩应严格按设计图施工，及时进行地质编录，以利于反馈设计。当实际情况与设计有较大出入时，应及时向监理、设计和项目业主单位报告，便于变更设计。

（5）抗滑桩混凝土浇筑前，应结合工程实际地质条件，确定混凝土浇筑方案。混凝土浇筑须使用串桶，串桶距离混凝土浇筑面高度不得大于 2m；对于地下水丰富的抗滑桩混凝土施工，可参照桥梁桩基水下混凝土浇筑施工技术。

（6）抗滑桩施工过程中应预埋检测管，施工完成后，应对全部抗滑桩进行超声波检测，确保抗滑桩施工质量。

（7）抗滑桩施工完成后，应对抗滑桩进行编号，以便于工程管理。

4. 工程实例图片

抗滑桩挖桩施工实例如图 5-6 所示，抗滑桩成桩实例如图 5-7 所示。

图 5-6　抗滑桩挖桩施工实例

图 5-7　抗滑桩成桩实例

三、锚索抗滑桩施工

1. 施工技术要点

（1）预应力锚索抗滑桩是在普通抗滑桩基础上，增加桩头预应力锚索工程。设置预应力锚索抗滑桩，重点在于预应力锚索需要有良好的锚固地层，在保证锚索锚固地层的条件下，能大大提高抗滑桩的受力性能，改善受力分布，从而可优化钢筋配筋设置，节约工程造价。

（2）锚索抗滑桩的预应力锚索通常设置于抗滑桩桩顶以下 1～2m，一排双孔布设。当存在多排设置时，锚索孔排间距根据工程实际情况和计算需要确定。抗滑桩施工时，宜另预留一锚孔。

（3）桩头锚索设置范围或锚索设置区域内，箍筋间距需适当加密。

（4）锚索抗滑桩桩坑开挖、钢筋笼制作和安装、桩身混凝土浇筑等施工技术要点与普通抗滑桩施工技术要点相同，参见上文的普通抗滑桩施工。

(5)抗滑桩的预应力锚索工程施工技术要点,参见后文预应力锚索工程施工。

(6)锚索抗滑桩施工工序分为预应力锚索施工和抗滑桩施工。根据工序前后可分为先预应力锚索施工再抗滑桩施工和先抗滑桩施工再预应力锚索施工。

(7)抗滑桩施工完成后,预应力锚索张拉施工前,应检查抗滑桩与桩后土体是否密实。当桩后存在缝隙时,需采用黏土、片块石、混凝土或砂浆等回填密实,防止预应力张拉时,桩后间隙影响抗滑桩预应力施加质量与加固效果。

2.施工工艺流程

锚索抗滑桩施工工序中抗滑桩开挖、护壁施工、钢筋绑扎、混凝土浇筑等与普通抗滑桩相同,主要差异在于增加预应力锚索施工工序,其施工工艺流程如图5-8所示。

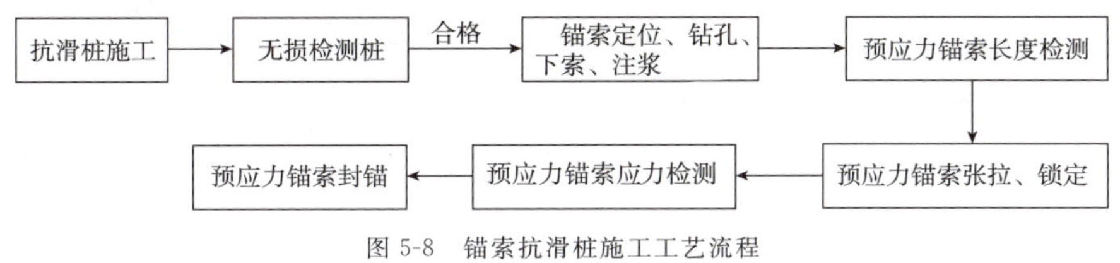

图5-8　锚索抗滑桩施工工艺流程

3.施工注意事项

(1)对于用于挖方高边坡和滑坡支挡加固的锚索抗滑桩施工,应选择具备相关资质的专业施工队伍。

(2)锚索抗滑桩的施工注意事项参见前文普通抗滑桩施工,其桩头预应力锚索参见锚固工程施工。

(3)桩头预应力锚索工程一般先于抗滑桩桩身混凝土施工,并按照设计要求严格测放锚孔孔位,且在桩身混凝土浇筑时采用锚孔套管有效隔离,严禁浇灌混凝土浆体浸入锚孔孔道。

(4)如需在抗滑桩成桩后施工桩头预应力锚索,则应在桩头按设计要求预留锚孔位置,并多预留1~2个锚孔孔位,以防桩头锚索施工失败补孔。

(5)桩头锚索张拉应在桩身混凝土强度和预应力锚索强度均达到80%以上时方可进行,并对桩头锚索空隙进行充分补充注浆后再进行封锚作业。

(6)桩头锚索的张拉预应力一般均小于锚索设计拉力值,应严格按照设计要求控制和锁定。

4.工程实例图片

预应力锚索抗滑桩实例如图5-9所示。

图5-9　预应力锚索抗滑桩实例

四、微型抗滑桩施工

1.施工技术要点

(1)在边坡工程中使用的微型桩,一般是指桩径在70~300mm,长细比较大(一般大于30),采用钻孔、强配筋和压力注浆工艺施工的小直径桩。桩体主要由压力灌注的水泥(砂)浆或混凝土与钢材组成，根据受力需要，钢材可以是钢筋、钢管或钢轨等。

(2)微型桩施工安全且迅速，施工机具小巧灵活，且施工对构造物正常使用的影响较小。

(3)微型桩的布置形式灵活，根据实际情况的需要可以采用垂直、斜布、成排布置、交叉成网状多种布置形式。其中网状布置体系由于具有良好的承载能力，能够承受较大的拉伸、压缩、剪切及弯曲应力。

(4)微型桩钻孔前应确定基点高程，按设计要求的计算孔底高程，以钻具长度确定孔深，孔深不小于设计深度，超钻深度不大于50cm，确保孔径满足设计要求；若出现缩径现象应进行扫孔，符合要求后方可进行下道工序。微型桩钻孔允许误差如表5-2所示。

微型桩钻孔允许误差 表5-2

序　号	项　目		允许偏差(mm)
1	孔径		≤10
2	孔深		≤50
3	孔位中心偏心	群桩	≤100
		单排桩	≤50
4	倾斜度		≤10%×孔深
5	浇筑混凝土前桩底沉渣厚度		≤100

(5)微型桩钢筋束通常采用钢筋、钢管或其他型钢，通长配置。微型桩设计材料常采用成束钢筋设计；钢筋成束时，应采用焊接技术。钢筋焊接不得烧伤主筋，焊缝长度须满足设计和规范要求。单束钢筋连接可采用焊接或机械连接。

(6)微型桩注浆必须采用孔底返浆法，直至孔口溢出新鲜浆液，严禁抽拔注浆管或孔口注浆；如发现孔口浆面回落，应在30min内进行孔底压注补浆2～3次，确保孔口浆体充满。

2.施工工艺流程

微型桩施工工序主要包括：桩位测量放样、钻机安装和成孔施工、孔深检测、钢筋束制作和安装、清孔、灌注微型桩、桩帽施工等，其施工工艺流程如图5-10所示。

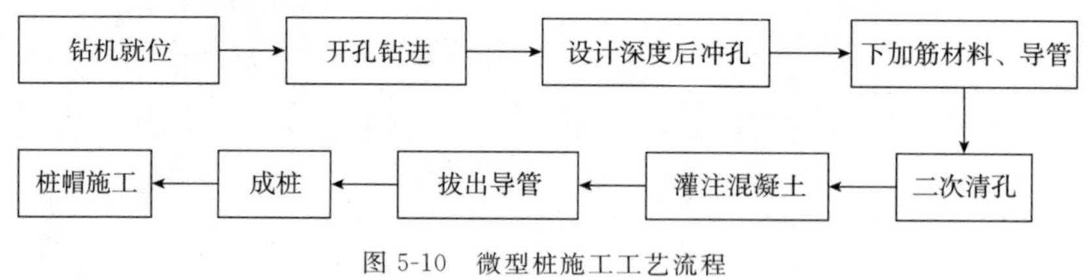

图5-10　微型桩施工工艺流程

3.施工注意事项

(1)微型桩钻孔时，应根据孔深、地质情况合理选择钻速和钻压。

(2)可采用跳孔施工、间歇施工或添加速凝剂等措施来防止出现穿孔和浆液沿砂层大量流失的现象。

(3)钻进过程中要加强检查，发现偏斜及时纠正，方法是将钻杆提升至开始偏斜处慢速扫孔削正。

(4)随时注意钻机操作有无异常情况，如发现摇晃、跳动或钻进困难，可能是遇到硬层或一边软土层、一边硬土层碰撞摇动所致，此时要放慢进度，待穿过硬层或不均匀土层后方可钻进。

(5)应严格控制钻进速度。如钻机转速高，钻进过快，切削出的泥块块大，对钻机产生较大阻力，有可能使电机超负荷而损坏或使钻杆折断等。

(6)钻孔故障情况常见处理方法有：

①坍孔处理。钻孔过程中发生坍孔后，要查明原因进行分析处理，可采用加深埋护筒等措施处理。

②缩孔处理。钻孔发生弯孔缩孔时，一般可将钻头提到偏孔处进行反复扫孔，直到钻孔正直。如发生严重弯孔和探头石时，应将小片石或卵石与黏土混合物回填到偏孔处，待填料沉实后再钻孔纠偏。

③埋钻和卡钻处理。埋钻主要发生在一次进尺太多和砂层中泥浆沉淀过快的情况中；卡钻主要发生在钻头底盖合拢不好，钻进过程中自动打开或在卵石地层钻进时，卵石掉落卡钻等情况中。埋钻或卡钻发生后，钻头周围通常沉淀大量的泥浆，形成侧阻力。因此，处理时应先消除阻力，严禁强行处理，否则可能造成钻杆扭断、动力头受损等更严重的事故。

4.工程实例图片

微型抗滑桩施工实例如图5-11所示，预应力锚索微型抗滑桩实例如图5-12所示。

图5-11　微型抗滑桩施工实例

图5-12　预应力锚索微型抗滑桩实例

第三节　锚固工程施工

一、锚固工程特点

锚固防护工程是边坡工程加固中最常用的技术措施，目前已在我国边坡加固工程中大量使用，设计、施工技术已经成熟。锚固工程防护主要包括预应力锚杆(索)框架(地梁)、预应力锚墩(锚垫板、十字架)及非预应力锚杆框架等工程措施。

预应力锚杆和锚索工程主要根据工程地质条件进行选择。预应力锚杆由于筋材直径和作用机理，其施加设置长度和作用预应力力值均受到限制，通常长度不宜超过20m，预应力不宜大于400kN，主要适用于强风化以上地层，在全风化及土层中需谨慎使用。预应力锚索，目前主要采用无黏结预应力锚索筋材，一般边坡工程中为四束、六束，锚索抗滑桩中一般用八束或更大吨位锚索，主要根据工程锚固地层、设计力值等因素确定。对于土层、全风化、强风化等一般地层均适用。非预应力锚杆框架与普通锚杆框架的区别在于，锚杆未施加预应力值，主要适用于边坡浅层稳定加固，在碎块状等以上地层效果较佳。

二、非预应力锚杆施工

1. 施工技术要点

（1）非预应力锚杆与普通预应力锚杆相比，主要区别在于锚杆不施加预应力值，为普通注浆锚杆。非预应力锚杆适用于碎块状、中风化等岩体强度较好的地层，对于全风化及类土质地层需谨慎使用。非预应力锚杆框架一般采用大直径钢筋作为主要受力构件，采用全长注浆锚固施工工艺。

（2）锚杆钻孔采用无水钻进方式成孔，钻孔完成后采用高压空气清除孔壁岩屑。

（3）对于中支架钢筋，应与锚杆体焊接牢靠，通常等间距（间距为 2m）布设，以保证锚杆下入钻孔后居中。

（4）钻孔完成后将锚杆缓慢送入钻孔中至设计位置，然后采用孔底注浆法注浆，注浆压力为 0.2～0.4MPa。

（5）锚杆安装、注浆施工完成后，锚杆外露段可做成直角弯折段，与框架梁钢筋焊接（或绑扎）；外露段锚杆不弯折时，须采用弯折钢筋绑焊，绑焊钢筋应分别与锚杆主筋及框架梁主筋焊接，焊接长度应满足规范要求。

（6）非预应力锚杆的钻孔、锚杆制作、锚杆安装、锚杆注浆等施工工序、技术要求等相关内容与预应力锚杆施工的技术要求相同。

2. 施工工艺流程

非预应力锚杆框架施工工序主要包括：框架及锚孔测量放样、钻孔施工、锚杆制作与安装、锚孔注浆、框架梁刻槽、框架钢筋绑扎、框架立模与混凝土浇筑、混凝土养护等，其主要施工工艺流程如图 5-13 所示。

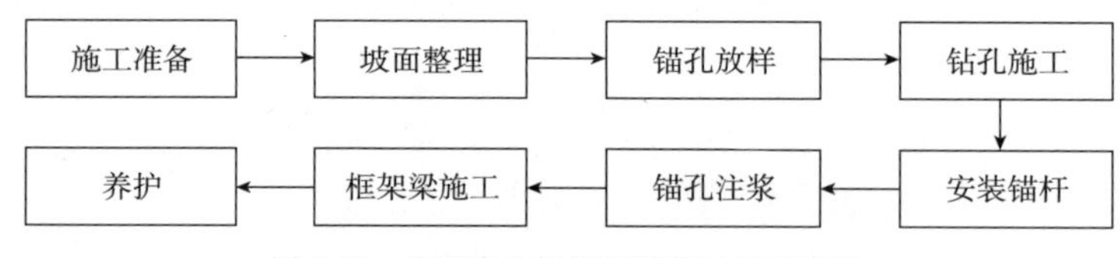

图 5-13　非预应力锚杆框架施工工艺流程

3. 施工注意事项

（1）锚杆应嵌入稳固基岩内，深度根据设计要求结合岩体确定。固定锚杆的砂浆密实，钢筋网与锚杆连接牢固。

（2）锚杆在施工初期，应按工作锚杆数量的 3％进行拉拔试验。

（3）其他施工注意事项与预应力锚杆施工相同。

4. 工程实例图片

非预应力锚杆框架实例如图 5-14 所示。

三、预应力锚杆施工

图 5-14　非预应力锚杆框架实例

1.施工技术要点

(1)预应力锚杆主要采用高强度精轧螺纹钢作为主要受力构件，对钢筋进行预应力张拉、锁定、施加加固荷载。预应力锚杆框架主要应用于锚固地层为碎块状及以上地层，效果较佳；对于锚固地层为类土质、全风化等情况，在使用时应根据锚固地层的物理力学参数等设置锚固段长度。

(2)预应力锚杆的材料应满足下列要求：

①预应力杆体材料通常采用高强精轧螺纹钢筋。当预应力值较小时，预应力筋也可采用HRB级普通钢筋。

②水泥浆体材料。水泥一般采用普通硅酸盐水泥，必要时可采用抗硫酸盐水泥，不得使用高铝水泥；细集料应选用粒径小于 2mm 的中细砂；采用符合要求的水质，不得使用污水，不得使用 pH 小于 4 的酸性水。

③塑料套管材料。材料应具有足够的强度，保证其在加工和安装过程中不致损坏，具有抗水性和化学稳定性，与水泥砂浆和防腐剂接触无不良反应。

④隔离架应由钢、塑料或其他杆体无害的材料制作，不得使用木质隔离架。

⑤防腐材料。在锚杆服务年限内，应保持其耐久性，在规定的工作温度内或张拉过程中不开裂、变脆或成为流体，不得与相邻材料发生不良反应，应保持其化学稳定性和防水性，不得对锚杆自由段的变形产生任何限制。

(3)预应力锚杆应按设计要求进行基本试验，基本试验数量不得少于 3 根，基本试验孔具有相同边坡锚孔深度的代表性。基本试验宜在工程施工作业开始之前进行，并完成试验报告，提交给监理工程师和设计代表，待试验报告批准，设计锚固参数确认或调整后，方可进行锚固工程施工作业。试验孔的具体位置应由监理工程师和设计代表现场确定。对于已经失稳或稳定性差的边坡，经监理工程师和设计代表同意后，可采用试验孔与工程孔同步进行的施工方案。

(4)钻孔机具应根据锚固地层的类别、锚孔孔径、锚孔深度以及施工场地条件等选择。锚孔钻造应采用潜孔钻机或锚杆钻机冲击成孔，未经设计允许不得采用地质钻机成孔。

(5)锚孔钻进须采用无水干钻，严禁带水钻进；钻孔速度应根据钻机性能和锚固地层严格控制，防止钻孔扭曲和变径，造成下锚困难或其他意外事故。

(6)钻孔达到设计深度后，不能立即停钻，须稳钻 1～2min。钻孔结束后，须使用高压空气(风压 0.2～0.4MPa)将孔内岩粉及杂质全部清除出孔外。

(7)锚孔成孔后，须经现场监理检验合格，方可进行下道工序。孔径、孔深检查一般采用设计孔径的钻头和标准钻杆在现场监理旁站的条件下验孔，要求验孔过程中钻头平顺推进，不产生冲击或抖动，钻具验送长度满足设计锚孔深度，退钻要求顺畅，用高压空气(风压 0.2～0.4MPa)吹验，不存在明显飞溅尘渣及水体现象。同时要求复查锚孔孔位、倾角和水平方向角，待全部锚孔施工分项工作合格后，即可认为锚孔检验合格。锚孔底部的偏斜应满足设计要求，可用钻孔测斜仪控制和检测。

(8)锚杆杆体的组装与安放应满足下列要求：

①按设计要求制作锚杆，为使锚杆处于钻孔中心，应在锚杆杆件上安设定中架或隔离架(钢筋杆体沿轴线方向每隔1.0～2.0m设置一个定中架)。

②锚杆钢筋或钢丝平直、顺直、除油除锈。杆体自由段应用塑料管包扎，与锚固体连接处用铅丝绑扎。

③安放锚杆杆体时，应防止杆体扭曲、压弯，注浆管宜随锚杆一同放入孔内，管端距孔底50～100mm，杆体放入角度与钻孔倾角保持一致，安好后使杆体始终处于钻孔中心。

④若发现孔壁坍塌，应重新透孔、清孔，直至能顺利送入锚杆为止。

(9)锚孔注浆采用常压注浆、孔底返浆法进行施工。待孔口溢出浆液或排气管停止排气时，可停止注浆。注浆完毕应将外露的钢筋清洗干净，并保护好。

(10)注浆作业过程应做好注浆记录。同时，每批次注浆都应进行浆体强度试验，且浆体样品不得少于两组，保证满足设计浆体强度要求。注浆过程应认真做好现场施工注浆记录，每批次注浆都应进行浆体强度试验，试件不得小于两组。浆体未达到设计强度的70%时，严禁在锚筋体端头悬挂重物和拉绑碰撞。

(11)预应力张拉与锁定施工时，锚杆张拉至设计轴向拉力值的1.05～1.1倍，土质为砂土时保持10min，土质为黏性土时保持15min，然后卸荷至锁定荷载进行锁定作业。锚杆张拉荷载分级观测时间遵守相关规范要求。

(12)预应力锚固工程注浆完成后，待强度满足设计要求时，应进行预应力抗拔力检测；张拉锁定后，需依据相关规定和规范要求进行锚固工程质量抽检试验。

(13)锚固工程检测合格后，方可进行封锚施工。封锚时，钢筋应采用机械切割余留锚筋，严禁电弧烧割。锚筋切除时预留长度应不少于100mm外露锚筋，封锚混凝土强度宜不低于20MPa。

2.施工工艺流程

预应力锚杆施工工序主要包括：施工准备、造孔、锚杆制作与安装、注浆、混凝土结构钢筋制作与安装、锚杆张拉锁定、验收、封锚等环节，其施工工艺流程如图5-15所示。

采用自由段带套管的预应力锚杆施工，宜在锚固段长度和自由段长度内采取同步一次性全段注浆。对于设计要求提高地层锚固力或其他特殊要求的预应力锚杆施工，可采用高压劈裂压浆。

3.施工注意事项

(1)锚固工程施工前，锚杆应集中制作。集中组装，场地须硬化，且应搭设工作棚，具备防雨条件。工作棚的长度须大于锚杆制作长度的2m以上，面积须满足机械设备、原材料集中堆放的要求；锚杆集中制作、成品集中存放；同时预应力锚杆的制作须搭设组装架，高度不低于50cm。

(2)边坡开挖施工过程中，结合边坡稳定情况，须对锚杆进行预张拉。预张拉通常采用轨枕或槽钢等构件作为坡面反力抑制结构，预张拉工作宜在锚孔注浆施工完成7d后进行，预张拉力值不宜超过设计拉力值的30%。框架和地梁混凝土施工时，应按设计框架或地梁间隔解除预张拉，逐片浇灌框架或地梁混凝土，并进行张拉锁定，严禁大面积一次性解除预张拉。若施工工序或现场实际条件受限，暂不能对其及时进行张拉锁定的，须在地梁或框架混凝土浇灌完成7d后进行预张拉，预张拉力值不宜超过设计拉力值的50%。

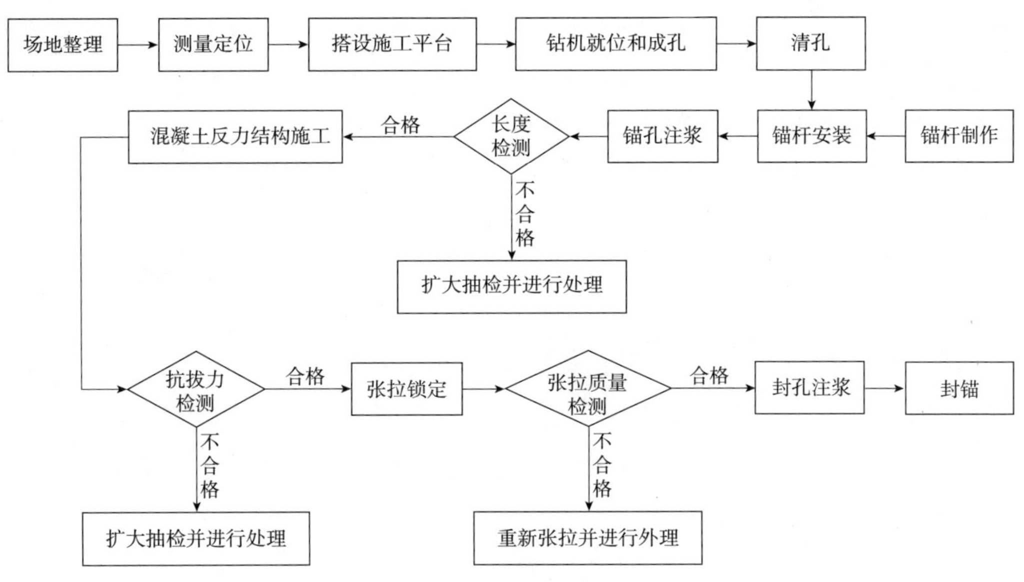

图 5-15　预应力锚杆施工工艺流程

(3)压浆过程中应详细记录水泥浆用量,一般实际用量应高于计算用量的 20%,孔口应流出新鲜浆液。如用浆量太大,应做好记录。根据实际情况,判别是否由岩层裂隙或空洞造成。

(4)预应力锚杆张拉宜采用数控智能张拉设备。张拉前应对张拉设备进行标定,孔口支撑墩尺寸和混凝土强度应满足张拉要求,张拉过程中应仔细观察应力的变化,如发现明显的松弛,应分析原因并采取措施。

(5)预应力锚杆张拉锁定后 48h 内,若发现预应力损失大于拉力设计值的 10%,应进行补偿张拉。

(6)完成预应力锚固工程注浆工序施工后,应及时进行锚杆长度检测;灌浆材料达到设计强度后,应进行锚杆抗拔力检测;预应力张拉工序完成后,应尽快完成锚固工程的质量检测即锚固力检测。预应力锚固工程质量检测合格前,严禁施工单位擅自切割锚筋体;检测合格后,应严格控制锚筋体切割预留长度,切口位置至外锚具的距离严禁小于 100mm。

(7)锚杆封锚混凝土的等级及尺寸应严格按照设计要求执行,封锚混凝土应完全封闭锚垫板及锚筋体,且外形美观,严禁采用水泥砂浆封锚。

(8)预应力锚固工程施工完成后,应按设计或规范要求对锚固工程进行验收试验。验收试验的锚索数量不得少于锚索总数的 5%,且不少于 3 根。对于有特殊要求的工程,可按设计要求增加验收锚索的数量。锚索的验收试验技术标准应满足相关规范要求。

(9)锚孔的成孔质量检验标准如表 5-3 所示。

(10)为保障预应力锚杆工程施工质量,加强施工过程控制,应满足下列要求:

①按设计要求正确组装锚杆,正确绑扎,认真安插,确保锚杆安装质量。

②按设计要求严格控制水泥砂浆配合比,掌握搅拌质量,并使注浆设备和管路处于良好工作状态。

锚孔成孔质量检验标准

表 5-3

项次	检验项目		规定值或允许偏差	检验方法及频率
1	孔位	坡面纵向	±50mm	用经纬仪或拉线和尺量检查
		坡面横向	±50mm	
		孔口高程	±100mm	用水准仪或拉线和尺量检查
2	孔向	孔轴线倾角	±1.0°	用测角仪或地质罗盘检查
		孔轴线方位	±1.0°	用测角仪或地质罗盘检查
		孔底偏斜	锚孔深度的3%	用钻孔测斜仪检查
3	孔径		设计孔径的+5%,0	验孔或尺量检查
4	孔深		大于设计深度200~500mm	验孔或尺量检查

③根据所用锚杆类型正确选用锚具,并正确安装台座和张拉设备,保证试验数据准确可靠。

④张拉设备应标定可靠,张拉时应采取防范措施,防止夹具飞出伤人。

⑤锚杆钻机应安装安全可靠的反力装置。

⑥注浆完成后,锚杆外路段严禁出现扰动、挂物等情况。

4. 工程实例图片

预应力锚杆实例如图5-16所示,预应力张拉实例如图5-17所示。

图5-16　预应力锚杆实例

图5-17　预应力张拉实例

四、预应力锚索施工

1. 施工技术要点

(1)预应力锚索工程主要是利用高强度钢绞线的抗拉性能,采用千斤顶对其进行张拉锁定后,施加外力作用对坡体进行加固,从而提高坡体的稳定状态。预应力锚索工程作为边坡加固方法,适用范围较广,对土质、类土质、碎块状、中风化等锚固地层均能起到加固作用。对于锚固力较弱的锚固地层,可采用劈裂注浆等技术提高地层锚固力。

(2)预应力锚索施工的施工准备、钻孔、锚索基本试验、锚孔注浆、封锚等施工要点和要求同预应力锚杆施工。

(3)锚筋体采用钢绞线应符合下列规定:

①用于制作预应力锚索的钢绞线、环氧涂层钢绞线、无黏结钢绞线,应符合现行国家标准《预应力混凝土用钢绞线》(GB/T 5224—2003)的规定。

②荷载分散型锚索应采用无黏结钢绞线,技术指标应满足相关规范要求。

③预应力钢绞线不得连接。

(4)锚索制作与安装应满足下列要求:

①预应力锚索的制作须搭设锚索组装架,高度不低于50cm。

②锚索编束时,钢绞线要顺直,严格依据设计尺寸下料。钢绞线要求采用机械切割,严禁电弧切割,除油、除锈处理合格,有死弯、机械损伤及锈坑的材料应剔除。

③压力分散型锚索编束要求由长至短分别为第一组、第二组、第三组、第四组等,通过钢绞线上机械刻槽区分,并宜在其无黏结钢绞线外包皮末端辅以不同颜色的油漆标志,标志长度不小于10cm。

④压力分散型(或拉压复合型)等荷载分散型锚索,锚固段的钢质承载板与挤压套连接应采用对拉螺栓固定,所有钢质材料外露部分要求涂刷防锈漆保护。

⑤挤压套要求进行现场挤压抽样检查,抽样数量宜为1%～2%,试验荷载不小于200kN;外锚头锚具须进行抽样试验,抽样数量为3%～5%,并满足相关技术指标。

⑥锚索体完成隔离支架与紧箍环的组装后(压力型锚索不设紧箍环),应在其底端接装导向帽,导向帽可点焊固定于最前端承载板上(限位片),严禁直接焊接于钢绞线上。

⑦导向帽尺寸应严格按设计要求制作,尺寸制作误差在±5mm之内,接装定位误差在±20mm之内,并留有溢浆孔,保证孔底返浆。

(5)预应力锚索注浆应满足下列要求:

①锚筋体安装完毕应及时进行锚孔注浆,原则上间隔时间不得超过24h,注浆浆体强度应满足设计要求,且不低于20MPa。

②边坡预应力锚索工程一般采用全段一次性常压注浆,如果考虑提高地层锚固力需要,可增设二次高压劈裂注浆。

③二次高压注浆的注浆材料宜选用水灰比0.45～0.5的纯水泥浆。通常注浆压力、注浆数量和注浆时间可根据锚固体的体积及锚固地层情况确定,并分段依次由下至上进行。

④对于锚固体的二次高压注浆,应以浆体强度控制开始劈注时间(一次注浆体强度为5MPa),需在二次注浆管的锚固段内设花孔和封塞,二次注浆的高压注浆管应采用镀锌铁管、钢管或达到同等压力的PVC管。

(6)预应力锚筋张拉程序应满足下列要求:

①边坡锚固工程的锚筋张拉宜采用超张拉,超张拉力值为设计拉力值的1.05～1.1倍,锚杆(索)张拉荷载分级和位移观测时间详见表5-4。

②荷载分散型预应力锚索,各单元锚索自由段长度不同,在同等设计荷载条件下,其弹性伸长量不等,须按照设计张拉要求对各单元锚索分别进行补偿张拉,再同时张拉各单元锚索。

锚杆(索)张拉荷载分级和位移观测时间　　表 5-4

荷载分级	位移观测时间(min)		加荷速率(kN/min)
	岩层、砂土层	黏性土层	
$(0.1\sim0.2)N_t$	2	2	不大于 100
$0.5N_t$	5	5	
$0.75N_t$	5	5	
$1.0N_t$	5	10	不大于 50
$(1.05\sim1.1)N_t$	10	15	

注:N_t——锚杆(索)轴向拉力设计值。

③锚索的预应力在补足差异荷载后宜分五级按有关规范或规定施加,即设计荷载的 20%(或 10%),50%,75%,100%和 110%(或 105%)。在张拉最后一级荷载时,应持荷稳定 10～15min 后卸荷锁定,同时分别记录每级荷载对应锚筋体的伸长量,并做好记录。

④锚索锁定后 48h 内,若发现预应力损失大于锚索拉力设计值的 10%,则应及时进行补偿张拉。

⑤对于同一结构单元上的锚筋,张拉原则要求同步进行,确保结构受力均匀,避免局部变化和相互影响,如果因施工设备和结构条件限制,根据结构单元的受力特点与规律,按照合理的方式进行循环张拉。

2. 施工工艺流程

预应力锚索施工工序主要包括:施工准备、造孔、锚索制作与安装、注浆、混凝土结构钢筋制作与安装、锚索张拉锁定、验收、封锚等环节,其施工工艺流程如图 5-18 所示。

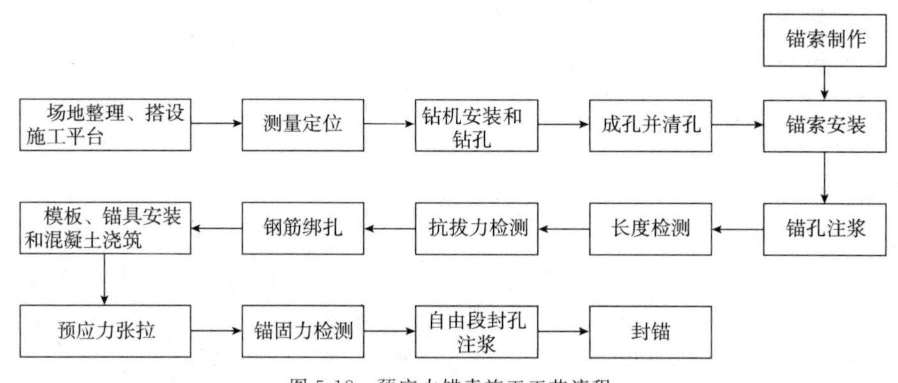

图 5-18　预应力锚索施工工艺流程

3. 施工注意事项

(1)锚筋体防腐要求。锚筋体自由段的防腐与隔离应严格按照设计要求施作。预应力锚杆采用注入油脂的套管;拉力型或拉力分散型预应力锚索自由端采用无黏结钢绞线;压力型或压力分散型预应力锚索全段采用无黏结钢绞线。锚筋体的防腐应采用无黏结预应力筋和压力分散型锚头等,提高自由段的防腐等级,改善锚固段的工作状态。

(2)注浆管应具有足够的内径,能使浆液压至钻孔的底部;同时应满足设计要求,具有足够强度,保证在注浆施工过程中注浆顺利,不堵塞、爆管或破损拉断,其应能承受不小于 1.0MPa

的压力；二次高压注浆管应能承受二次高压注浆的压力，其耐压强度不应小于2.0MPa。一次注浆管捆扎在锚筋体中轴部位，注浆管头部距锚筋体末端宜为50～100mm。采用二次注浆须另置注浆管，二次高压注浆管与一次注浆管一起捆扎，管口要求用胶布封堵严实。

(3)锚固段长度制作允许误差为±50mm，自由段长度除满足设计要求外，应充分考虑张拉设备和施工工艺要求，须预留长度1.0～1.5m。

(4)锚筋体制作完成后，锚索须顺直完好，无死弯硬折和严重碰割损伤，排列分布与编束绑架应符合设计要求。锚筋自由段塑料套管、注浆套管、隔离(对中)支架、紧箍环，以及导向帽绑扎应符合设计要求，塑料套管绑扎稳固密塞，具有足够强度，外观完好，无破损修补痕迹；隔离(对中)支架、紧箍环和导向帽等分布均匀、定位准确，绑扎结实稳固。并且，应按锚筋体长度和规格型号进行编号挂牌，使用前须经现场监理工程师认可。

(5)锚筋体的储存、运输与吊装宜因地制宜拟订方案。组装完成的锚筋体应顺直地分开摆放在通风干燥处，不得直接与地面接触。水平运输时，各支点间距不得大于2m，锚筋体的弯转半径不宜太小，以不改变和损伤钢筋体结构为限。垂直运输时，除主吊点外，其他吊点应使锚筋体快速、安全脱钩。在运输和吊装过程中，不得损伤锚筋体及其防护介质和组成部件。

(6)锚孔钻造完成后，应及时安装锚固体，锚筋体安装进入锚孔前，应检查锚筋体制作质量，确保锚筋体组装满足设计要求，并由现场监理工程师严格检验；安放锚筋体时，应防止锚筋体挤压、弯曲或扭转，要求平顺推送，严禁抖动、扭转和串动，防止中途散束和卡阻；锚筋体安装完成后，不得随意敲击，不得悬挂重物。

(7)锚筋张拉作业应遵守下列规定：

①锚斜托台座的承压面应平整，并与锚筋的轴线方向垂直。

②锚具安装应与锚垫板和千斤顶密贴对中，千斤顶轴线与锚孔及锚筋体轴线在一条直线上，不得弯压或偏折锚头，确保承载均匀同轴，必要时用钢质垫片调整满足。

③当锚固体与台座混凝土强度均达到设计强度的80%以上时，方可进行张拉。如为抽验锚孔，应在达到设计强度的条件下，待验收试验结束后进行张拉。

④锚筋张拉应按要求进行，锚筋张拉顺序须考虑邻近锚孔的相互影响。

⑤锚筋正式张拉之前，应取0.1～0.2倍设计张拉力值对锚筋进行1～2次预张拉，确保锚固体各部分接触密贴，锚筋体顺布平直。

(8)其他相关施工注意事项同预应力锚杆施工要求。

4.工程实例图片

预应力锚索框架实例如图5-19所示，预应力锚索制作实例如图5-20所示。

图5-19　预应力锚索框架实例

五、框架地梁混凝土施工

1.施工技术要点

(1)依据设计要求，放出框架梁纵、横梁中线及边线，并用绳线交叉绷紧。

(2)根据放样位置，按设计要求开挖梁片坑

图 5-20 预应力锚索制作实例

槽，坑槽深度须满足设计要求。

(3)钢筋加工时，须在施工标准场地集中制作，运至工地进行绑扎制作。钢筋绑扎时，要求横平竖直，钢筋间距与保护层厚度符合设计要求。钢筋接头须错开，同一截面钢筋接头数不得超过钢筋总数的 1/2，且有接头的截面之间的间距不得小于 1m。若框架梁钢筋与锚杆(索)干扰，可适当调整框架梁钢筋。

(4)框架梁施工时，模板通常采用钢制模板，采用木制或竹制模板时应严格控制模板变形与缺损。框架梁片节点处锚斜托施工用模板应采用钢模板，且要求与锚垫板连接稳固，并与波纹管等其他预埋件一起施工。立模时，利用前期测放的交叉线、绳线定位模板，保证模板顶口顺直无错台；模板底用砂浆找平，混凝土垫块与钢筋绑扎牢固，梁片间伸缩缝采用泡沫板隔开。

(5)混凝土宜采用吊车吊混凝土入模或采用泵车泵送混凝土进行浇筑，严禁采用溜模进行混凝土浇筑。混凝土施工时，由低处往高处进行施工；振捣时，以混凝土不再下沉、无气泡冒出，表面翻浆为振捣密实标准。

(6)当框架梁混凝土强度达到 2.5MPa 时，即可拆除模板，拆除模板后应立即用土工布进行覆盖养生，养生时间不应少于 7d。

(7)地梁和框架混凝土质量应满足下列要求：

①预留(埋)孔位、孔径和倾角等应符合施工图设计要求。

②锚斜托的承力面应平整，且与锚索受力方向垂直。

③锚杆(索)地梁或框架强度满足设计要求，外观要求顺直、美观、无麻面。

④锚杆(索)地梁或框架梁允许偏差和检查方法应符合表 5-5 的规定。

地梁或框架梁的允许误差和检查方法 表 5-5

序 号	检查项目	规定值或允许偏差	检查方法
1	孔距偏差(mm)	±50	每 20m 用经纬仪检查 3 点
2	孔口高程(mm)	±100	每 20m 用水准仪检查 3 点
3	锚杆(索)轴线误差(°)	±3	查施工记录，每 20m 检查 2 根
4	框架地梁混凝土强度	满足设计要求	每个工点取 3 组试样试验
5	框架地梁断面尺寸	满足设计要求	每 5 根抽查 1 根

2. 施工工艺流程

框架梁施工工序主要包括：框架梁位置测量放样、坡面刻槽、模板制作与安装、钢筋制作与绑扎、混凝土浇筑与养护等，其施工工艺流程如图 5-21 所示。

3. 施工注意事项

(1)根据设计图纸要求，对锚孔位置及框架放线定位，并满足要求。

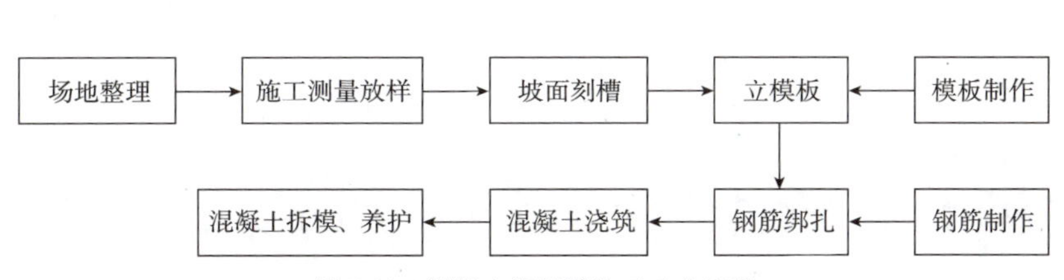

图 5-21　混凝土框架梁施工工艺流程

(2)依据设计图纸对框架竖梁、横梁尺寸及钢模板厚度的要求,准确挖出竖梁、横梁肋轮廓,且坡面必须刻槽,深度须满足设计图纸要求。

(3)安置框架钢筋前,应先清除框架基础底浮渣,并对梁底地基砂浆调平,保证基础密实、平整。

(4)混凝土施工模板需采用钢模板,钢模板的拼装要平整、严密、净空尺寸准确,符合设计要求。模板表面刷涂隔离剂,便于脱模。

(5)钢筋绑扎接头须错开,同一截面钢筋接头数不得超过钢筋总根数的 1/2,且有焊接接头的截面之间的距离不得小于 1m。

(6)灌注混凝土前,必须将锚具中的螺旋钢筋、波纹管(宜用钢质)和锚垫板按设计要求固定在地梁或立柱的钢筋上,方向与锚孔方向一致,摆放平整,再一起现场浇筑、振捣,尤其在锚孔周围,钢筋较密集,应仔细振捣,保证质量。

(7)框架应分片施工,每片由 2～3 根立柱及其横梁、顶梁组成。两个相邻框架接触处(横梁、顶梁)留 2cm 宽伸缩缝,用浸沥青木板填塞。

(8)坡面亏坡时,框架梁背侧坡面欠坡部位须采用浆砌片石或同强度等级混凝土回填修补。

(9)框架梁浇筑完成,梁侧开挖槽部位须采用砂浆或黏土回填夯实,同时须按设计要求完成框架梁内排水施工,防止后期雨水冲刷。

(10)锚斜托部位要配置钢模板,整体浇筑成型,未配置钢模板不容许框架梁的浇筑施工。

(11)现浇混凝土框架梁,在达到设计强度的 70%后,方可进行锚索张拉。

4. 工程实例图片

框架梁工程防护实例如图 5-22 所示。

图 5-22　框架梁工程防护实例

第六章　拓宽边坡工程施工技术

第一节　拓宽边坡工程施工

一、拓宽边坡特点

高速公路扩建的边坡工程施工，主要工序分为坡脚防护措施施工、原有边坡防护结构拆除、原有边坡开挖施工、新建边坡防护工程施工及坡脚防护措施拆除。拓宽边坡施工的特点主要表现在原有边坡的开挖施工和防护工程施工。

拓宽边坡工程施工，对原有防护加固工程拆除时，需注意坡体稳定和施工安全，严禁一次性全部拆除预应力加固工程；做到分级拆除、分级开挖、分级防护工程施工。

边坡拓宽开挖施工时，对岩质边坡主要采用控制爆破开挖工程工艺。爆破过程中要做到采用爆破覆盖、排架防护等措施，确保道路运营和工程施工安全。

二、拓宽边坡施工

1.拓宽边坡施工关键技术

(1)边坡拓宽总体施工顺序为：拓宽边坡开挖防护措施施工→边坡开挖施工→边坡防护工程施工→施工防护措施拆除。根据路基施工进度，依次展开，开挖一级，防护加固一级；逐级开挖，逐级防护。

(2)开挖施工时应设置防护墙。防护墙设置于高速公路上，通常占用高速公路应急车道一定宽度(图 6-1)，沿应急车道设置水泥防撞墩、拦截网等安全防护措施。防撞墩布设时两两紧挨，避免碎石从缝隙穿出进入高速公路。

(3)防护网设置时，在防护的台阶处用工字钢立杆及槽钢横杆设置防护网，如图 6-2 所示。通常当边坡防护达到三级及以上时设置两道防护网，以防边坡开挖施工落石影响交通安全。

(4)拓宽开挖施工过程中，路基纵向开挖时，从原有坡面向红线预留 1～1.5m 宽兼作挡土墙，以防圬工垮塌，待下挖 2～3m 后再用挖掘机向内扒除，与挖方同步逐级向下开挖至设计高程。

(5)岩质边坡开挖，通常采用爆破施工。采用爆破施工时，应根据具体工程地质条件采用相应的开挖方式。

(6)原有边坡预应力防护工程拆除时，严禁一次拆除完成，做到分级拆除、分级开挖、分级防护。

(7)新边坡防护工程、加固工程施工时，应由上至下依次进行，开外一级，防护一级。施工工序与边坡开挖、土石方卸载有序进行。

(8)新边坡施工完成,道路安全防护措施有序拆除。

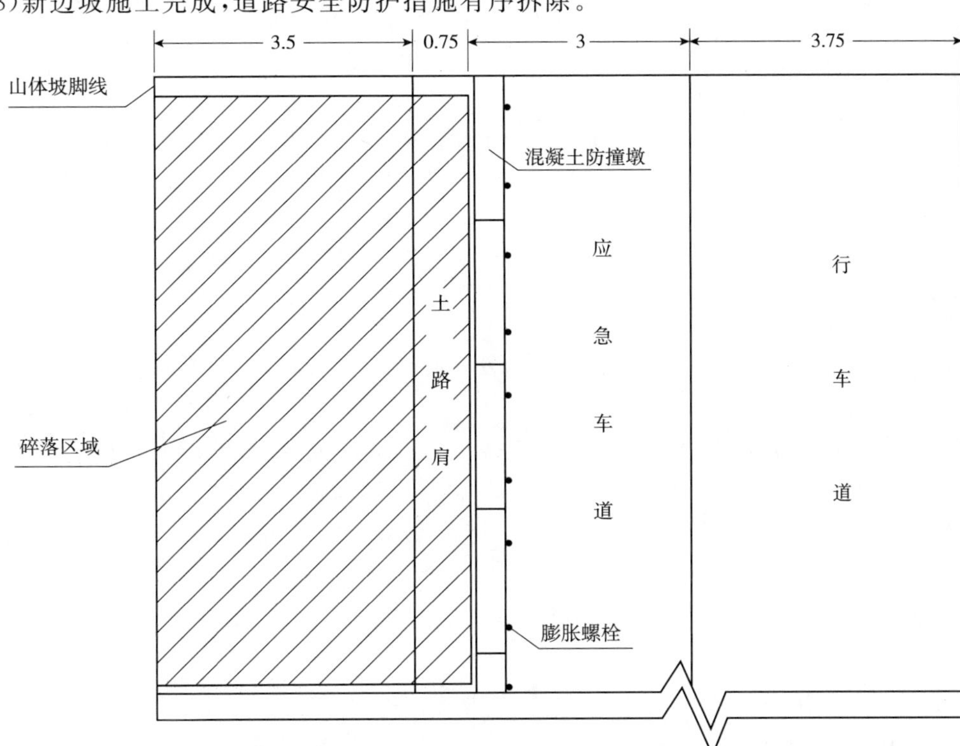

图 6-1　拓宽工程防护墙示意图　(尺寸单位:m)

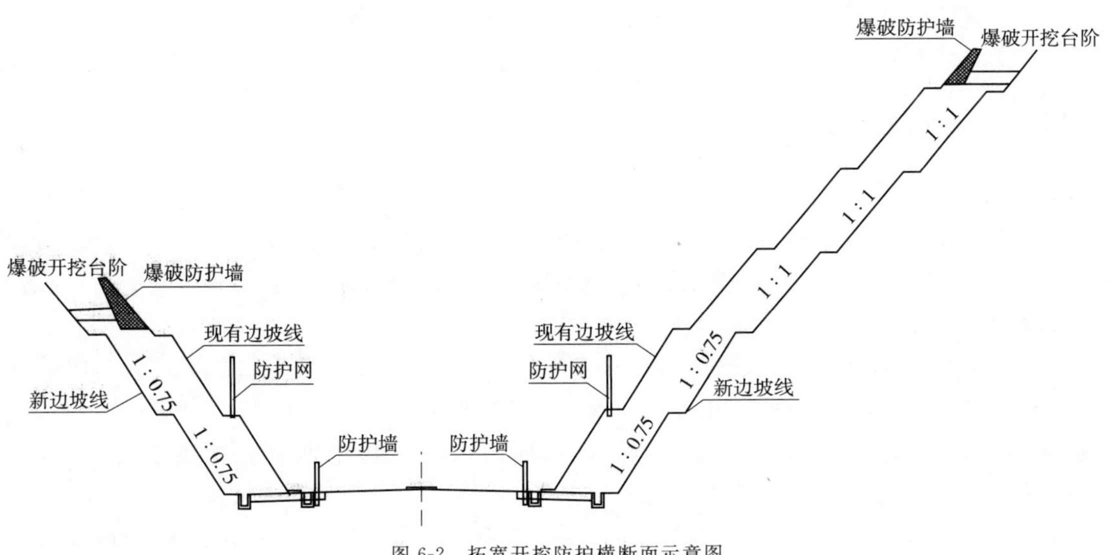

图 6-2　拓宽开挖防护横断面示意图

2. 拓宽边坡施工工艺流程

拓宽边坡施工工艺主要包括:道路防护墙施工、边坡防护网施工、单级边坡开挖、单级边坡防护墙开挖、单级边坡防护施工、下一级边坡开挖等,循环上一流程进行施工安排,其施工工艺流程如图 6-3 所示。

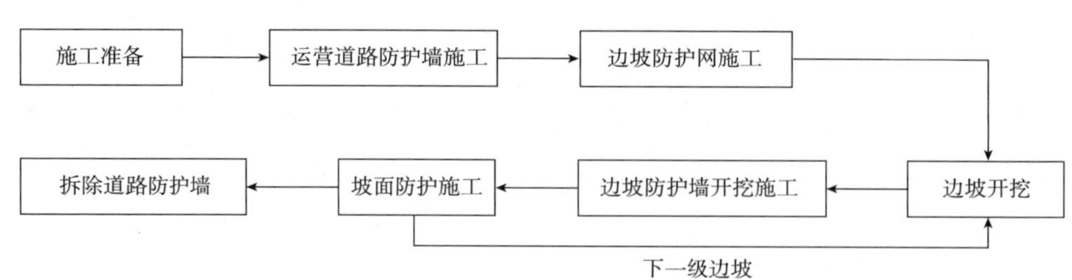

图 6-3　拓宽边坡施工工艺流程

3. 拓宽边坡施工注意事项

(1)拓宽边坡施工应分级拆除、分级开挖、分级防护工程施工,做到拆除一级、开挖一级、防护一级。

(2)施工时采取"预留隔墙、中拉槽"的原则进行作业,边坡面采用光面爆破,坡体外侧预留 1～1.5m 厚纵向保护隔墙,先开挖墙内石方;当隔墙高度达到 2～3m 时及时用挖掘机挖掘或放小炮爆倒,总体呈梯段式自上而下开挖。爆破最小抵抗线始终指向与高速路平行方向。

(3)开挖石方应根据岩石的类别、风化程度和节理发育程度,确定开挖方法;禁止使用大爆破施工方法。

(4)爆破施工与土石方挖运同步进行,即以边挖运边爆破的配合方式进行,每一区段爆破后,将各种钻爆工具、机械运至下一作业区区段的顶面,开始钻孔作业,爆破完成的作业区采用挖掘机、自卸汽车挖运土石方至填方路段填筑。

(5)石质挖方边坡上不得有松石、危石,松动部分的岩石必须清除。

(6)高挖方施工时必须边挖除边施工新建高速公路的边坡防护。

三、控制爆破方案

1. 主要施工措施

(1)既有线拓宽工程宽度狭窄,受工作面的限制,钻机使用受限。可采取小型潜孔钻机或人工手持凿岩机钻眼,采取多排浅孔松动控制爆破。爆破时须采取安全措施,防止飞石等落到高速公路上影响交通正常运营。

(2)开挖施工顺序可由边坡两侧面开挖临空面,进行爆破施工。施工时采取"预留隔墙,中拉槽"的原则进行作业,边坡面采用光面爆破,坡体外侧预留 1～1.5m 厚纵向保护隔墙,先开挖墙内石方,当隔墙高度达到 2～3m 时及时用挖掘机挖掘或放小炮爆倒,总体呈梯段式自上而下开挖。爆破最小抵抗线始终指向与高速路平行方向。

(3)爆破施工与土石方挖运同步进行,即采取边挖运边爆破的配合方式进行,每一区段爆破后,将各种钻爆工具、机械运至下一作业区区段的顶面,开始钻孔作业,爆破完成的作业区采用挖掘机、自卸汽车挖运土石方至填方路段填筑。

(4)当挖方边坡上侧汇水面积较大时,在进行路垫开挖前,于坡口外侧 5m 根据设计先施工浆砌片石截水沟。

(5)在挖方施工时,爆破石碴严禁直接抛掷路堑下,且在靠近高速公路一侧须预留防护墙,靠近山体一侧预留光面爆破层，中间爆破宽度较窄，空运输车需要倒车进入爆破区装料，正向开出运走，如图6-4所示。

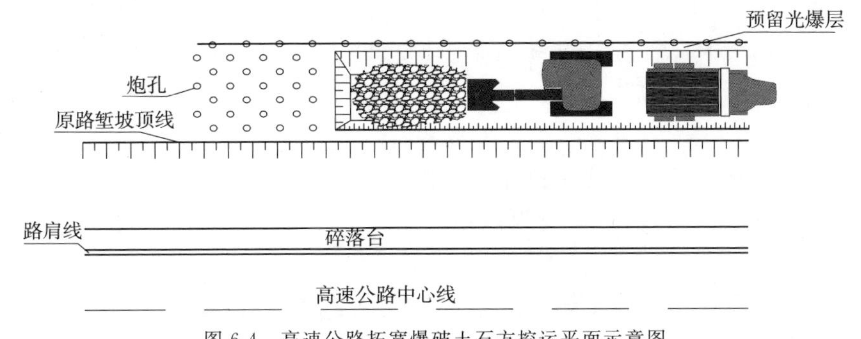

图6-4　高速公路拓宽爆破土石方挖运平面示意图

2.爆破技术方案

为了防止路基开挖爆破时影响地方交通及高速公路正常通行，需要对地方交通及高速公路进行交通组织布控。爆破时可采用小孔径密孔浅眼松动爆破、中深孔台阶爆破、光面爆破，必要时采取预裂爆破；爆破施工方法根据施工方案的要求，针对不同部位的具体条件，因地制宜地选取。

(1)控制爆破原则

①主线交通基本不受干扰，实施石方爆破时，短时间封闭交通，宜控制在30min以内。

②爆破产生的震动不能对周围建筑物产生破坏效应。

③爆破飞石必须控制在安全范围内，确保高速公路的行车和人员安全。

④确保电力、通信设施的绝对安全。

(2)爆破总体方案

爆破施工方法应根据施工方案的要求，针对不同部位的具体条件，因地制宜地选取。同时正确选择有关爆破参数，以便获得良好的爆破效果和确保施工安全，具体方案如下：

①路基石方开挖采用爆破作业，软石部分直接采用挖掘机开挖，松动石方采用挖掘机和装载机上料，自卸车运往填方段。根据路基沿线石方集中的程度、地形的变化、路基设计断面的形状，以及地质条件所能允许的爆破规模，对石方开挖进行全面规划。

②纵向隔墙爆破。纵向隔墙紧靠既有线，爆破施工对既有线威胁极大，须严格按"划整为零，分散作用"的原理，遵循"密打眼，少装药，多段起爆"的原则，垂直钻孔，采用多排孔间微差控制爆破，使炸药能量得到合理利用和控制，同时避免出现大块石，减轻对防护排架的压力。

③爆破采用以纵向小台阶炮眼控制爆破为主、机械破碎为辅的方法，边坡采用光面爆破和多层防护的综合爆破施工方案。爆破工程主要应预防爆破震动、爆破飞石，以及确保周围构筑物稳定。

(3)试爆施工

正式爆破前应进行试爆，在正常爆破时如遇到岩石变化也应进行试爆。试爆时，炮孔的位置应选在远离既有线处，按爆破设计选择的孔网参数和单位耗药量进行试爆，然后分析试爆效果，进行参数调整，以此为据，再进行正式爆破。试爆时要选取的单位耗药量比设计值偏小，试爆炮孔一般取3～5个即可。

(4)布孔和打眼

按照设计的孔距和排距量测布孔,尤其对边炮孔和光爆孔量测必须准确,炮孔位置应用红油漆标定。打眼时,要按照设计的孔位、方向、倾斜角和孔深对号打眼。每孔打完后,必须量测孔深,确保设计深度,尤其不能浅。炮孔钻完后,按炮孔布置图进行检查并做好记录,有不符合要求的炮眼重钻,经检查合格后才能装药爆破。

(5)排架倒用

开挖一个台阶后须拆除钢管排架倒用。拆除排架应从上到下、先横杆后立杆逐根钢管拆除,拆下的钢管、扣件、锚杆、竹排,如有损坏不合格的,要进行维修或不再使用。

(6)二次破碎施工

采用爆破方法施工,通常只能将大块率降低到一个合理的范围,因此施工中通常需要改炮。一般需要二次破碎的石块一部分是在爆破表面,另一部分是挖掘机装渣时挑出来的大块,前者较为分散,后者较为集中,因此二次破碎一般使用导火索和火雷管。如果需要二次破碎的石块较多,需要多人点炮时,则需设置明炮,即一个不装入炮孔里的一段导火索和火雷管,明炮的设置办法是根据二次爆破炮孔中的导火索长度确定明炮的导火索长度。

(7)爆破方法及起爆方式

施工段采用小浅眼爆破(小台阶炮眼爆破),炮孔按梅花形布置。采用对角起爆或V型起爆方案,以形成小抵抗线宽孔距爆破,控制爆堆塌散方向、位置和岩石块度,并有效控制一次齐爆药量,减少爆破震动;各段微差间隔时间宜为30ms,如图6-5所示。

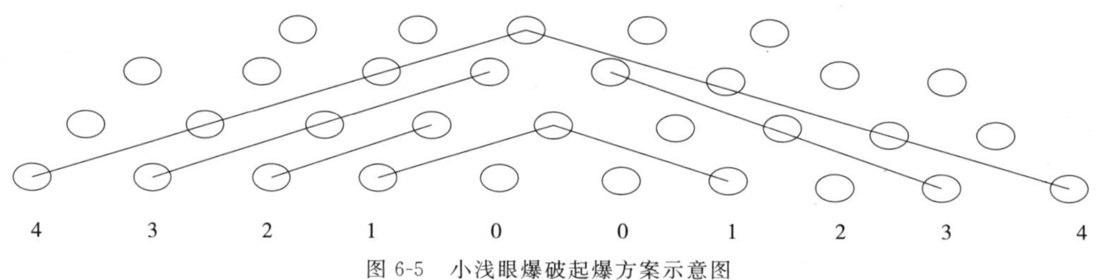

图6-5 小浅眼爆破起爆方案示意图

(8)路堑边坡清理及要求

①石质路堑边坡应顺直、圆滑、大面平整。边坡上不得有松石、危石。凸出尺寸不应大于20cm,超爆凹进部分尺寸不应大于20cm。对于软质岩石,凸出及凹进尺寸均不应大于10cm,否则应进行坡面处理。

②挖方边坡应从开挖面向下分级清理,下挖1.5~2.5m时,应对新开挖边坡刷坡。石质路堑边坡若因过量超挖而影响上部边坡岩体稳定时,应采用浆砌片石补砌超挖的坑槽。

③石质路堑路床顶面宜使用密集小型排炮施工,炮眼底高程宜低于设计高程10~15cm,装药时宜在孔底预留5~10cm孔眼,装药量按松动爆破计算。

3.安全警戒方案

根据施爆环境,依据有关爆破理论,本着定人、定岗、定位的原则,制定安全警戒方案。

(1)警戒组织

①警戒指挥长1人。

②安全警戒距离。一般岩土爆破作业,爆破的安全警戒半径一般约为400m,即爆破时在

距爆破点 400m 的各方位位置，选择可通视的地点设立警戒岗哨；并派专人做好安全警戒工作。

③警戒点及人员安排。1 号位、2 号位、3 号位、4 号位各设 1 名警戒员，3 号、4 号兼任观察员，观察高速公路的车流情况，并将详细情况及时向指挥长报告，如图 6-6 所示。

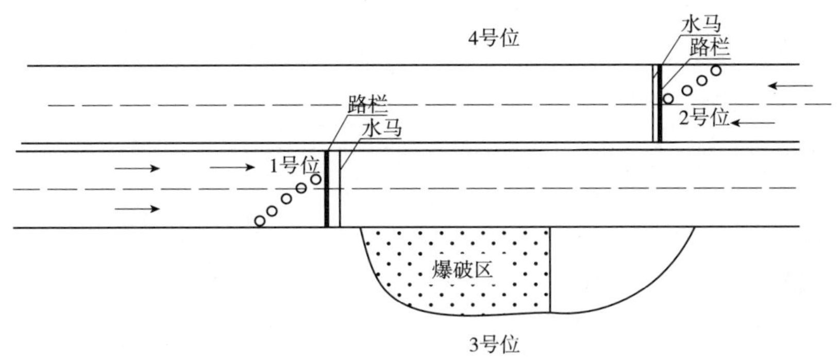

图 6-6 爆破警戒点及人员安排示意图

(2)施工通告

在开工点的爆破施工组织方案经过高速公路交管部门批准后，开工前 1～3d 将在作业地点(用布告形式)张贴施工通告。施工通告内容应包括工程名称、业主单位、设计单位、监理单位、工程负责人、爆破作业时限等，提前告知。当爆破需进行临时交通管制时，需预先申请并提前由交管部门会同公安部门发布爆破施工交通管制通知。

(3)起爆信号

①警戒信号为不规则的短促哨音，发出此信号后人员和车辆应迅速撤至警戒范围以外。

②警戒完毕信号为哨音三长声，警戒人员将警戒区内的人员和车辆劝导到警戒区外，且到达警戒位置，并在封住路口后方可发出此信号。

③充电信号为哨音三短声，点火员观看到警戒区内无人员车辆后发出此信号，并将干线连接到点火机上进行充电。

④点火信号为指挥员的口令，指挥员观察警戒区内无异常情况才下达“点火”口令。

⑤解除信号为哨音一长声。经检查准确无误，发出此信号，发出此信号后人员和车辆方可进入警戒区作业。

(4)安全警戒注意事项

①严格按照现行《爆破安全规程》和设计要求进行钻孔施工。

②采用多段微差起爆技术，严格控制爆破震动。

③认真做好覆盖，严防个别飞石。

④认真做好安全警戒，确保施工安全。

⑤爆破后要认真进行检查。

⑥采用专人专车押运火工材料，施工现场专人看管，当班领用、当班退库。

4.爆破安全防护

为了确保高速公路交通运行不中断及附近建筑物的安全，爆破时做好飞石防护措施。

(1)在边坡开挖过程中，若是普通开挖(不需要爆破)，按从上到下的顺序逐级开挖，开挖前需在该级边坡平台处用木板或其他材料做防护栏，防止开挖过程中碎石和土等滚落到高速公路路面上，影响交通运营安全，避免造成安全事故。

(2)在边坡开挖过程中，若需要进行控制爆破，为防止碎石飞溅，严格控制药量，合理布置药包；根据爆破要求、被爆体的性质、岩石的结构和层理性质，综合考虑确定药包布置。

(3)覆盖。在炮口部位采用废旧汽车轮胎覆盖，覆盖后各片之间应互相用钢丝绳拴接成一体。覆盖时按照后爆破孔先覆盖的原则进行搭接覆盖，覆盖时应注意孔外连接雷管，把草袋和土轻轻地压在炮孔上，不允许在炮孔上拖拉，如图 6-7 所示。

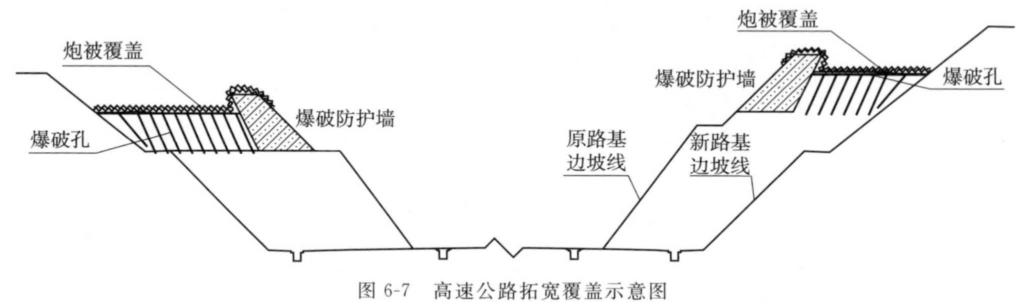

图 6-7　高速公路拓宽覆盖示意图

(4)排架防护。在边坡台阶处设置排架，防止飞石、滚石、滑石在爆破时侵入公路行车限界，妨碍行车安全，如图 6-8 所示。

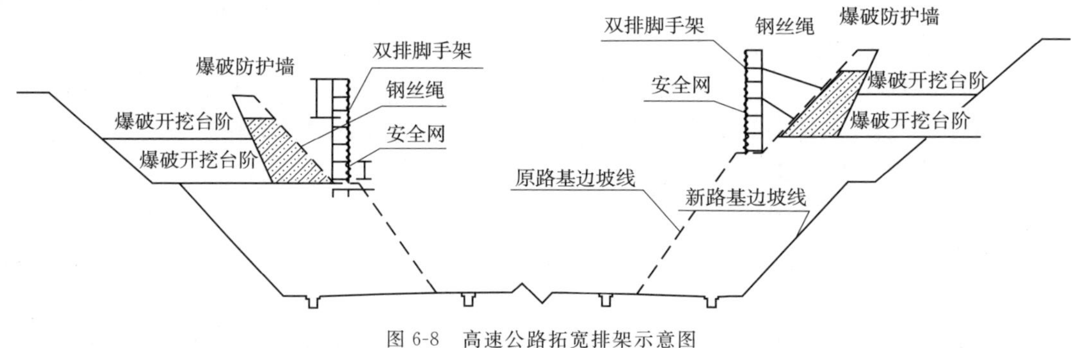

图 6-8　高速公路拓宽排架示意图

5.爆破安全管理

(1)严格按照爆破操作规程进行施工，爆破作业人员必须由经过爆破专业培训并取得爆破从业资格的人员实施。根据爆破前编制的爆破施工组织设计确定的具体爆破方法、爆破顺序、装药量、点火或连线方法、警戒安全措施等方案实施爆破。在爆破过程中，必须撤离与爆破无关的人员，同时对高速公路进行短暂封闭(宜控制在 30min 以内)，严格按照交通规则进行交通管制，严格遵守爆破作业的安全操作规程和安全操作细则。

(2)装药、充填。装药前必须对炮孔进行清理和验收；使用竹、木棍装药，禁止用铁棍装药。在装药时，禁止烟火，禁止明火照明。在扩壶爆破时，每次扩壶装药的时间间隔必须大于 15min，预防炮眼温度太高导致早爆。除裸露爆破之外，任何爆破都必须进行药室充填，堵塞前应对装药质量进行检查，并用木槽、竹筒或其他材料保护电爆缆线，堵塞要小心，不得破坏起爆网路和线路。路基各工种交叉作业，施工机械较多，故放炮次数宜尽量减少；放炮时间应有明确规定，为减少爆破药包受潮引起“盲炮”，放炮距装药时间不宜过长。

(3)设立警戒线及封闭交通。爆破前必须同时发出声响和视觉信号，使危险区内的人员都能清楚地听到和看到；在高速公路上，在距离爆破地点前后大约 1 000m 处设置警戒线，临时封路；在警戒线前设置临时标志预告、限速。在危险区的边界(距爆破区不小于 400m 处)采用水马进行封闭，通过路栏，附设施工警示灯，以及锥形路标进行疏导，并设专人组织交通。

(4)在爆破开挖时，做好爆破区的安全警戒和保卫工作。发安民告示，通告爆破时间，张贴警示牌和交通管制工作。任何与爆破作业无关人员严禁入内。

(5)起爆的安全管理规定如下：

①采用电雷管爆破时，必须按国家现行《爆破安全规程》的有关规定进行，起爆主导线宜悬空架设，距各种导电体的间距必须大于 1m，雷雨天气应停止爆破作业。

②应在炮孔部位用废旧汽车轮胎覆盖，覆盖后各片之间互相用钢丝绳拴接成一体，以防止爆破飞石飞出地面。

(6)爆破检查。爆破后必须经过 15min 排烟，检查人员方可进入工作面，再确认爆破地点安全与否，检查有无“盲炮”及可疑现象，有无残余炸药或雷管，边坡有无松动石块；在妥善处理并确认无误后，经爆破指挥班长同意，发出解除警戒信号后，其他工作人员方可进入爆破地点工作。

(7)防护排架检查、加固。由于排架锚固在岩壁上，每次爆破必然有部分锚点被爆松而失去作用，每次爆破前必须根据爆破的范围和锚点爆松情况，对排架进行加固，以确保爆破后排架稳固、完整和安全，能有效阻挡滚石(滑石)。如排架未修复，则不能进行爆破。

(8)遇有暴风雨或打雷闪电时，禁止装药、安装雷管和连接电线等操作，所有工作人员应立即离开装药地点，隐蔽于安全区。

(9)盲炮处理的安全管理规定如下：

盲炮包括瞎炮和残炮，发现盲炮和怀疑有盲炮，应立即报告并及时处理。若不能及时处理应设置明显的标志，并采取相应的安全措施，禁止掏出或拉出起爆药包，严禁打残眼。盲炮处理，应由原施工人员参加处理，处理方法主要有：

①经检查确认炮孔的起爆线路完好，漏接、漏点造成的拒爆可重新进行起爆。

②打平行眼装药起爆。对于浅眼爆破，平行眼与盲炮炮孔的距离不得小于 0.6m；另行打眼爆破，当炮眼不深时，也可用裸露药包爆破；对于深孔爆破，平行眼与盲炮炮孔的距离不得小于炮孔直径的 10 倍。

③用木制、竹制或其他不发火的材料制成的工具，轻轻地将炮孔内大部分填塞物掏出，用聚能药包诱爆。

④若所用炸药为非抗水硝铵类炸药，可取出部分填塞物，向孔内灌水，使炸药失效。

⑤对于大爆破，应找出线头接上电源重新起爆，或者沿导洞小心掏取堵塞物；取出起爆体，用水灌浸药室，使炸药失效，然后清除。

(10)爆破器材管理。爆破器材属于危险品，应进行严格管理。施工现场建立符合国家有关标准的炸药库，建立爆破器材集中收发制度，由现场负责人签字领料，按工作量发料；每天下班前对爆破器材进行清点，施工现场当天没有使用完的爆破器材应及时上交炸药库保管，做到集中发料、统一制作、统一收回、集中保管、严格登记手续，避免爆破器材流入社会。

第二节　拓宽边坡工程实例

一、工程概况

该边坡最高约34.2m，共四阶，小桩号方向接A5合同段边坡（同一边坡），小桩号方向为类土质边坡：上部素填土，厚度0～1.0m，其下为全风化花岗岩、砂土状强风化花岗岩；下伏碎块状强风化花岗岩，各土层层厚变化较为显著。大桩号方向为岩质边坡：上部残坡积层，厚度0～5.0m，其下为全风化花岗岩、砂土状强风化花岗岩和碎块状强风化花岗岩；下伏弱风化～微风化花岗岩。边坡小桩号方向风化层较厚，节理裂隙发育，且地下水较丰富。大桩号方向老路边坡及自然坡高陡，且边坡局部有小型溜塌。

图6-9　扩建施工过程

二、防护加固工程措施

扩建工程中若采用常规放缓边坡并适当锚固的防护加固方案，会显著增加边坡高度，并且爆破工程数量很大。因为在扩建工程施工过程中必须确保高速公路的正常运营和交通安全，大面积开挖和爆破对原边坡的稳定性和高速公路的正常运营有较大影响，所以综合考虑该边坡的地形地貌特征和工程地质条件及岩土体的物理力学特性，确定采用坡脚垂直开挖和强加固方案。扩建施工过程如图6-9所示。

边坡原设计最高为四级，各级边坡设计坡率及防护加固工程措施为：第一级K433＋670～830段垂直开挖，采用逆作法施工，布置现浇锚索肋板式挡土墙，进行垂直开挖后的坡面防护；两侧边坡坡率为(1∶0.3)～(1∶1.25)，系统锚杆（小导管注浆）＋预应力锚杆框架，以及三维网植草防护；第二级沿现坡面布置预应力锚索框架；第三、四级边坡为普通防护。进行第一级坡面开挖，施工现浇锚索挡土墙时，要求坡面分段分级开挖。原则上水平分段长度不超过10m，竖向分级高度不大于2.0m，可以根据边坡地形地质情况适当调整。坡面分段分级垂直开挖后，K433＋670～750段采用小导管注浆并喷6cm厚C20混凝土进行初期支护，然后施工锚索挡土墙。

图6-10　扩建运营后边坡现状

三、扩建边坡施工效果

采用上述防护加固方案，使得整个施工过程对高速公路的影响较小，加固后经过运营的考验，边坡目前处于稳定状态，如图6-10所示。

第七章　锚固工程试验与质量检测

第一节　试验检测概述

一、试验检测目的

随着山区建设的大规模发展，将遇到越来越多、越来越严峻的深路堑高边坡建设问题。由于研究人员长期对高边坡问题的复杂性认识不足和重视不够，在我国近十几年的山区铁路、公路、水利水电建设中以及运营中遇到了大量高边坡失稳破坏问题，这些问题不仅造成了巨大的经济损失，同时也对工程的长期运营遗留了不少的安全隐患。

随着高边坡问题的不断出现，以及对锚固工程技术认识的不断深入，加强对锚固工程施工质量的检测，成为有效提高和保证边坡锚固工程质量、消除或降低施工期间以及长期运营期间边坡安全隐患的重要技术手段和措施。

锚固工程试验检测的目的，就是为了提高高速公路岩土工程预应力锚杆（索）的设计、施工及质量检测符合安全适用、技术先进、经济合理、确保质量和保护环境的各项要求。

二、主要试验项目

1. 锚杆（索）基本试验

岩土工程的复杂性，尤其不同的地层岩性、不同的风化程度、破碎程度等地质环境，不仅影响锚固结构的力学参数，也对施工工艺、施工机具提出不同的要求。

为了确定锚固体与其周围岩土层的黏结强度，验证锚杆设计参数是否符合实际地层情况，根据试验结果对设计复核或修正，使设计更加经济客观；同时通过试验验证施工工艺是否合理，达到在施工之前选择合理的施工机具和正确的施工工艺的目的，需要进行极限抗拔力试验。该基本试验在工程锚杆（索）施工前进行。

2. 锚杆（索）验收试验

锚杆（索）验收试验是在锚固工程完工后，为了检验所施工的锚杆（索）结构是否达到设计的要求而进行的检验性抗拔试验，该试验起到检验锚固工程是否符合有关规范规定或设计要求的目的。

三、质量检测方法

1. 锚杆（索）长度检测

锚固长度决定着锚固结构是否锚固到位，是影响锚固质量的重要因素之一。锚杆长度检测的主要目的是检测锚固体的锚固长度是否足够，验证施工质量，从而减少质量隐患，保证工程安全。

2. 预应力施加质量检测

预应力施加工序是锚固工程最后关键的工序，同时也是专业化程度要求较高的工序。在当前施工水平和管理程度下，难免出现预应力施加不满足规范要求导致锚下实际荷载不满足设计要求的质量隐患。

对张拉锁定后的锚杆(索)，通过预应力施工质量检测试验，可以有效检测锚下荷载值，防止出现锚下荷载不足的安全隐患问题。

3. 其他检测项目

根据有关锚固工程规范规定或设计技术要求，锚固工程试验检测还应包括锚孔质量检测、锚筋材料试验和注浆材料试验等其他相关检测项目。

四、组织实施方式

锚固工程的试验检测工作应根据相关试验检测目的和要求，按照施工进程认真组织和实施。其中，锚杆(索)基本试验应在锚固工程施工开始前由项目业主直接委托专业单位实施，或者组织施工单位在设计单位的技术指导下完成；锚杆(索)验收试验应在锚固工程施工完成后由项目业主组织施工单位在监理单位的旁站监督下实施，或者直接委托专业单位负责完成；锚杆(索)长度检测应安排在锚孔注浆后、锚杆(索)张拉前，预应力施工质量检测应安排在张拉锁定后、封锚作业前，这两项锚固工程质量检测工作一般是由项目业主直接委托专业单位实施；锚孔质量检测、锚筋材料试验和注浆材料试验等其他相关试验检测项目应安排在锚孔钻造与锚孔注浆期间进行，一般采用施工单位自检和监理单位或第三方检测单位抽检相结合的方式组织实施。

上述试验检测项目的具体实施流程如图 7-1 所示。

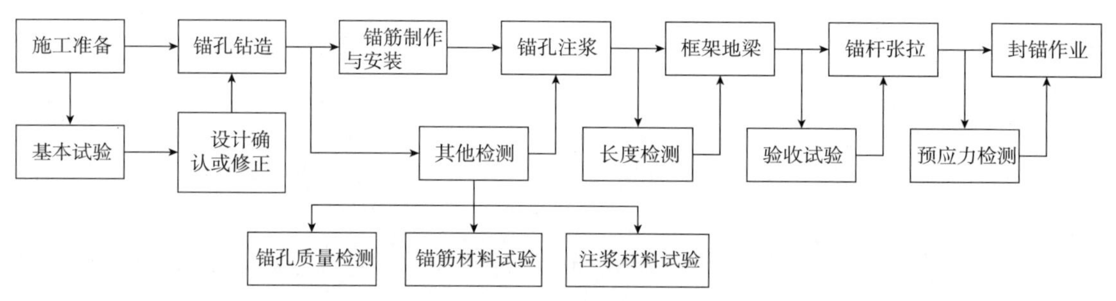

图 7-1 锚杆(索)试验检测项目实施流程

第二节 锚固工程现场试验

当前高速公路建设中，边坡防护大量采用预应力锚固工程。为了验证锚杆(索)预应力设计是否满足现场地质要求和施工质量是否满足设计规范要求，根据《建筑边坡工程技术规范》(GB 50330—2013)、《岩土锚杆(索)技术规程》(CECS 22—2005)及《岩土锚固技术手册》(闫莫明，徐祯祥等，人民交通出版社，2004)等的有关规定，锚固工程现场需要进行锚杆(索)基本试验和锚杆(索)验收试验。

一、锚杆(索)基本试验

1. 试验目的和要求

(1)试验目的

①检验边坡地层锚杆(索)的极限承载力、注浆体与岩土体之间的黏结强度值和安全系数。

②揭示在试验地层中影响锚杆(索)锚固力的各种影响因素及影响程度。

③验证锚杆(索)工程的施工工艺。

④校核设计参数,为该边坡锚固工程的动态设计提供有关技术参数,确保锚固工程的安全、经济、合理。

(2)试验要求

①永久性锚杆(索)工程必须进行锚杆(索)基本试验,临时锚杆(索)工程应进行锚杆(索)基本试验。

②加载装置(千斤顶、油泵)和计量仪表(压力表、传感器和位移计等)试验前检定合格,标定证书齐全,满足精度要求。

③基本试验所用的锚索(杆)结构、施工工艺及所处的工程地质条件应与实际工程所采用的相同。

④基本试验最大的试验荷载不宜超过锚筋体承载力标准值 F 的 0.8 倍,即 $F = A_s \times f_{yk}$(或 f_{ptk})。

⑤每种类型的锚索(杆)基本试验数量不少于 3 根。

2. 试验内容和方法

(1)试验孔钻造。按照设计文件,在指定的基本试验孔位置搭设平台,钻机就位,然后采用干钻法进行钻孔并记录详细的地质资料。钻孔完成后,反复回钻 3～5 次,确保孔底和孔壁无渣土,保证注浆体与岩土体之间的黏结强度达到设计要求。

(2)试验锚杆(索)制作与注浆。按照设计文件要求,一般 3 孔试验孔锚杆(索)锚固段长度分别为 4m、6m 和 8m,且自由段与锚固段间用止浆袋隔离,特别注意自由段不注浆。

(3)完成注浆及时制作试验锚墩。

(4)试验锚墩达到试验要求时,在施工单位、监理单位、设计单位和业主单位代表四方现场试验。

(5)试验仪器安装如图 7-2 所示,注意支架一定位于固定不动位置。

(6)一般锚杆(索)试验采用循环分级加载、卸荷法,循环张拉加载、卸荷值及循环过程见表 7-1,并记录对应的锚头位移读数。

(7)压力分散型锚索应先分单元进行差异荷载 ΔP_1、ΔP_2、ΔP_3 计算,再采用循环分级加载、卸荷法,循环张拉加载、卸荷值及循环过程见表 7-2,并记录对应的锚头位移读数。

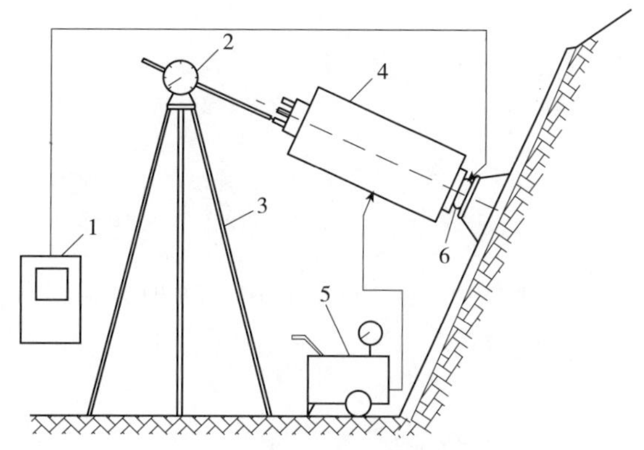

图 7-2　锚杆(索)试验仪器安装

1-读数仪;2-百分表;3-支架;4-千斤顶;5-油泵;6-测力计

一般锚杆(索)基本试验加载等级和观测时间 表 7-1

加载增量(%)							观测时间(min)
初始荷载	第一循环	第二循环	第三循环	第四循环	第五循环	第六循环	
	10	10	10	10	10	10	5
		30	30	30	30	30	5
			40	50	60	60	5
10	30	40	50	60	70	80	10
			40	50	60	60	5
		30	30	30	30	30	5
	10	10	10	10	10	10	5

压力分散型基本试验加载等级和观测时间 表 7-2

加载增量(%)										观测时间(min)
预张拉	ΔP_1	ΔP_2	ΔP_3	第一循环	第二循环	第三循环	第四循环	第五循环	第六循环	
15										5
					30	30	30	30	30	
						50	50	50	50	5
							70	80	90	5
				30	50	70	80	90	100	10
							70	80	90	5
						50	50	50	50	5
				30	30	30	30	30	30	5

注:差异荷载增量 ΔP_1、ΔP_2、ΔP_3 计算如下。

①差异伸长量

$$\Delta L_{1-2} = \Delta L_1 - \Delta L_2\ ,\ \Delta L_{2-3} = \Delta L_2 - \Delta L_3$$

$$\Delta L_1 = \frac{\sigma}{E} L_1\ ,\ \Delta L_2 = \frac{\sigma}{E} L_2\ ,\ \Delta L_3 = \frac{\sigma}{E} L_3$$

$$\sigma = \frac{P}{A}$$

式中:L_1、L_2、L_3——分别为第一、二、三单元锚索的长度,且 $L_1 > L_2 > L_3$;

ΔL_1、ΔL_2、ΔL_3——各单元锚索在给定最终张拉(设计锁定)荷载作用下的伸长量;

ΔL_{1-2}、ΔL_{2-3}——各单元锚索在给定最终张拉(设计锁定)荷载作用下的差异伸长量;

σ——给定最终张拉(设计锁定)荷载作用下的钢绞线束应力;

P——给定最终张拉(设计锁定)荷载作用下的单根钢绞线束荷载;

A——单根钢绞线束的截面面积;

E——钢绞线的弹性模量。

②差异荷载增量

$$\Delta P_1 = EA\,\frac{\Delta L_{1-2}}{L_1} \times 2$$

$$\Delta P_2 = \left(EA\,\frac{\Delta L_{2-3}}{L_2} + EA\,\frac{\Delta L_{2-3}}{L_1}\right) \times 2$$

式中:ΔP_1、ΔP_2——分步差异张拉之第一、二步级张拉荷载增量。

(8)张拉时千斤顶的轴线必须与锚索轴线一致,锚环、夹片和锚索体张拉部分不得有泥沙、锈蚀层或其他污物。

(9)锚杆(索)正式张拉前,应取10%~20%的设计张拉荷载,对其预张拉1~2次,使其各部位相互接触紧密,钢绞线完全顺直。

(10)加载速率要平缓,速率宜控制在设计预应力值的0.1/min。

(11)卸荷载速率宜控制在设计预应力值的0.2/min。

(12)每级荷载加载或卸荷完毕,立即测读变形量,测读位移次数不应小于3次。

(13)在每次加载、卸荷时间内,测读锚头连续两次变形量:岩石中锚杆(索)变形量均小于0.01mm,沙质土、硬黏性土中不小于0.1mm,施加下一级荷载,否则延长观测时间,直至锚头位移增量在2h内小于2.0mm,方可施加下一级荷载。

(14)试验出现以下情况立即结束试验。

①后一级荷载产生的锚头位移增量达到或超过前一级荷载产生位移增量的两倍,或超过设计允许值。

②位移不收敛,或锚杆(索)拔升值持续增长,或在1h内未出现稳定迹象,锚杆(索)从岩土体中拔出。

③锚杆(索)的锚筋体拉断。

3.试验结果与报告

锚杆(索)基本试验的结果应包括以下主要内容,并按设计要求与规范规定提交试验成果报告。

(1)基本试验所测得的总弹性位移量,应超过自由段长度理论弹性伸长量的80%,且小于自由段与1/2锚固段之和的锚索的理论伸长值。

理论伸长量计算:

$$L_{理论} = PL/(EA) \tag{7-1}$$

式中:P——最大试验荷载;

L——钢束的有效长度,是指自锚固端至张拉锚具之间的距离;

E——钢材的弹性模量;

A——钢材的断面面积。

(2)基本试验锚杆抗拔力特征值取基本试验极限荷载值的1/2。

(3)校核设计参数计算。

①确定索(杆)极限承载力值 P_u:取破坏荷载的前一级荷载在最大试验荷载下未达到规定的破坏标准时,索(杆)极限承载力取最大试验荷载值。

②计算锚固体与岩土体之间的黏结强度值 τ:

$$\tau = P_u/(\pi DL_0)$$

式中:τ——锚固体与岩土体之间的黏结强度;

D——锚孔直径,为150mm;

L_0——试验孔锚固段长度。

③计算锚固体安全系数 K_0 值:

$$K_0 = \pi DL_0\tau/N_t$$

式中:N_t——锚杆(索)设计荷载。

(4)按循环荷载与对应的锚头位移读数列表整理，并绘制锚索(杆)荷载—位移(P-δ)曲线、锚索(杆)荷载—弹性位移(P-δ_e)曲线和锚索(杆)荷载—塑性位移(P-δ_p)曲线，见图 7-3。

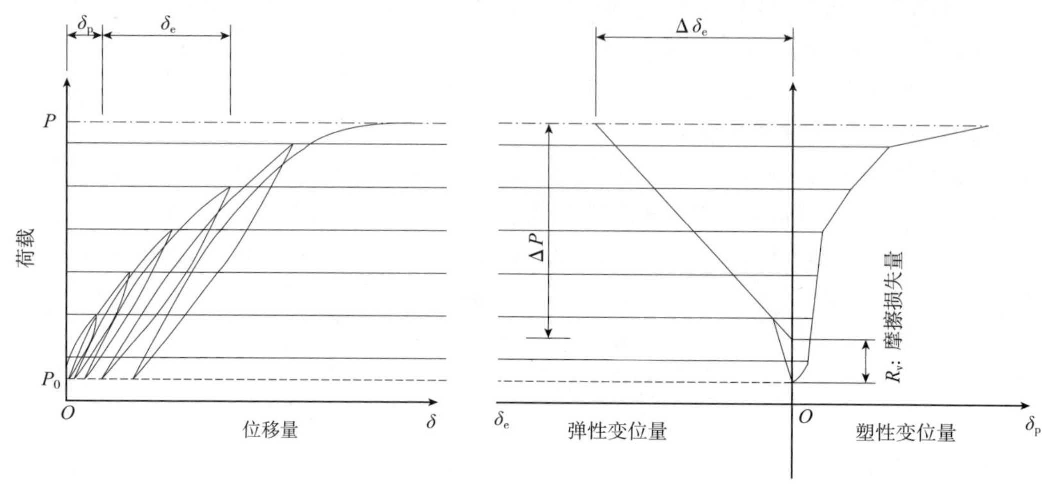

图 7-3　P-δ、P-δ_e 和 P-δ_p 曲线

(5)说明在该地层条件下影响锚杆(索)锚固力的各种因素及影响程度。

(6)锚杆(索)工程的施工工艺是否合理，或提出建议方案。

(7)附各种仪器标定证书及试验曲线。

二、锚杆(索)验收试验

1. 试验目的和要求

(1)试验目的

①检验锚固工程的施工质量是否达到设计要求。

②通过验收试验，检验锚杆(索)受力大于设计荷载时的短期锚固性能，以及是否满足设计条件时锚索的安全系数。

(2)试验要求

①验收最大荷载。永久性锚杆(索)取锚杆(索)设计值的 150%，临时性锚杆(索)取锚杆(索)设计值的 120%。

②加载装置(千斤顶、油泵)和计量仪表(压力表、传感器和位移计等)试验前检定合格，满足精度要求。

③按 5%频率抽检，且单项锚杆(索)结构类型不少于 3 根。

④检测达到设计和规范要求的最大值时停止试验，并恢复设计要求锁定张拉值。

2. 试验内容和方法

(1)锚杆(索)验收试验参加人员一般应包括施工单位、监理单位、业主单位和检测单位四方代表。

(2)锚杆(索)验收试验抽检数量应符合有关规范规定和具体设计要求。

(3)张拉时千斤顶的轴线必须与锚索轴线一致，试验仪器安装参见图 7-2。

(4)验收试验采用分级加荷法，起始荷载宜为锚杆(索)拉力设计值的30%，分级加荷增量分别为拉力值的0.5、0.75、1.0、1.2、1.33和1.5倍，但最大试验荷载不能大于锚筋体承载力标准值的0.8倍。

(5)压力分散型锚索加载应符合本文后叙“试验合格标准”中“②”款的规定。

(6)试验中，荷载每增加一级，均应稳定10min，在各级10min的持荷时间内，按持荷0、1min、2min、5min、10min测读一次锚杆(索)位移值，最后一级试验荷载应维持15min。如果在1～10min内位移量超过1mm，则该级荷载应再维持50min，并在15min、20min、25min、30min、45min和60min时记录其位移量，位移量不大于2mm。

(7)预应力检测张拉时，加载速率应平缓，加载速率应控制在每分钟施加荷载为设计预应力值的10%左右；达到设计荷载的133%后，加载速率应控制在每分钟施加荷载为设计预应力值的5%左右。

(8)试验时，在锚杆(索)张拉荷载未达到设计荷载150%的过程中，若出现锚杆(索)位移不收敛、钢绞线断丝或拉断、反力结构破坏，应结束检测，记录好相应的拉力值和位移数据，并做不合格记录。

(9)锚杆(索)抗拔力的荷载达到设计荷载的150%时，需稳定持荷15min或15min以上，记录相应的锚杆(索)位移数据并结束试验。

3.试验结果与标准

(1)试验结果整理。单循环张拉验收试验结果整理应符合图7-4所示的要求。

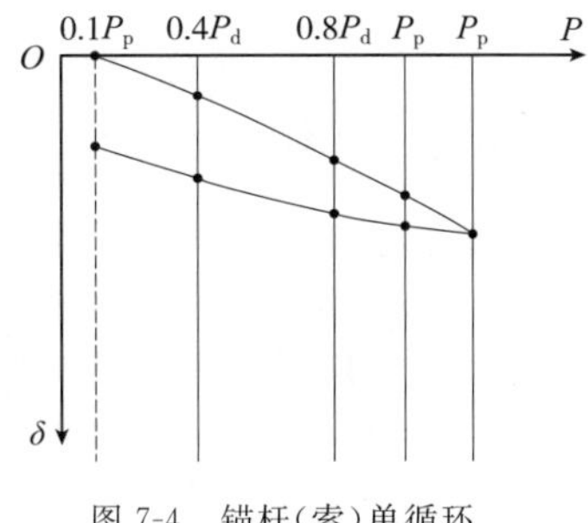

图7-4　锚杆(索)单循环验收试验结果

(2)试验合格标准如下：

①拉力型锚索(杆)合格标准。合格标准为：永久性锚杆(索)抗拔力试验荷载达到1.5倍设计荷载，临时性锚杆(索)抗拔力试验荷载达到1.2倍设计荷载；若加载过程中出现锚杆(索)位移不收敛、钢绞线断丝或拉断、反力结构破坏等情况之一，均判别不合格；锚杆(索)变形满足设计允许值，并与地区经验基本一致；或从50%拉力设计值到最大试验荷载之间所测得的总位移量，应当超过该荷载范围自由段长度预应力筋理论弹性伸长值的80%，且小于自由段长度与1/2锚固段长度之和的预应力筋的理论弹性伸长值，且在最后一级荷载作用下的位移观测期内，锚头位移稳定，即在10min内位移不超过1mm，或者在2h内蠕变量不大于2mm；同时满足上述两个条件，验收试验才合格；否则不合格。

②压力型锚杆(索)合格标准。合格标准为：永久性锚杆(索)抗拔力试验荷载达到1.5倍设计荷载，临时性锚杆(索)抗拔力试验荷载达到1.2倍设计荷载；若加载过程中出现锚杆(索)位移不收敛、钢绞线断丝或拉断、反力结构破坏等情况之一，均判别不合格；锚杆(索)变形满足设计允许值，并与地区经验基本一致；或在最大试验荷载作用下，实测的弹性位移大于锚杆(索)杆体非黏结长度的理论弹性伸长值的90%，且小于锚杆(索)杆体非黏结长度理论弹性伸长值的110%，且在最后一级荷载作用下的位移观测期内，锚头位移稳定，即在10min内位移不超过1mm，或者在2h内蠕变量不大于2mm；同时满足上述两个条件，验收试验才合格，否则不合格。

理论伸长量计算见式(7-1)。

(3)当锚杆(索)验收不合格时,应增加锚杆(索)抽检数量,按锚杆(索)总数30%抽检,再不合格全体锚杆(索)均检测。

(4)附各种仪器标定证书及试验曲线。

第三节 锚固工程质量检测

一、锚杆(索)长度检测

1.检测目的和意义

锚杆(索)长度检测的主要目的是:确定施工完成的锚筋体长度是否满足设计要求,依据锚固工程的设计理论和工程结构特点,通过对锚筋体的长度检测确定锚固深度,确保其锚固段完全穿过潜在的破裂面,且位于稳定土体内。

2.检测内容和方法

锚杆(索)长度检测,其实质内容是通过检测应力波在锚筋体中往返过程中的传播时间与在锚筋体中的波速计算锚筋体的长度。

应力波无损检测的基本原理是:利用应力波在杆件中传播时的时域反射理论进行锚固深度的检测。当应力波在杆件中匀速传播,在介质发生变化时,应力波在介质变化的界面发生反射,检测其入射和反射的时间与波速的乘积可以得到传播的距离,即锚固深度。

检测的主要设备包括JL-MG锚杆质量检测仪和锚索专用耦合装置。锚杆质量监测仪由采集仪、发射震源、检波器和分析处理软件组成。其检测原理是:发射震源产生的弹性波,沿着锚筋体传播并向锚索(杆)周围辐射能量,当遇到端头时会反射回来,检波器检测到反射回波,并由检测仪对信号进行分析与存储。由于脉冲弹性波在锚索中的传播速度是恒定不变的,通过测试脉冲弹性波反射回波的时间可以计算锚索的长度。

3.检测频率与要求

锚杆(索)长度检测的抽检频率一般为10%,检测结果与设计值的误差不超过5%,并及时提交检测成果报告。如果遇有不合格的情况,应加倍扩大抽检频率,查明该边坡锚杆(索)长度的缺损状态,及时报告业主、设计和监理等部门审核并提出整改方案,待整改工作结束后重新抽检。

二、预应力施加质量检测

1.检测目的和意义

施工阶段预应力施工质量的检测目的在于检测锚固工程锁定应力是否满足设计及相关规范要求,确保锚固工程效果。

2.检测内容和方法

施工阶段预应力施工质量检测的主要内容是检测锚固工程锁定的应力是否满足设计要求。

检测开始前首先要标识检测孔位，并注以明确的唯一性标志或编号。锚索孔位较高时应搭设可靠的脚手架和工作平台，工作人员必须佩戴安全帽、安全带等安全保护措施。依次安装张拉千斤顶、位移测量等设备，并调整设备轴心与锚索轴心一致。设备调试完毕即可进行锚下应力检测试验。

应力检测过程按照设计荷载的 0.1 倍逐级加载，荷载每增加一级应持续稳定 5～10min，然后施加下一级荷载。在施加荷载的同时，采用百分表对锚头位移进行量测，记录锚头位移与荷载的关系，根据测得的数据绘制荷载—位移曲线，曲线拐点所对应的荷载即为该锚索的当前预应力值。

3. 检测频率与要求

锚杆(索)预应力施工质量检测的抽检频率一般为 5%，检测结果与设计值的误差不超过 10%，并及时提交检测成果报告。如果遇有不合格的情况，应加倍扩大抽检频率，查明该边坡锚杆(索)预应力施加质量状态，及时报告业主、设计和监理等部门审核并提出整改方案，待整改工作结束后重新抽检。

第八章　边坡工程施工监测

第一节　边坡工程监测概述

一、边坡工程监测的目的和意义

在山区高速公路建设实践中，由于边坡工程问题的复杂性，常由于边坡地质原因、防护设计原因、大气降雨原因及边坡开挖等人类活动的作用和影响，边坡发生失稳，触发滑坡或高边坡变形和破坏，危害坡体稳定与施工安全，并直接影响高速公路边坡工程建设造价与工期。为了防止或减少施工期滑坡等地质灾害可能造成的损失，对边坡工程加强监测具有非常重要的现实意义和经济价值。

边坡变形破坏产生崩塌或滑坡等地质灾害，这一灾变的过程是一个动态变化发展的过程。监视和观测滑坡在孕育、发展和灾变全过程中的各种特征因素和参量，称为边坡工程监测，或称为边坡动态监测。

边坡工程监测的目的是通过监视坡体的稳定与安全，研究坡体的变形发展过程，为设计、施工、养护决策等提供与积累可靠的资料。通过监测可以较准确地把握坡体变形、应力变化，以及地下水活动等动态特征和发展规律，进一步查明坡体病害的性质、规模、成因、滑面形态和滑坡推力等；分析判断坡体稳定性状态及其发展趋势；必要时可进行监测预警或灾害预测预报，以指导边坡工程建设和保障边坡运营安全。边坡工程监测也是边坡防护加固或整治工程效果评估与预测的重要手段之一。

由于坡体工程地质条件、水文地质条件以及岩土力学作用的复杂性，一般的地质勘察不能全面地揭露坡体条件，处治设计也不能完全考虑边坡内部的真实力学效应。因此，为了反映边坡岩土真实力学效应、检验设计施工的可靠性和处治后的边坡稳定状态，边坡工程监测具有重要的意义。

二、边坡工程监测内容和方法

一般地，为了监视边坡的稳定与安全，除了经常采用的宏观变形巡查手段，边坡工程监测主要包括变形监测、应力监测以及水文等其他特征量监测。其中，变形监测主要包括地面变形监测、地下变形监测（坡体内部）以及结构变形监测；应力监测主要包括坡体岩土应力监测（地应力）、结构应力监测（锚索锚杆应力、桩身墙身应力）以及接触应力监测（结构与岩土相互作用）；其他监测包括气象监测、地下水监测、声发射和地温等特征量监测等。归纳边坡工程监测体系如图 8-1 所示。

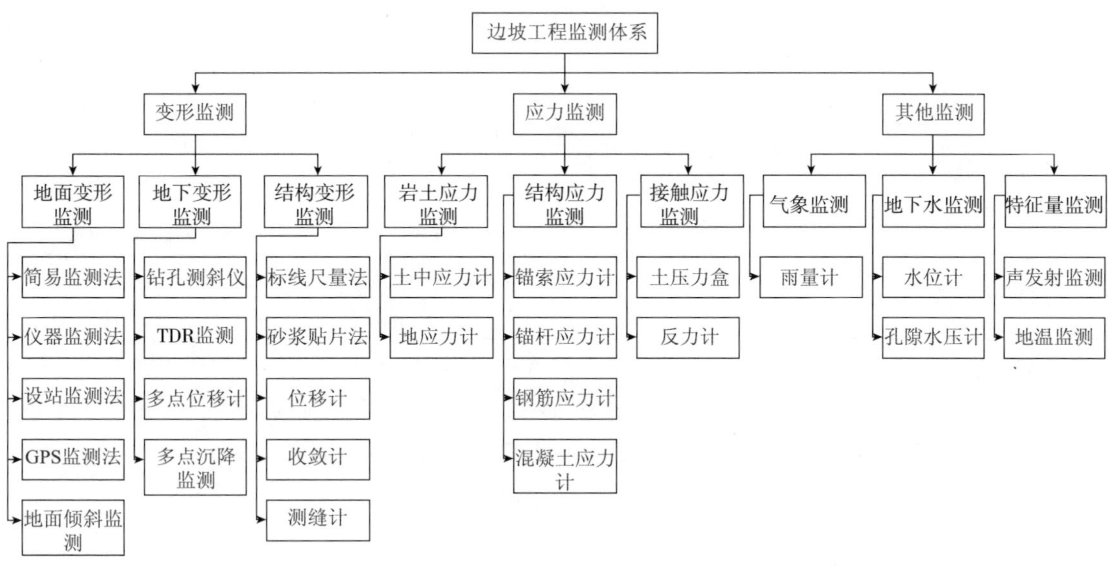

图 8-1　边坡工程监测体系树形图

三、边坡工程监测规定和要求

路堑边坡工程监测，除了需要经常进行宏观巡查，尚需对其地表变形、地下位移、地下水，以及支挡结构和锚固工程结构等进行监测。根据《公路路基设计规范》(JTG D30—2004)的有关规定，路堑边坡工程监测应满足该规范中附表 B-1(表 8-1)和附表 B-3(表 8-2)的规定。

路堑边坡或滑坡监测　　表 8-1

监测内容		监测方法	监测目的
地表监测	水平位移监测	全站仪、光电测距仪	观测地表位移、变形发展情况
	垂直变形监测	水准仪	
	裂缝监测	标桩、直尺或裂缝计	观测裂缝发展情况
地下位移监测		测斜仪	探测相对于稳定地层的地下岩体位移，证实和确定正在发生位移的构造特征，确定潜在滑动面深度，判断主滑方向，定量分析评价边(滑)坡的稳定状况，评判边(滑)坡加固工程效果
地下水位监测		人工测量	观测地下水位变化与降雨关系，评判边坡排水措施的有效性
支挡结构变形、应力		测斜仪、分层沉降仪、压力盒、钢筋应力计	支挡构造物岩土体的变形观测，支挡构造物与岩土体间接触压力观测

预应力锚固工程原位监测内容和项目 表 8-2

预应力锚杆工作阶段	监测内容		监测项目
施工阶段	锚杆体材料	锚杆的工作状态； 锚杆的施工质量	锚杆张拉力； 锚杆伸长值； 预应力损失
	锚固对象	加固效果	被锚固体的位移和变形
工程运营阶段	锚杆体	锚杆的工作状态	预应力值变化
	锚固对象	锚固工程安全状况	被锚固体的位移与地下水状态

其中，边坡的地表变形主要是采用简易观测和全站仪监测；地下位移监测主要是采用钻孔测斜仪监测；地下水监测主要包括地下水水位监测和相应的降雨量监测；支挡结构应力监测主要是采用压力盒进行结构与岩土的接触应力监测；锚固工程应力监测主要是采用锚杆(索)应力计进行预应力损失监测。

第二节 边坡工程施工监测技术

一、简易观测

1. 地表裂缝观测

在边坡地表变形监测的实践过程中，现场的工程技术人员，常结合实际工作情况，因地制宜地创造出许多简易监测方法。这些监测方法无需特殊的仪器设备，监测部位也比较灵活便利，并且只需要进行简单的分析计算就可以得出基本可靠的监测结论。

当边坡地表出现明显的裂缝变形时，为了监测边坡地表裂缝的变形活动和发展情况，基于临时性保障施工、生产、生活及交通运输等安全的目的，在边坡现场经常采用如图 8-2 所示的简易监测方法。

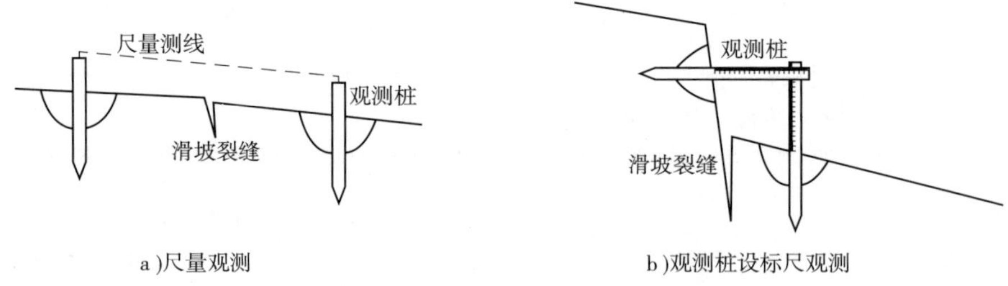

图 8-2 简易观测方法

观测桩应该结合所观测边坡裂缝的发育与展布特点，设在相对稳固的地方。

上述监测方法一般用于边坡产生崩塌或滑坡时的后缘裂缝监测，当出现明显的前缘裂缝时，或舌部向前错出时，这种简易监测方法也常被采用。这种监测方法既简单又实用，但其监测结果比较粗糙，其可靠性存在一定的局限和不足。

边坡地表变形简易监测密度，一般是根据边坡地表裂缝的变形快慢决定的，如表 8-3 所示。最初宜采用 3 天或 1 周监测 1 次。如果边坡地表裂缝变形缓慢，则采用每隔 1 个月或半月监测 1 次。如果边坡地表裂缝进入加速变形阶段，则采取 1 天监测 1 次。如果边坡地表裂缝变形进一步加剧，或者由于结构或工程的重要性及某些特殊目的和要求，尚需加密监测，可以 1 天多次定时监测。

地表裂缝简易观测频率　　表 8-3

变形发展状态	观测频率	备注
变形初期	3 天 1 次或 1 周 1 次	雨季加密
变形缓慢	2 周 1 次或 1 个月 1 次	雨季加密
加速变形	1 天 1 次	工程重要可 1 天多次

2. 建筑变形观测

在边坡坡体变形活动的过程中，位于坡体上的结构物（包括桥梁、隧道、路面结构、护坡、挡土墙、侧沟、天沟、截排水沟、盲沟、检查井、抗滑工程结构，以及工矿房屋建筑等），由于自身结构刚度相对较大，对坡体变形的反映最为直接和敏感。进行边坡建筑变形的监测，可以辅助工程技术人员分析边坡的滑动性质、滑体规模和滑体变形状态，便于掌握边坡变形破坏产生滑坡的原因、稳定程度及其发展趋势。如果建筑物已产生变形裂缝，常可采用如图 8-3 所示的简易观测方法。

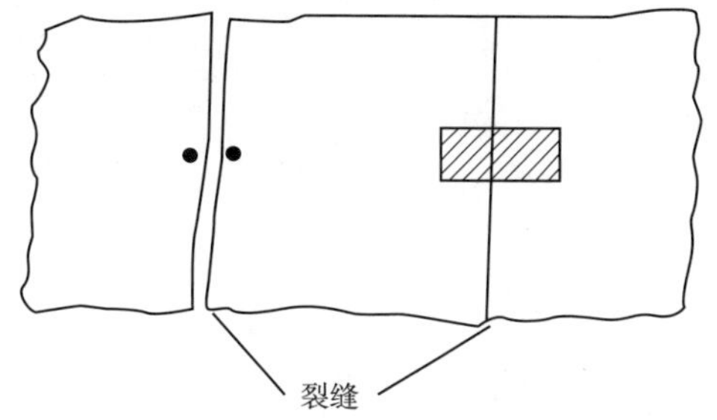

图 8-3　边坡建筑物裂缝监测示意图

对于产生裂缝变形的建筑物，一般采用水泥砂浆贴片监测。砂浆贴片比较简单，一般贴于建筑物变形开裂的代表性部位和裂缝头部的两侧，采用裂缝监测镜或钢尺直接量测，并标注裂缝的位置、产状、性质和状态。对于建筑物变形量较大和变形速度较快的情况，亦可采用裂缝伸缩仪或收敛计进行精密监测。

对于产生下沉变形的建筑物，常在该建筑物上标设固定标志，并设水准基准点，利用水准仪进行下沉变形量监测，其工作原理和技术要求与地表变形水准监测相同。

对于产生倾斜变形的建筑物，简单的监测方法是在该建筑物上、中、下部位分别标设固定标志，采用经纬仪监测各标志点之间的变化；或者用地质罗盘量测其倾角的变化；亦可采用地面倾斜仪进行精密监测。

建筑物变形监测的监测周期，一般要视建筑物的变形速度和建筑物的重要性而定，一般为每月 1 次；如果变形急剧或者建筑物的稳定与安全非常重要，应加密监测，5～10 天需要监测 1 次；如果变形速度缓慢，则可 2～3 个月监测 1 次，如表 8-4 所示。

建筑物变形简易观测频率　　表 8-4

变形发展状态	建筑物重要性	观测频率	备注
变形初期	一般	每月 1 次	雨季加密
变形缓慢	一般	2～3 个月 1 次	
加速变形	非常重要	5～10 天 1 次	

为了确保工程安全，一般需要坚持监测，直至边坡建筑物变形完全终止，或者有关工程施工全部结束以后，方可停止监测。

二、全站仪监测

1. 监测目的

对于那些地表裂缝不甚明显、滑动方向尚不确切、坡体变形比较微小的边坡，采用简易监测方法对边坡地表变形监测有一定的难度，难以达到其监测目的和工程实践的客观要求，则必须建立监测网，采用全站仪等精密仪器进行监测。

2. 监测原理和方法

全站仪监测一般是指建立在监测网的基础上进行边坡地表变形监测的一种监测方法。边坡监测网一般由置镜桩、照准桩、位移监测桩和水准监测桩组成，在边坡体上布设若干条监测线，多条纵、横交错的监测线即构成一个边坡监测网，如十字交叉网、正方格网、放射状网、基线交点网和组合交叉网等。当前大多采用全站仪监测，常用的监测网也相应地改进为基点放射网和基线交会网两种，由测站（置镜桩，后方交会除外）和测点（兼顾位移监测和水准监测）组成，如图 8-4 所示。其中，基点放射网是直接采用全站仪测读坐标的方法，基线交会网又可分为前方交会法和后方交会法，目前常用测边前方交会法。

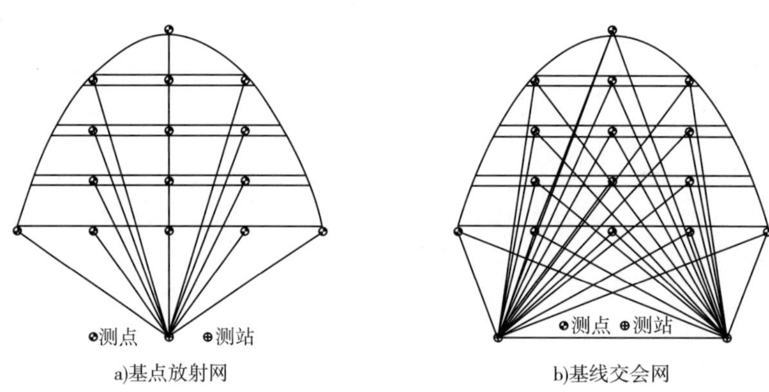

图 8-4　边坡监测网示意图

采用全站仪等精密仪器进行边坡地表变形监测（如监测密度），可参照表 8-3 并结合边坡的具体情况与工程要求确定。

近年来，立体摄影测量等大地测量法也开始在边坡监测中使用，特别是卫星定位系统等高新技术的应用，必将大力推动边坡地表变形监测技术的进步和提高。

3. 监测结果分析与整理

在边坡地表变形监测完成后，或者在其监测工作实施过程中，必须对所取得的数据资料进行判断，鉴别监测资料是否正确，并对大量的监测资料进行去粗取精、去伪存真的计算、分析和整理。必要时尚须进行现场校核和更正，以确保所得的监测资料完全、准确、可靠。

在丰富翔实、准确可靠的边坡地表变形监测数据资料的基础上，通过计算、分析和整理，可以得出如下几个方面的监测成果。

(1)了解和掌握边坡体变形状态。通过将监测资料绘制在边坡平面图上，比较不同时刻的监测资料变化，常以不同的线条和颜色加以区分，可以比较形象直观地把握边坡变形动态和发展规律。

(2)确定坡体变形活动范围,即边坡变形或滑坡周界。一般地,通过比较分析不动监测桩点与滑动监测桩点,可以比较容易地界定边坡变形或滑坡周界位置,特别是边坡地表变形倾斜监测,对于变形微小或缓慢的边坡,将显示其独特的优势和作用。

(3)判定和区分不同变形性质的边坡。一般地,同一边坡不同部位的变形速度和方向存在一定的相关性和规律性,通过分析整理边坡地表变形监测资料,可以辅助确定边坡变形破坏产生滑坡的分块、分级和分条。同时,可以基本确定边坡变形破坏产生滑坡的力学模式和成灾机制,如推动式滑坡或牵引式滑坡,突发高速滑坡或缓慢蠕动滑坡等。

(4)确定滑坡滑动的主轴位置和主滑方向。将边坡地表变形矢量绘制在平面图上,或者绘制各种等值线图,搜索其最值点或特征点,可以比较形象直观地确定边坡滑动的主轴位置和主滑方向,对于边坡整治工程设计和边坡灾害评估与预测具有重要的作用和意义。

(5)预报边坡变形破坏产生滑坡灾害发生的时间。边坡地表变形监测是当前进行滑坡发生时间预报的主要监测手段和方法。在准确可靠的边坡地表变形监测成果资料的基础上,基于可靠的预报理论,采取有效的预报策略,结合边坡变形的宏观迹象以及相关因素,做出准确的边坡变形破坏产生滑坡灾害发生时间预报,及时采取减灾防灾对策,把滑坡灾害可能造成的损失减少到最低的限度。

三、钻孔倾斜仪监测

1. 监测目的

由于边坡的地形、地质条件复杂,物质组成不均,结构强度各异,地表变形和地下变形往往不尽一致。因此,除了进行边坡地表变形监测,还必须进行边坡地下变形监测,了解边坡地下变形的活动状态和变化规律,全面把握边坡坡体的变形动态过程。同时,地下变形监测是探明滑带位置和滑面形态的最直观有效的措施之一。

2. 监测内容和方法

在边坡工程施工阶段,地下变形监测一般采用钻孔测斜仪监测。钻孔测斜仪是近年来国内外使用比较普遍的边坡监测仪器之一。它是利用钻孔打透滑动面直达稳定地层之中,一般深入稳定地层或基岩 3～5m,并且要求下设专门的套管,套管内壁设有十字滑槽,以供测斜探头上下滑行,然后定期将测斜探头放入测斜套管之中,测定不同深度位置上测斜套管的倾斜变化,并可换算孔内不同深度的位移变形。钻孔测斜仪主要由测斜管、测斜探头和读数器三个部分组成,如图 8-5 所示。

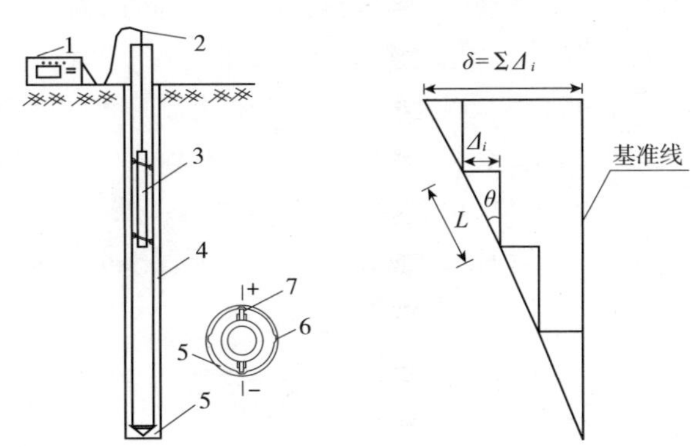

图 8-5　测斜仪量测原理示意图

1-读数器;2-传输电缆;3-测斜探头;4-测斜管;5-孔壁回填;6-导向槽;7-导向轮

这种监测方法对于确定滑动面的位置非常有效,因为钻孔在滑动面处的倾斜变形最大,特别是对于变形微小的边坡,其可靠性和有效性尤为突出。但是,由于测斜套管本身刚度的影响,在一定程度上影响钻孔深部变形监测的精确性和可靠性。特别是对于滑动变形大的边坡，会剪坏或剪断测斜套管，直接影响边坡地下变形的监测。

钻孔测斜仪也可以采用固定的方式将一个或多个测斜探头埋设在一个钻孔内，监测不同深度的倾斜变形。其优点是可以实现实时连续监测，但因其测点布置灵活性较差，且测斜探头和电缆均为一次性投入，不能重复使用，成本较高，一般不被广泛采用。

钻孔倾斜仪监测的监测周期，一般要视坡体变形速度及其重要性而定，如表 8-5 所示。一般为每月 1 次，雨季加密；如果变形急剧，或者其稳定与安全非常重要，应加密监测，可 5～10 天监测 1 次；如果变形速度缓慢，则可 2～3 个月监测一次；如果趋于稳定，可半年监测 1 次，直至稳定 1～2 年后停止监测。

钻孔倾斜仪监测周期 表 8-5

变形发展状态	观测频率	备　注
一般	每月 1 次	雨季加密
变形缓慢	2～3 个月 1 次	雨季加密
变形加剧	5～10 天 1 次	稳定与安全非常重要

3. 监测结果分析与整理

基于钻孔测斜的位移监测，主要是对坡体深部位移进行量测，同时包含对孔口地表处或者滑动面处的位移进行监测；对于坡体深部位移监测，通常以钻孔测斜管底端为基准点向上逐段累计叠加。

初始值一般取钻孔回填灌浆后 1 个月后的读数。经钻孔测斜仪读取的数据，在室内资料整理后，通常绘制出以下各种位移特性曲线。

(1)相对位移—深度曲线，即各测点相对各自初始值的位移随着深度的变化，如图 8-6a)所示。

(2)累积位移—深度曲线，即由孔底累积到各计算点的位移随着深度的变化，如图 8-6b)所示，其中又可分为二者相互正交的 A、B 两个方向以及合成位移随着深度的变化三种曲线。

除了上述两种主要的曲线，还包括位移—时间曲线，位移方向—深度曲线，孔口或滑面位移历时曲线以及孔口合位移矢量图。为了更确切地了解滑动的发展趋势，在监测变形曲线分析时，常考察滑动带(面)处的位移—时间过程曲线，尤其是在坡体发生变形并采取及时防护加固措施的坡体，通过考察滑动带处的位移—时间过程曲线来分析防护加固的工程效果。

在进行监测数据处理时，可以绘制多种位移监测曲线，如相对位移—深度曲线、累积位移—深度曲线、位移过程曲线。通过考察累积位移—深度曲线有无明显相对错动和滑动带出现，并结合最大累积变形量值的大小来判断坡体的稳定状况；通过考察相对位移—深度曲线有无明显单(或双)锯齿状突变变形的出现来分析坡体的稳定状况，以及通过考察位移过程曲线变化的周期性或者趋势性来分析坡体的稳定状况。

对于坡体发生大变形或者出现滑动面的情况，应从以下几方面通过分析监测数据来判断坡体的稳定状态。

(1)绘制孔口地表处或滑动面处的位移—时间过程线，观察位移是持续增长还是呈现周期性起伏或者趋于不变。

(2)绘制不同时间的相对位移曲线，考察相对位移是急剧变化还是缓慢变化，当变化急剧

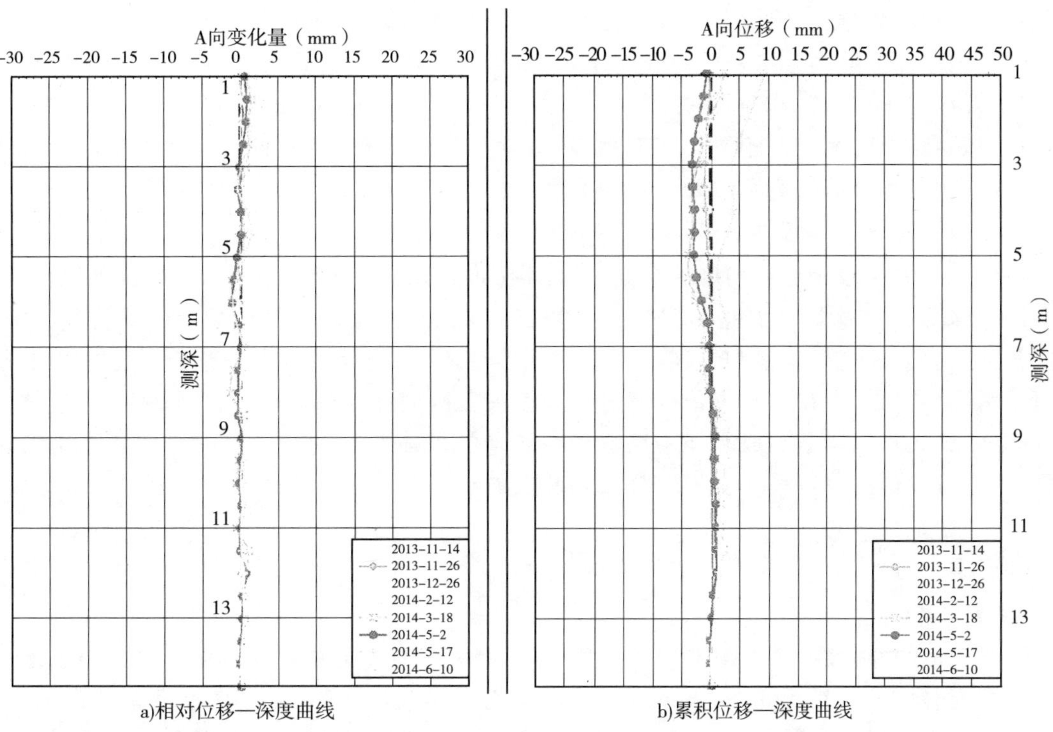

a)相对位移—深度曲线

b)累积位移—深度曲线

图 8-6 边坡钻孔测斜深部位移变形曲线

时，表明坡体的不稳定状态正在发展。

(3)绘制不同时间的位移方向—深度曲线，考察位移方向是急剧变化还是缓慢变化，或者基本不变，变化急剧通常发生在坡体扰动剧烈区。

(4)综合以上各种曲线形态特征，结合累积位移—深度曲线对坡体的稳定状态进行分析判断。

在以上曲线形态特征判断中，要把握曲线形态特征与量值大小两方面的因素来分析。另外还需要注意的是，在对测斜位移监测曲线进行分析时，应综合参考地质资料，依照钻孔岩芯描述进行分析。如果监测所得的位移—深度曲线上斜率突变处恰好与地质上的构造特征协调对应，则可认为该处是滑坡的控制面。在分析位移随时间的变化规律时，地下水位资料及降雨资料也是需要考虑的。

四、降雨量监测

1. 监测目的

大气降雨是边坡变形破坏产生滑坡等地质灾害的主要触发因素之一。一般地，在每年雨季或雨季过后，常有大量的滑坡灾害和其他类型的坡体变形破坏发生，特别是在丰水年份或强暴雨期，滑坡灾害损失更为严重。对潜在滑坡灾害发生区域或滑坡场地进行降雨量监测，可以更清楚地掌握滑坡灾害的发生机理、活动状态和发展趋势，并为滑坡灾害预警和预报服务。

2. 监测内容和方法

在潜在边坡失稳发生滑坡灾害区域或滑坡场地设置降雨量监测，可以是定期记录监测，如年降雨量、月降雨量、日降雨量、小时降雨量和 10min 降雨量；也可以是连续记录监测，即每隔几分钟记录一次数据，同样可以统计计算其年、月、日和小时降雨量。

降雨量监测的监测方法一般都较简单，通常采用普通雨量计进行监测，定期记录降雨量数据，如每天抄记 1 次，或每次降雨抄记 1 次，遇有大暴雨时，尚应记录暴雨强度和持续时间。

近年来，随着电测技术的发展和进步，降雨量实时监测成为可能，即自动采集记录降雨量数据，从而使降雨量监测资料更齐全，监测精度更高，并且监测工作更为便利可靠。

3. 监测结果分析与整理

通过对边坡区域或滑坡场地的降雨量监测数据资料进行整理、分析和归纳，可以得到其年降雨量、月降雨量、日降雨量和小时降雨量等历时动态水平和变化规律，以及降雨持续时间等，并以各种图表方式进行表达和体现。其中，区域降雨量监测成果可以通过研究分析提取临界降雨量指标，从而对潜在边坡失稳区域进行边坡灾害区划和评估，并提出比较可靠的边坡灾害预警结论；场地降雨量监测成果能够反映滑坡场地的坡体变形动态与降雨量变化水平的相关关系，依此可以预测滑坡坡体变形发育状态和发展趋势。

五、地下水动态监测

1. 监测目的

一般地，水是边坡产生滑坡的主要原因之一，特别是地下水的作用和影响。滑坡区地下水是滑坡发育、发展，或复活变形、破坏成灾的重要作用因素，特别是对于大型复杂的滑坡，其水文地质条件更为复杂。滑坡区地下水动态规律与坡体变形活动状态密切相关。对滑坡区地下水动态进行长期监测，可以明确地下水活动与滑坡滑动的相关关系和作用规律，并可检验各种排水工程的工程效果。通过滑坡地下水动态监测，通常可以避免灾难性的滑坡事故的发生。例如，在滑坡急剧大滑之前，其地下水的水位和水质将会发生明显的变化，同时滑坡前缘随着滑坡趾部的前移将会流出大量的泥水，有些常年泉眼可能会变小或变干，有些干涸的泉水可能会重新出水、变浊。从而，根据这些前兆迹象可以及时采取必要的减灾防灾措施，避免灾难性事故发生，防止或减少滑坡灾害损失。

2. 监测内容和方法

滑坡地下水动态监测，常布设在钻孔、泉眼、试坑、隧洞、平孔和沟水等出水部位，监测包括涌水量、水位、水温和水质化学成分等工作内容。其中，水文地质钻孔监测是滑坡地下水动态的主要的和重要的监测项目，一般布设在滑坡区供水部位的主要含水层上；在相似的水文地质条件下，如为同一含水层时，其监测孔数量一般不小于 3 个，以便进行对比和校核；水文地质钻孔应尽量利用地质勘探孔。水文地质监测孔常用不同口径的套管加固孔壁，主要包括三个部分，即管盖、管身和花管（过滤管）。花管位于含水层中，其外侧包裹金属或化纤滤网，在孔底和花管周围填塞砂砾，其上部套管外侧用黏土充填密实，孔口加盖上锁保护。

地下水动态监测的主要内容和方法如下：

(1)涌水量监测。一般在涌水钻孔、泉眼、隧洞和平孔中进行监测。为便于监测，常设堰监测，涌水量不大时，也可采用容积法进行监测。在对泉水监测时，应注意其出水部位的改变、堵塞、复活、浑浊和携流物等情况。

对于滑坡区可能供水的自然沟，也应进行涌水量监测，一般分段设置固定的监测点，采用三角堰监测流量，每条沟在同一时间内自下而上一次监测。

(2)水位监测。常采用测水钟或自记水位计量测，每次水位监测时应连续量测3次，取其接近的两次水位的平均值作为正式记录，量测精度要求控制在1cm之内。

(3)水温监测。在水文地质钻孔中使用缓变温度计量测水温，一般需在水下放置0.5h后取出读数方为可靠。在泉水中可以将普通温度计插入出水口部位量测，5min后即可读数记录，同时做好气温记录。目前，水位水温计的应用使边坡水位、水温监测更为方便和准确。

(4)水质化学成分监测。水质化学成分1年内按季节提取4～6次水样，如在春、夏、秋、冬季季末和水位最高及最低时分别进行取样，然后分别进行水质化学成分化验分析。

滑坡区地下水动态监测期限一般至少1年，必要时可以进行长期监测，直至滑坡变形活动终止。地下水动态监测密度，一般为旱季每月1次；雨季每月不小于2次；雨后应该加密监测，在条件许可时可每隔3～5天监测1次，如表8-6所示。

地下水动态监测周期　　表8-6

季　节	监测周期	备　注
旱季	每月1次	
雨季	1～2周1次	雨后加密，并配合进行场区降雨量历时监测
持续暴雨	3～5天1次	

目前，随着地下水监测技术的发展和监测水平的提高，不间断地连续记录地下水动态实时监测技术的应用日趋广泛，并显示出其独特的精确性和可靠性。在滑坡整治工程施工过程中，特别是在排水工程施工过程中，要随施工进程不断监测受施工影响的测点。另外，同一滑坡区的地下水监测应在同一天内完成，以利于比较分析。

3. 监测结果分析与整理

通过滑坡地下水动态监测，可以将滑坡区地下水的涌水量、水位、水温和水质化学成分等监测资料整理绘制历时曲线或等值线图进行分析，一般常与降雨量和滑坡坡体变形历时资料等一起对比分析，研究其相互关系和相关规律，以明确和把握滑坡的滑动性质、活动状态及其变化规律和发展趋势。

六、岩土与结构应力监测

坡体变形发生和发育的过程，其实际是坡体内部岩土应力变化和发展的过程。为了深入了解坡体变形性质、变形机制、稳定程度和发展趋势，可以进行应力监测。

坡体应力监测包括土中应力监测、结构应力监测和接触(结构与岩土接触)应力监测。通过坡体应力监测可以查明坡体内部岩土与整治工程结构的应力分布、活动状态和发展规律。

岩土应力监测主要包括土中应力监测与地应力监测等内容，对坡体进行岩土应力监测目的是监测坡体内部岩土的应力变化动态。通过土中应力监测，了解坡体应力分布状态，定量解析坡体变形破坏机制，帮助工程技术人员认识坡体变形性质和规模，准确把握其稳定程度和发展趋势。

在边坡应力监测中除了边坡岩土应力监测，对坡体防护结构的结构应力监测也十分重要。结构应力监测主要包括桩板墙、抗滑桩、挡土墙等防护加固结构物应力监测，以及锚固工程中的锚固应力监测。

第九章　边坡工程验收与评估

第一节　边坡工程现场检查验收

一、现场检查验收内容

参照《公路工程质量检验评定标准　第一册　土建施工》(JTG F80/1—2004)，公路边坡工程作为单位工程或独立工程时，其分部工程可划分为土石方工程、支挡加固工程、防护工程、排水工程和附属工程。各分部工程对应的分项工程如下：

1. 土石方工程

(1)土方工程

(2)石方工程

2. 支挡加固工程

(1)锚杆(索)工程

(2)挂网喷锚工程

(3)注浆工程

(4)柔性主动防护网或被动防护网工程

(5)钢筋工程

(6)混凝土工程

(7)砌筑工程

(8)其他加固工程

3. 防护工程

(1)生态防护工程

(2) 圬工防护工程

4. 排水工程

(1)浆砌体排水工程

(2) 混凝土及钢筋混凝土排水工程

(3) 仰斜式排水孔

(4) 集水井

(5) 排水隧洞

5. 附属工程

(1)护栏及扶手

(2)弃土场

边坡工程现场检查验收,应在上述相关分项工程验收合格的基础上,在现场进行外观质量检查和实测项目抽检。

二、现场检查验收方法

边坡现场检查验收时应根据不同分项工程进行检查验收,各分项工程的现场检查验收方法如下:

1. 土方工程

(1)采用全站仪按每 100m 抽测 2 个边坡断面,检查坡面轮廓线和边坡坡度。

(2)检查边坡坡面平顺性。

2. 石方工程

(1)采用全站仪按每 100m 抽测 2 个边坡断面,检查坡面轮廓线和边坡坡度。

(2)检查坡面是否有松动岩石。

(3)检查边坡坡面平顺性。

3. 锚杆(索)工程

(1)检查锚杆(索)孔数是否与图纸一致。

(2)采用全站仪按每个边坡随机抽查锚杆(索)孔位之间的水平间距和垂直间距各 3 个。

(3)检查锚杆(索)孔位在水平和垂直方向的平顺度。

(4)检查锚杆(索)端头的防腐及封锚质量。

4. 挂网喷锚工程

(1)采用取芯机按每 3 点/1 000m^2 进行取芯,检查混凝土厚度及喷层内是否有空洞、杂质。

(2)检查喷射混凝土表面是否有露筋、起皮和漏喷现象。

(3)检查喷射混凝土坡面是否平顺。

5. 注浆工程

(1)按每个边坡随机检查 10 个注浆孔孔口浆液回落高度。

(2)检查注浆孔孔位在水平和垂直方向的平顺度。

6. 柔性网加固工程

(1)采用皮尺按每 500m^2 测量 3 个锚杆或钢柱的间距值。

(2)对于主动网,检查拉锚绳及网片与坡面的密贴程度。

(3)对于被动网,检查钢丝绳与减压环之间的连接平整光洁度,以及网片表面的平顺性。

7. 钢筋工程

(1)检查钢筋是否有外露现象。

(2)检查钢筋是否绑扎牢固。

(3)检查钢筋直径、长度是否正确。

8. 混凝土工程

(1)采用钢卷尺或皮尺按每个边坡对各类混凝土结构抽检 10 处外观尺寸。

(2)按每个边坡抽查 10 处混凝土结构的蜂窝麻面,其面积不得超过该面面积的 0.5%,深度超过 1cm 的必须处理。

(3)检查施工缝的填塞及防腐质量。

(4)检查混凝土表面是否有破损、缺角现象。

(5)混凝土表面平整，施工缝平顺，棱角线平直，外露面色泽一致。

9. 砌筑工程

(1)按每个边坡 3 处的频率破孔检查浆砌体的厚度、水泥砂浆饱满度、石料质量，以及浆砌体是否有空洞现象。

(2)检查伸缩缝或沉降缝是否整齐垂直、上下贯通。

(3)检查泄水孔坡度是否向外，有无堵塞现象。

(4)检查砌体外观质量，表面是否平整，砌缝是否完好、有无开裂现象，勾缝是否平顺，有无脱落现象。

10. 其他加固工程

暂未列入规范、规程或尚未大量推广应用的加固工程，可参照类似工程结构、设计文件要求等进行检查验收。

11. 绿化防护工程

(1)检查坡面绿化是否有空白区域。

(2)检查植被存活率及是否有明显病虫害。

(3)检查坡面植被土层是否存在溜塌现象。

12. 圬工防护工程

(1)按每 3 处/1 000m^2 开孔检查圬工防护的厚度。

(2)检查圬工防护表面是否有破损、塌陷现象。

(3)检查伸缩缝或沉降缝是否顺直，缝内填塞是否饱满。

(4)检查圬工防护表面是否平顺。

13. 浆砌体排水工程

(1)采用钢卷尺按 1 点/100m 量测排水沟断面尺寸及砌筑厚度。

(2)采用水准尺按每个边坡抽查 3 段测量沟底纵坡，每段测量长度不宜小于 5m。

(3)检查砌体内侧及沟底是否平顺，沟底是否有开裂渗漏现象。

(4)检查沟底是否有杂物以及是否有淤塞现象。

14. 混凝土及钢筋混凝土排水工程

(1)采用钢卷尺按 1 点/100m 量测排水沟断面尺寸及浇筑混凝土厚度。

(2)采用水准尺按每个边坡抽查 3 段测量沟底纵坡，每段测量长度不宜小于 5m。

(3)检查混凝土是否有破损、缺角现象，沟底是否有开裂渗漏现象。

(4)检查混凝土内侧及沟底是否平顺。

(5)检查沟底是否有杂物以及是否有淤塞现象。

15. 仰斜式排水孔

(1)采用镀锌管或其他标尺类杆件和测角器按每个边坡检查 3 孔的频率抽查仰斜式排水孔的深度和角度。

(2)检查仰斜式排水孔的引流措施是否合理，是否存在引排地下水在坡面或坡脚漫流渗漏现象。

(3)检查仰斜式排水孔孔位的整体平顺性。

16. 集水井

(1)按每个边坡抽查3个集水井的频率检查集水井的截面尺寸、井深、垂直度及护壁厚度。

(2)按3点/个的频率检查集水井周边渗水孔的数量、长度及角度。

(3)检查集水井壁是否有破损、井底是否有淤积现象。

17. 排水隧洞

(1)采用坡度尺按每座排水隧洞抽查3段洞底纵坡,每段长度不得小于10m。

(2)采用钢卷尺按每座排水隧洞抽查10处的频率检查洞周渗水孔的间距。

(3)按每座排水隧洞抽查10点的频率检查洞周衬砌厚度或支护工程的间距。

(4)检查洞周衬砌或支护工程的完整性和平顺性。

(5)检查洞底是否有淤塞现象以及洞口以外排水是否通畅。

18. 护栏及扶手

(1)检查护栏及扶手材料是否与设计一致。

(2)检查护栏及扶手是否牢固可靠。

(3)检查护栏及扶手表面是否进行有效防锈和防腐处理。

(4)检查护栏及扶手是否顺直美观。

19. 弃土场

(1)检查弃土场是否对周边环境地表排水系统有不利影响,是否采取有效措施予以处理。

(2)检查弃土场边坡是否稳定,以及是否设置有必要的支挡措施。

(3)检查弃土场是否进行合理平整,并有效绿化。

三、现场检查验收标准

公路边坡工程按各分项工程进行检查验收,相关的现场检查验收内容和方法标准叙述如下。

1. 土方工程

土方工程质量检验标准如表9-1所示。

土方工程质量检验标准　　表9-1

序　号	检查项目	允许偏差或允许值	检查数量	检查方法
1	坡面轮廓线(cm)	±20	每100m检查2个断面	全站仪测量
2	坡度	≤设计坡度	每100m检查2处	全站仪测量

注:100m是指边坡沿公路中心线方向的长度。

2. 石方工程

石方工程质量检验标准如表9-2所示。

石方工程质量检验标准　　表9-2

序　号	检查项目	允许偏差或允许值	检查数量	检查方法
1	坡面轮廓线(cm)	+30,−50	每100m检查2个断面	全站仪测量
2	坡度	≤设计坡度	每100m检查2处	全站仪测量

注:100m是指边坡沿公路中心线方向的长度。

3. 锚杆(索)工程

锚杆(索)工程质量检验标准如表 9-3 所示。

锚杆(索)工程质量检验标准 表 9-3

序号	检查项目	允许偏差或允许值	检查数量	检查方法
1	锚杆(索)材料	设计要求	按批抽检	试样送检
2	浆体强度	设计要求	按批抽检	试样送检
3	锚杆(索)长度(mm)	+500,−200	全数	用钢尺量
4	锚固段长度(mm)	+100 −30	全数	用钢尺量
5	锚杆(索)拉力设计值	设计要求	每种类型锚杆总数的5%,且不得少于5根	现场抗拔试验
6	锚杆(索)孔位(mm)	20	全数	用钢尺量
7	锚杆(索)孔径(mm)	≥设计孔径	全数	用钢尺量
8	锚杆(索)数量	设计要求	全数	现场计数

4. 挂网喷锚工程

挂网喷锚工程质量检验标准如表 9-4 所示。

挂网喷锚工程质量检验标准 表 9-4

序号	检查项目	允许偏差或允许值	检查数量	检查方法
1	喷射混凝土强度	在合格标准内	每 1 000m^2检查 1 组(3 块)	现场切割取样
2	喷层厚度	平均厚度≥设计厚度; 检查点的 60%≥设计厚度	每 1 000m^2检查 3 点	凿孔法或钻芯法
3	锚杆数量	≥95%设计数量	全数	按分项工程统计
4	孔位(mm)	150	检查锚杆数的 5%,且不小于 20 根	用钢尺量
5	钻孔深度(mm)	±50	检查锚杆数的 5%,且不小于 20 根	用钢尺量
6	网格尺寸(mm)	±20	每 500m^2检查 3 个网眼	用钢尺量
7	钢筋保护层厚(mm)	≥10	每 1 000m^2检查 3 点	凿孔法或钻芯法

5. 注浆工程

注浆工程质量检验标准如表 9-5 所示。

注浆工程质量检验标准 表 9-5

序号	检查项目	允许偏差或允许值	检查数量	检查方法
1	注浆孔数量	≥95%设计数量	全数	按分项工程统计
2	浆液强度	设计要求	按批抽检	试样送检
3	注浆孔深度(mm)	+500,−200	全数	用钢尺量
4	注浆孔回落高度(mm)	≤500	每个边坡抽查 10 孔	用钢尺量

6. 柔性网加固工程

柔性网加固工程质量检验标准如表 9-6 所示。

柔性网加固工程质量检验标准　　表 9-6

序　号	检查项目	允许偏差或允许值	检查数量	检查方法
1	原材料	设计要求	按批抽检	试样送检
2	混凝土或砂浆强度	设计要求	按批抽检	试样送检
3	锚杆长度(mm)	±50	检查锚杆数的 3%，且不小于 10 根	用钢尺量
4	锚杆或钢柱间距(mm)	±100	检查锚杆数的 3%，且不小于 10 根	用钢尺量
5	拉锚绳或缝合绳张拉	设计要求	每 1 000m^2检查 3 处	手拉无明显松动

7. 钢筋工程

钢筋工程质量检验标准如表 9-7 所示。

钢筋工程质量检验标准　　表 9-7

序　号	检查项目	允许偏差或允许值	检查数量	检查方法
1	主筋间距(mm)	±20	每构件检查 2 个断面	用钢尺量
2	长度(mm)	±100	按骨架总数 30%抽查	用钢尺量
3	钢筋材质、连接性能检验	设计要求	按批抽检	抽样送检
4	箍筋间距(mm)	±20	每构件检查 5～10 个间距	用钢尺量
5	保护层厚度(mm)	±10	每构件沿模板周边检查 3 处	用钢尺量

8. 混凝土工程

混凝土工程质量检验标准如表 9-8 所示。

混凝土工程质量检验标准　　表 9-8

序　号	检查项目	允许偏差或允许值	检查数量	检查方法
1	混凝土强度	在合格标准内	按批抽检	试样送检
2	断面尺寸(mm)	±20	每个构件检查 3 个断面	用钢尺量
3	长度(mm)	+20	全数	用钢尺量
4	相邻间距(mm)	±300	按总数 10%抽检，且不少于 3 处	用钢尺量
5	蜂窝麻面(%)	≤0.5，且最大深度≤10mm	按总数 10%抽检，且不少于 3 处	用钢尺量

9. 砌筑工程

砌筑工程质量检验标准如表 9-9 所示。

砌筑工程质量检验标准　　表 9-9

序号	检查项目	允许偏差或允许值	检查数量	检查方法
1	水泥砂浆强度	在合格标准内	按批抽检	试样送检
2	平面位置(mm)	50	每 20m 检查浆砌体外边线 3 点	全站仪
3	厚度(mm)	±50	每 20m 量测 2 点	用钢尺量
4	高度(mm)	±100	每 20m 量测 2 点	用钢尺量
5	竖直度或坡度(%)	0.5	每 20m 检查 2 点	吊垂线
6	表面平整度(mm)	30	每 20m 检查 1 处，且每个边坡不少于 3 处	2m 直尺

10. 其他加固工程

其他加固工程按设计文件规定的项目及标准进行验收。

11. 绿化防护工程

绿化防护工程质量检验标准如表 9-10 所示。

绿化防护工程质量检验标准　　表 9-10

序号	检查项目	允许偏差或允许值	检查数量	检查方法
1	苗木成活率(%)	≥95	全部	目测
2	绿化覆盖率(%)	≥95	全部	目测

12. 圬工防护工程

圬土防护工程质量检验标准如表 9-11 所示。

圬工防护工程质量检验标准　　表 9-11

序号	检查项目	允许偏差或允许值	检查数量	检查方法
1	水泥砂浆强度	在合格标准内	按批抽检	试样送检
2	厚度(mm)	±50	每 1 000m^2量测 3 点	用钢尺量
3	表面平整度(mm)	50	每 1 000m^2量测 3 处	2m 直尺

13. 浆砌体排水工程

浆砌体排水工程质量检验标准如表 9-12 所示。

浆砌体排水工程质量检验标准　　表 9-12

序号	检查项目	允许偏差或允许值	检查数量	检查方法
1	砂浆强度	在合格标准内	按批抽检	试样送检
2	轴线偏位(mm)	50	每 200m 量测 5 处	经纬仪或尺量
3	沟底高程(mm)	+15	每 200m 量测 5 点	水准仪
4	沟底纵坡(%)	不小于设计	每个边坡量测 3 处	水准仪
5	断面尺寸(mm)	±30	每 200m 量测 2 处	用钢尺量
6	铺砌厚度(mm)	+100，−50	每 200m 量测 2 处	用钢尺量

14. 混凝土及钢筋混凝土排水工程

混凝土及钢筋混凝土排水工程质量检验标准如表 9-13 所示。

混凝土及钢筋混凝土排水工程质量检验标准　　表 9-13

序　号	检查项目	允许偏差或允许值	检查数量	检查方法
1	混凝土强度(MPa)	在合格标准内	按批抽检	试样送检
2	轴线偏位(mm)	30	每 100m 量测 3 处	经纬仪或尺量
3	沟底高程(mm)	±10	每 100m 量测 3 点	水准仪
4	沟底纵坡(%)	不小于设计	每个边坡量测 3 处	水准仪
5	断面尺寸(mm)	±20	每 100m 量测 3 处	用钢尺量
6	厚度(mm)	±20	每 100m 量测 3 处	用钢尺量

15. 仰斜式排水孔

仰斜式排水孔质量检验标准如表 9-14 所示。

仰斜式排水孔质量检验标准　　表 9-14

序　号	检查项目	允许偏差或允许值	检查数量	检查方法
1	排水孔数量	设计要求	全数	现场计数
2	排水孔深度(mm)	+500,-200	全数	用钢尺量
3	排水孔倾角(°)	±2	按 10% 抽检,且不得少于 10 根	角度计

16. 集水井

集水井质量检验标准如表 9-15 所示。

集水井质量检验标准　　表 9-15

序　号	检查项目	允许偏差或允许值	检查数量	检查方法
1	混凝土强度(MPa)	在合格标准内	按批抽检	试样送检
2	底板高程(mm)	±50	每口井量测 3 处	水准仪
3	渗水孔数量	≥95%设计数量	全数	按分项工程统计
4	渗水孔长度(mm)	+500,-200	全数	用钢尺量
5	渗水孔角度(°)	±3	按 10% 抽检,且不得少于 10 根	角度计

17. 排水隧洞

排水隧洞质量检验标准如表 9-16 所示。

排水隧洞质量检验标准　　表 9-16

序　号	检查项目	允许偏差或允许值	检查数量	检查方法
1	混凝土强度(MPa)	在合格标准内	按批抽检	试样送检
2	轴线偏位(mm)	30	每 100m 量测 3 处	全站仪
3	断面尺寸	±50	每 100m 量测 3 处	用钢尺量
4	底板高程(mm)	±20	每 100m 量测 3 处	水准仪

续上表

序　号	检 查 项 目	允许偏差或允许值	检 查 数 量	检 查 方 法
5	渗沟底纵坡(°)	±1	量测3处	角度仪
6	衬砌厚度(mm)	平均厚度≥设计厚度；检查点的60%≥设计厚度；最小厚度≥0.5设计厚度	量测10处	凿孔法或钻芯法
7	支护间距(mm)	±50	每100m量测3处	用钢尺量
8	渗水孔数量	设计要求	全数	现场计数
9	渗水孔深度(mm)	+500,-200	全数	用钢尺量
10	渗水孔间距(mm)	±100	检查总数的3%,且不小于10根	用钢尺量

18. 护栏及扶手

护栏及扶手质量检验标准如表9-17所示。

护栏及扶手质量检验标准　　表9-17

序　号	检 查 项 目	允许偏差或允许值	检 查 数 量	检 查 方 法
1	原材料	设计要求	按批抽检	试样送检
2	中心偏位(mm)	±20	量测3处	全站仪
3	高度(mm)	±50	量测3处	用钢尺量

注:当护栏采用混凝土结构时,参照有关混凝土验收规范执行。

19. 弃土场

弃土场质量检验标准如表9-18所示。

弃土场质量检验标准　　表9-18

检 查 项 目	允许偏差或允许值	检 查 数 量	检 查 方 法
绿化覆盖率(%)	≥95	全数	目测

注:1. 弃土场的支挡工程、排水工程参照相关验收标准执行。
　2. 其他验收项目及标准按设计文件执行。

第二节　边坡工程稳定工后评估

一、工后评估目的

随着时间的推移和环境条件的变化,边坡岩土体将进一步松弛,在地表水和地下水的不断作用下,地质条件呈不断恶化状况发展,特别是遇到灾害性气象如台风暴雨的作用和影响,边坡既有防护加固工程难以维持其长期稳定与安全,如不采取措施将产生不同程度的病害。边坡工程工后长期性稳定需引起高度重视,必要时应采取相应的工程措施,确保边坡工程的稳定和交通安全。

边坡工程工后评估工作目的是通过对边坡工程工点进行现场踏勘与调查,认真排查边坡工程病害，补充收集工程地质与水文地质资料，掌握边坡工程工作现状，并基于边坡工点的工程地质勘察报告和既有工程措施的有效性，综合分析和评价其稳定现状和发展趋势，并提出具体的工程建议，为下一步边坡的病害整治及补强加固提供依据，对边坡的安全使用具有重要的指导意义和实用价值。

二、工后评估内容

边坡工程普查工作主要针对目前边坡工程新生病害情况及边坡工程病害发展的趋势进行调查评估，工后评估工作的主要内容包括：

(1)查清边坡工程稳定性影响因素，具体包括：地形地貌、地质构造、地层岩性、不利结构面发育状态、坡体结构特、地下水赋存与运移规律，以及边坡工程效应。

(2)调查边坡工程主要病害并查清边坡工程新生病害情况，具体包括：查清边坡坡面变形病害、坡体变形病害和防护加固工程结构变形病害等。

(3)结合边坡工程病害发展态势分析其稳定性，基于边坡工程稳定性分析与评价的基本原则和常用方法，结合评估边坡的工程特点和病害发展态势，经过现场调查、重点复查、工程类比、计算分析以及专家会审等分析和研究工作，对边坡工程稳定性进行分析评估。

(4)根据边坡工程的病害情况及发展态势提出其整治工程对策建议等，具体内容为：通过对边坡工程病害的性质和类型进行归纳，边坡工程稳定性的定性或定量分析，治理工程措施的分析比较，提出边坡工程的整治措施或检测、监测方案等。

三、工后评估方法

边坡工程工后评估是基于边坡所在工点的工程地质勘察报告、施工图设计文件或竣工图文件，采用定性分析与定量计算相结合、专人排查与专家会审相结合等方法，具体有：工程地质类比法、地质数据图解分析法、数值分析计算法及工程检测监测评估法等。现将各种方法主要叙述如下：

1. 工程地质类比法

工程地质类比法或工程经验法是基于边坡对象的地形地貌条件、坡体结构特征、岩石力学性质、岩体质量指标、风化破碎程度、构造裂面发育状态，以及地下水活动状况和外部环境条件等工程地质与水文地质条件，参考具有类似工程地质与水文地质条件的既有边坡工程实践或其他相关成功经验，对其坡形坡率及防护加固工程措施等逐项进行合理性与可靠性分析和比对，并进行边坡整体稳定性评价。同时，可以通过分析边坡变形破坏的形成和发展来判断其原因，进而判断当前边坡的稳定状态，并预测其未来发展趋势。工程地质类比法能综合考虑多种因素，快速对边坡的稳定状况和发展趋势进行推测，为勘测定量分析和综合治理创造条件，是现阶段经常采用的稳定性评估方法之一。

2. 地质数据图解分析法

地质数据图解分析法，一般是指针对岩质边坡的坡体性质和结构条件，根据结构面发育状态与组合特征，对其坡体或岩体稳定性进行图解分析和评价。

如图 9-1 所示的球面投影分析，可以用于边坡岩体结构面统计分析与稳定性检验，或称为边坡岩体结构面潜在失稳分析。这种方法是岩质边坡岩体结构面调查分析、结构面及结构面组合对坡体稳定性的不利作用和影响判断，以及边坡稳定程度与潜在变形破坏模式评价的有效手段和重要方法。

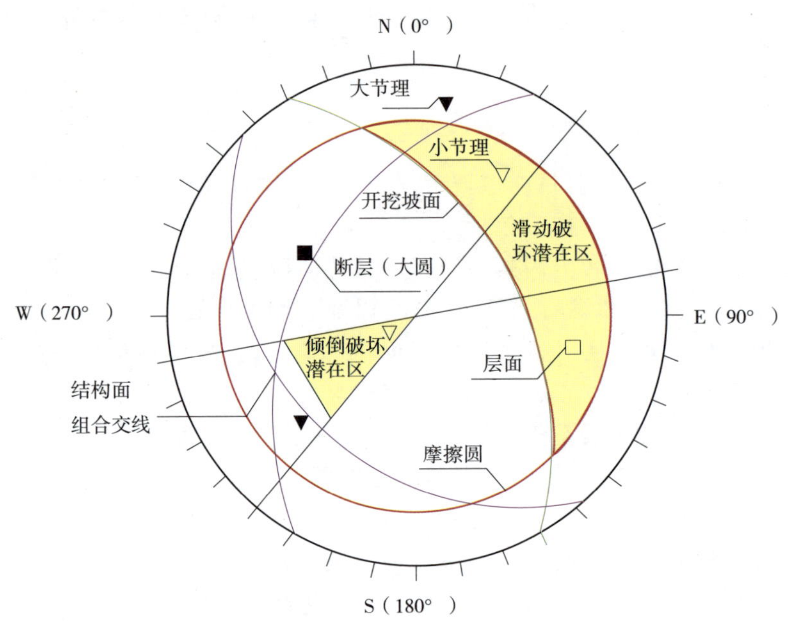

图 9-1　边坡岩体结构面潜在失稳球面投影向量图

结构面类型：□-层面；■-断层；▽-小节理；▼-大节理

图 9-1 中，采用大圆（绿色）投影表示开挖坡面的坡度和坡向，用摩擦圆（红色）表示结构面的控制性强度（综合摩擦角），用向量点标（黑色）表示结构面倾向倾角，用代表结构面的大圆（蓝色）的交点表示结构面的组合交线。如果某一（簇）结构面的向量点标或代表两组结构面组合的大圆的交点落于图示"新月形"的黄色区域，则表示该一（簇）结构面或该两组结构面的组合存在潜在滑动变形或破坏；同样，如果交点落于图示"三角形"的黄色区域，则表示存在潜在倾倒变形或破坏。

3. 数值分析计算评估法

数值分析计算法是通过建立边坡计算模式，确定岩土计算指标，选择特定计算方法，得出边坡稳定程度或安全程度的定量指标和结论，即稳定系数或安全系数。

边坡稳定性评价的定量分析计算法主要有极限平衡分析法和应力应变分析法两大类。前者以条分法和楔形体解析法为代表，后者主要是有限单元法等数值模拟算法。如常用于土质边坡稳定性分析和评价的极限平衡条分法；常用于岩质边坡楔形体稳定性的解析计算法；以及可以用于重点复杂边坡数值模拟分析的应力应变分析法。

4. 工程检测监测评估法

近年来，由于边坡工程检测与监测技术水平的提高与普及，基于客观反映边坡历时活动状态与规律的监控量测资料对重点复杂的边坡工程进行稳定性评价越来越受到广大工程技术人员和有关专家学者的重视，并体现明显的有效性和可靠性。

工程检测监测评估法又可分为工程检测评估法和动态监测评估法。

工程检测评估法是对边坡工程质量及结构应力状态进行检测，通过比对边坡工程设计条件和工作状态要求，进行边坡工程稳定性安全校核评估。动态监测评估法是通过实时监控量测边坡坡体变形、结构应力及其他相关物理特征参量，研究分析其活动动态和发展规律，建立相应的边坡稳定程度分级标准，依此进行边坡稳定性分析和评价，必要时可以建立预警阀值或进行预测预报。工程检测评估和动态监测评估相结合，即工程检测监测综合评估法，是今后边坡工程稳定性评估的发展趋势和重要研究与应用方向。

四、稳定等级与评价标准

1. 边坡稳定等级

综合运用上述边坡稳定性分析计算手段和评估方法，一般地，可以将边坡稳定程度划分为稳定的边坡、稳定性差（或欠稳定）的边坡和不稳定的边坡三个基本等级。

根据《公路路基设计规范》（JTG D30—2004），高速公路路堑边坡稳定程度等级可定量划分为：边坡稳定系数大于 1.2 的为稳定的边坡；边坡稳定系数小于 1.0 的为不稳定边坡；边坡稳定系数介于 1.2 和 1.0 之间的为稳定性差（或欠稳定）的边坡。

由于边坡工程问题的复杂性和多样性，上述基本等级划分在实际工程应用中显得较为粗略，需要进一步细化，以便更准确地描述边坡的稳定状态并采取相应的工程对策。

因此，结合山区高速公路边坡的工程特点，对其边坡的稳定程度等级进行进一步细化和扩展，其扩展分类又可分为稳定、基本稳定、基本稳定但局部稳定差、稳定性差、整体稳定性差且局部不稳定和不稳定六个等级。

2. 等级评价标准

基于边坡不同稳定等级或状态的工程特点与变形规律，总结其相应的定性描述，并结合各阶段边坡稳定性分析计算定量指标，可以综合给出边坡稳定性等级及评价标准，如表 9-19 所示。

路堑边坡稳定性等级及评价标准 表 9-19

<table>
<tr><th rowspan="2">稳定性等级</th><th colspan="2">评价标准</th></tr>
<tr><th>定性描述</th><th>定量指标</th></tr>
<tr><td>稳定</td><td>无变形，无不利稳定因素，防护加固设计充分、质量良好、稳固可靠</td><td>$F_s \geqslant 1.2$</td></tr>
<tr><td>基本稳定</td><td>基本无变形，无重要不利稳定因素，防护加固设计基本可行、质量可靠</td><td rowspan="2">$1.1 < F_s < 1.2$</td></tr>
<tr><td>基本稳定，但局部稳定性差</td><td>基本无变形，局部或浅表层存在变形破坏迹象或者不利稳定因素，防护加固工程设计局部不足</td></tr>
<tr><td>稳定性差</td><td>存在局部坡面或防护结构变形但无严重破坏，明确存在不利稳定因素，或者边坡高陡、结构复杂、工程安全特别重要，或者防护加固工程设计不足、质量一般、针对性不强</td><td rowspan="2">$1.0 < F_s \leqslant 1.1$</td></tr>
<tr><td>稳定性差，且局部不稳定</td><td>局部坡面或防护结构变形破坏较严重，相应防护加固工程设计明显不足</td></tr>
<tr><td>不稳定</td><td>发现较为严重的变形和破坏；存在易滑地层或岩组，或不利稳定的坡体结构条件，或岩体不利结构面发育，或坡体地下水丰富等重要不利稳定因素的作用和影响；或者防护加固工程明显不足、质量粗劣、效果较差或已失效</td><td>$F_s \leqslant 1.0$</td></tr>
</table>

第十章　边坡工程病害整治案例

第一节　工程实例一

一、边坡工程概况

某高速公路 K87＋080～250 左线左侧路堑边坡，边坡区域属亚热带季风气候区，雨量充沛，温暖湿润，年平均降雨量达 1 700mm，降水主要集中在 4～6 月份的梅雨季节和 7～9 月份的台风季节，常有大雨、暴雨等灾害性天气。边坡下方为一个水库，山区冲沟水流及主要降水形成片流均汇入水库内。

路堑区为山区沟谷斜坡地貌，山坡陡峻，自然斜坡坡度 20°～50°，线路穿越斜坡垄岗状山体。

该边坡设计成七级台阶放坡，总坡高约 70m。2004 年 8 月开始进行坡面施工，按设计坡率进行放坡。原方案采用第一级边坡坡率为 1∶0.3，采用挡土墙浆砌块石护坡；第二、三级边坡坡率为 1∶0.75；第四～七级边坡坡率为(1∶1.0)～(1∶1.25)；上部各级边坡为挂网喷播植草。施工中 K87＋150～200 段第一～三级边坡岩体发生变形失稳破坏，产生边坡滑坡病害。边坡主断面图如图 10-1 所示。

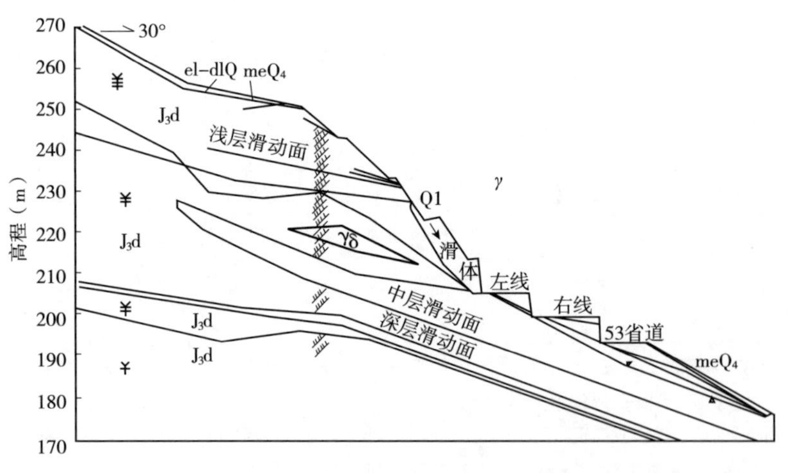

图 10-1　边坡主断面图

二、工程地质特征

该边坡表层残坡积土厚度较薄，边坡主要由强至中风化的流纹岩和玻屑凝灰岩组成。

强风化岩体完整性较差，以碎块状松散结构为主；弱风化的流纹岩层面呈波状起伏，顺倾坡外，下部缓倾，上部稍微变陡。

层面呈球泡构造，层间结合处具有蚀变绿泥石化，岩质变软，易形成软弱夹层。

在流纹岩与玻屑凝灰岩层间结合带有蚀变强烈的软弱夹层，遇水易软化、泥化，易成为后期坡体变形破坏的软弱结构面。

边坡区断裂构造以 NE 向及 NW 向为主，受区域构造作用，边坡区火山碎屑岩流纹岩层状岩体节理裂隙较为发育，风化和蚀变强烈，绿泥石化十分发育，岩体破碎，完整性较差。

坡体中节理裂隙发育，以 NW、NNW 向节理为主，其次为 NE 向。其中的顺坡节理，产状分别为 10°～37°∠30°～48°、107°∠10°、340°∠32°～71°，对边坡稳定十分不利。

三、加固工程措施

受征地和路面施工工期及地形等条件的限制，该路段边坡不具备进一步实施大规模削坡的条件，因此加固边坡成为必然的选择。

针对边坡的实际情况，为了防止坡面及边坡深部岩体沿结构面滑动破坏，采用锚索＋钢筋混凝土框架梁的处治措施，对边坡坡面兼顾深部滑动进行加固，并在坡脚设置抗滑桩进行深部滑动的整体稳定性加固。边坡加固设计断面图如图 10-2 所示。

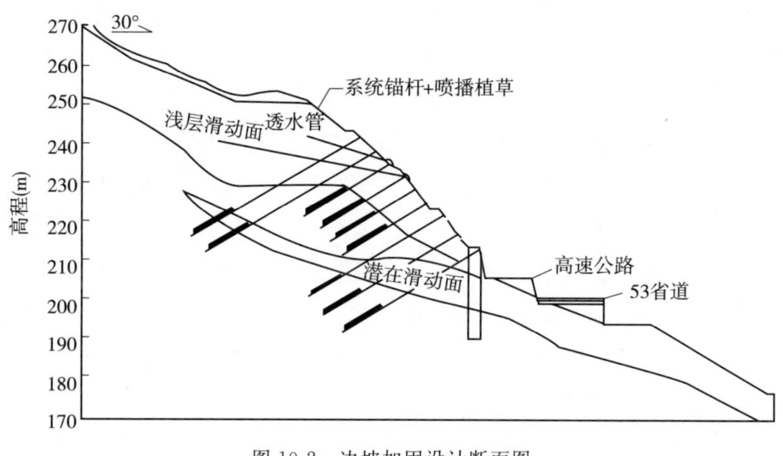

图 10-2 边坡加固设计断面图

除此之外，还加强了深部排水工程，采用打排水孔的方法，降低和减少地下水对软弱结构面的影响。

四、加固治理效果

将预应力锚固工程与抗滑桩技术结合，利用预应力锚索(杆)结构加固边坡的深层潜在滑动面，框架梁既起到反力结构的作用，又能预防掉块落石。

两种加固措施的有机结合，既治理了大规模崩塌病害，又处理了表面松石，取得了较好的加固效果。

从边坡加固工程实施揭示的深部岩体结构特征来看，对边坡的地质判断是合理的。

该边坡加固完成后运营多年，监测结果表明，目前该边坡是稳定的，取得了预期的加固效果。

第二节　工程实例二

一、滑坡工程概况

该滑坡位于某高速公路 K106＋300～＋600 段，边坡位于线路右侧，设计为六级挖方边坡，边坡最大高度 48m，坡率为(1∶1.25)～(1∶1.5)。滑坡全貌如图 10-3 所示。

工程开挖施工后，该段边坡出现数次变形，边坡距线路约 235m 位置的自然山坡上发生拉裂缝，边坡病害演变成滑坡，裂缝呈羽状间断出现；滑坡周界内出现几道次生拉裂缝，裂缝最大宽度 35cm，错台约 20cm，深度约 2m，滑坡右侧拉裂缝明显，滑坡左侧拉裂缝较不明显；已施工完成的部分锚索夹片破坏严重，部分锚索锚垫板受力破坏，锚索框架伸缩缝结合处错动明显。原有的深孔位移监测孔有 3 个孔被剪断，其他检测孔均出现变形迹象。同时在滑坡右边界前缘出现泉点，日出水量为 1.5t。坡脚挡土墙沉降缝错动约 2cm，挡土墙顶端有裂缝迹象。

二、工程地质特征

该滑坡区为丘陵地貌，丘陵高程介于 360～470m，相对高差约 110m，丘陵自然坡度一般为 10°～30°，植被较发育，并屡见大块孤石堆积，丘脊顶部较平缓，坡顶坚硬硅化带裸露。

场区出露地层由新至老主要有第四系覆盖层、白垩系(K1h)的泥质粉砂岩、第四纪覆盖层坡积粉质黏土(Qdl)。

基岩根据地质调查和钻孔揭示，下伏白垩系禾口组(K1h)泥质粉砂岩。根据其风化及裂隙发育程度，可分为以下四层：碎块状强风化泥质粉砂岩(K1h)、弱风化泥质粉砂岩(K1h)、微风化泥质粉砂岩(K1h)、硅化破碎带(F6L)。

区内地下水主要有第四系孔隙潜水和基岩裂隙水两种类型。第四系孔隙潜水主要赋存于粉质黏土中，基岩裂隙水主要赋存于基岩裂隙中，富水性较强，透水性一般，地下水位埋深变化较大，变化幅度达 10～20m，直接由大气降水补给，具有明显的季节特征。

三、加固工程措施

根治工程措施主要包括：锚索抗滑桩、锚索框架、锚索地梁、地表排水工程、地下排水工程、裂缝回填等。

因为 K106 滑坡规模巨大、性质复杂、纵向长度大，所以采取两排抗滑桩进行治理。上排抗滑桩共 31 根，桩截面有 2.4m×3.6m 及 2.0m×2.5m 两种，长度最大为 32m；下排抗滑桩布设于 K106＋330～＋490 段、距离线路中线平距 32m 位置的第二级边坡平台上，抗滑桩共 27 根，桩截面为 2.0m×2.5m，长度最大为 24m，同时辅以其他锚固工程和综合的滑坡治理工程措施。

四、加固治理效果

锚索抗滑桩实施后，取得了较好的加固效果，如图 10-4 所示。根据工后的深部位移监测情况，滑坡加固后处于稳定状态。

图 10-3　滑坡全貌

图 10-4　滑坡治理工程竣工后

第三节　工程实例三

一、边坡工程概况

该边坡位于某高速公路 K45＋320～＋470 段右侧，设计高度为六级，其中第一级边坡坡率为 1∶0.5，第二～六级坡率均为 1∶0.75，边坡最大高度为 48m。

边坡开挖后，高边坡滑坡后缘开裂并发生下错，高边坡滑坡两侧边界裂缝基本贯通，坡脚剪切鼓胀明显，挡土墙推倒，滑坡呈现多级剪出口。

浅层滑体剪出口位于第五级边坡坡脚位置，第四级边坡亦发现剪切鼓胀迹象，滑体主要为坡残积粉质黏土，滑动面为土岩交界面；深层滑体剪出口位于第一级边坡坡脚，滑体主要为坡残积覆盖层、全风化板岩及强风化板岩，主要受坡体中不利结构面控制发生滑动。

当时变形滑坡体的宽度约 180m，坡体长度最大约 110m，滑体厚度最大约 20m，滑坡体体积约 20 万 m^3。由滑体体积判断属于中型的山体滑坡地质灾害，由滑动面埋深判断属于中层滑坡，由滑坡体物质组成判断属于破碎岩质滑坡。

二、工程地质特征

该滑坡所在区域为剥蚀低山地貌，山体形态复杂，沟壑发育，植被较发育，主要以乔灌木为主。山坡地形平顺，自然坡度约 30°，未见基岩出露，人工开挖边坡相对较陡，约 53°。

场区出露地层由新至老主要有第四系覆盖层、前泥盆系(AnD)的板岩等。

经地质钻探、测绘并结合区域地质资料，滑坡区在新构造区划上属于差异性断隆区。

滑坡场区地质构造较复杂，岩体结构破碎，风化深度大，地层岩性为板岩，岩层产状 160°∠45°，岩层层理和边坡坡向切割后呈反倾。

岩体中顺倾节理发育，产状 5°～15°∠24°～35°，该组节理面有构造擦痕，呈黑色，滑动面主要受该组不利顺倾结构面控制，钻孔岩芯中新近滑动面擦痕明显，颜色呈灰绿色、灰黄色。

图 10-5 滑坡加固过程

三、加固工程措施

在原设计基础上，在第一～五级边坡增设锚索框架梁（或十字梁），坡脚挡土墙采用 M7.5 浆砌片石进行砌筑。

在一级边坡富水区域距坡脚 0.5m 高位置布设仰斜式排水孔，间距 4m，长度 15m。

四、治理工程效果

加固施工后，该高速公路一级通车运营，边坡监测资料显示，该边坡目前处于稳定状态，如图 10-5 所示。

第四节 工程实例四

一、滑坡工程概况

某高速公路 ZK227＋600～＋770 段左侧路堑边坡，线路走向为 175°，小里程与荷花大桥左线 1 号桥相接并续接荷花隧道，大里程续接增瑞隧道，线路右侧为荷花大桥右线 2 号桥，地形极为复杂。

该段路基施工开挖切削一座西南向山脊形成高陡边坡，原设为八级，坡高约 68m，实际刷方为十一级，坡高近 90m，以锚索框架为主结合锚杆框架等进行防护加固。

2009 年 10 月，边坡开挖至第四级，设计单位根据边坡刷方地形变化，变更增补和加强锚固工程防护。

2010 年 1 月上旬，边坡刷方至第二级坡面时，受龙岩地区持续降雨触发影响，边坡主体产生较为严重的变形和破坏。为控制边坡变形发展，并保证施工安全，及时采取卸载反压、锚索预张拉和小导管注浆等应急工程措施，有效地控制了边坡变形的加速发展和扩大，为下一步的边坡病害治理工作争取了时间。

二、工程地质特征

场地内上覆地层为坡积含角砾粉质黏土，下伏基岩为侏罗系长林组泥质粉砂岩、粉砂岩、细砂岩等，岩层产状 110∠38°，岩层倾向与坡面大夹角反向相交。

边坡发育多组不利节理面：250∠20°，间距 50～80cm；235∠65°，间距 5～10cm；250∠45°，间距 50～80cm。影响滑坡稳定的构造带主要有如下两个：

（1）构造蚀变带（F1）。褐黄色，原岩为泥质粉砂岩、粉砂岩，受构造挤压蚀变影响，岩芯呈土状，岩体极破碎，遇水易软化。

（2）构造破碎带（F2）。褐黄色，原岩为泥质粉砂岩、粉砂岩，受构造挤压影响，岩芯呈碎块状，岩体极破碎。

三、加固工程措施

加固工程主要采用抗滑桩(桩身设预应力锚索)、锚索框架梁、预应力锚杆框架梁、结合滑坡病害形成初期的坡脚反压措施进行加固。

四、治理工程效果

在滑坡变形初期立即采取措施进行卸载反压,并利用原施工实施的预应力锚索进行预张拉,取得了较好的临时加固效果。加固措施采取前滑坡局部如图 10-6 所示,滑坡全貌如图 10-7 所示;反压后滑坡加固过程如图 10-8 所示。

根据勘察探明的滑坡情况进行设计计算,采用锚索抗滑桩结构结合预应力锚索框架梁对滑坡进行加固,完工后的深部位移监测成果显示,滑坡加固后处于稳定状态,如图 10-9 所示。

图 10-6　加固前滑坡局部

图 10-7　加固前滑坡全貌

图 10-8　滑坡加固过程中(反压后)

图 10-9　滑坡治理竣工后

第五节　工程实例五

一、滑坡工程概况

该滑坡位于某高速公路 ZK6+278～ZK6+457 段,滑坡段路线沿东西向分布的山间峡谷通过,两侧为低山地貌,山顶高程 320～350m,山坡坡度 35°～40°。

图 10-10　加固前古滑坡全貌

ZK6＋278～ZK6＋457 段位于南侧低山山谷谷口，山谷分布扇形残坡积裙。平面呈扇形分布，地形由南北倾斜。中部地形坡度平缓，介于 13°～22°，高程介于 170～230m，地表植被发育，坡积裙前缘地势较陡，坡度 32°～45°。

因修改移动乡村道路破坏了场地力学条件，使原古滑坡体复活，如图 10-10 所示。乡村道路平行于高速公路左侧，乡村道路左侧为古滑坡体主体，高速公路右侧为滑舌前缘。

滑坡体分布于山谷区的残坡积裙内，高速公路施工时复活的滑坡体位于桩号 ZK6＋340～420 左侧残坡积裙，平面形态呈舌状，东西短轴长 60～75m，南北长轴约 200m，如图 10-11 所示。

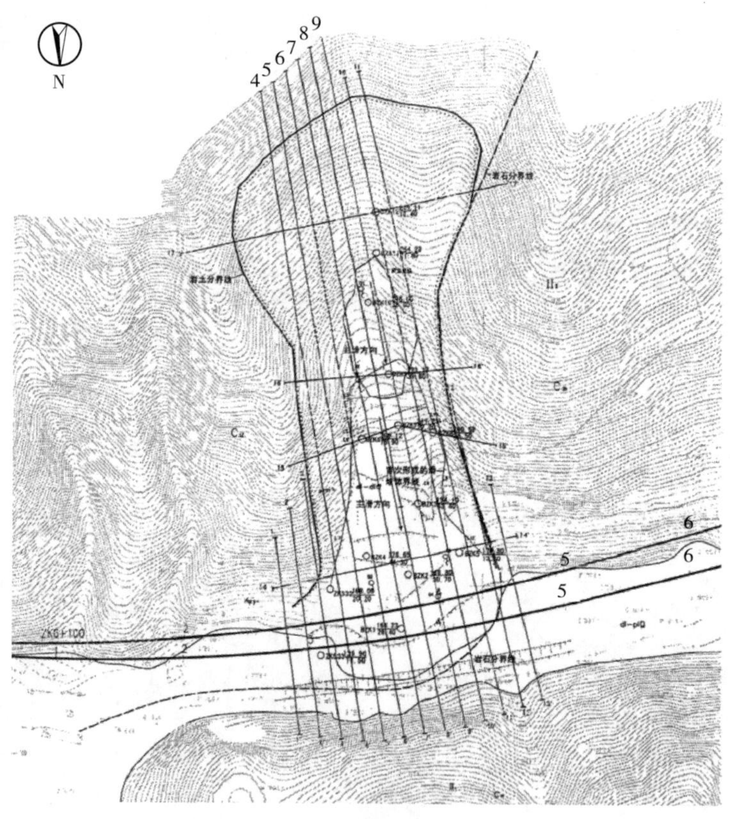

图 10-11　滑坡平面图

滑坡体发生的特征是先靠近路基部分的残坡积体形成拉张裂缝，而继续在其后缘形成新的拉张裂缝。复活的滑动范围分布面积约 9 000m^2，滑坡体总方量 20.1 万 m^3。

二、加固工程措施

该古滑坡复活的原因主要是地表雨水入渗并汇集至滑坡体内。鉴于此实际情况，此处滑坡体的处治应以排水为首要任务，考虑到目前常用的几种排水方式，只有采用排水隧洞方式拦截上方的水源，同时进行相应的特殊处理来适合这里的特殊情况。

最终采用排水隧洞并辅以若干垂直排水孔作为整个滑坡体排水的主要排水措施，并结合抗滑桩支挡及路基排水沟和渗沟的设置来保证路基的稳定。

排水隧洞为 2m×2.25m，设置在滑坡体上部地形较平坦处的下覆基岩里，横贯滑坡体。

除排水隧洞外，在滑坡体坡脚采用 2m×3m 的抗滑桩来支挡，桩间距 6m。

三、治理工程效果

排水隧洞修建完工后，古滑坡的外部诱发因素得到了有效的控制。在坡脚设置抗滑桩，限制了古滑坡在修建排水隧洞期间的滑坡变形，从而保证了高速公路和修建隧洞的安全。经过多年运营，该古滑坡目前处于安全状态。

参考文献

[1] 杨凤伟,王剑锋,论公路工程地质勘察监理[J].工程与建设,2013(3):326-328.

[2] 钱凯,张灵九.高陡岩质边坡地质灾害勘察设计探讨[J].中国新技术新产品,2012(13):75-76.

[3] 张弛宇.边坡治理工程地质勘察问题的探讨[J].科技风,2013(15):143.

[4] 李新安.地质灾害勘察特点及注意事项的分析[J].华章,2013(21):357.

[5] 覃巍山.略谈工程地质灾害防治以及管理措施[J].地球,2013(4):220.

[6] 刘智堃.浅谈山区高速公路崩塌落石勘察设计[J].城市建设,2013(12).

[7] 黄孟伟,李锦育.落石灾害防治[J].亚热带水土保持,2013,25(1):1-4.

[8] 孟振华.危岩落石的综合处理设计[J].四川建筑,2013,33(3):103-104.

[9] 夏洪峰.宜万铁路危岩落石监测预警系统[J].交通信息与安全,2013,31(2):119-121.

[10] 翟继伟.辛泰线危岩落石整治[J].路基工程,2012(3):186-192.

[11] 杨鹏,林宏沛,吕由,等.崩塌块体成因分析及防治策略探究[J].城市建设理论研究,2012(3).

[12] 刘丹,黄己伟.公路沿线落石运动特征及被动防护优化[J].华东公路,2012(5):93-96.

[13] 饶培娟.论边坡滑坡工程治理的地质勘查与防治规范[J].甘肃科技,2012,28(16):34-36.

[14] 吴建成,李永红.山岭重丘区坡面综合防治[J].科技视界,2012(15):254.

[15] 任金龙.铁路路基崩塌落石及冲刷的防治[J].中国科技财富,2012(8):5.

[16] 童玉斌.山体落石、泥石流灾害的预防与整治[J].大陆桥视野,2012(24):141-142.

[17] 张源,施学东.省道 S101 线公路水毁的成因与防治措施[J].黑龙江交通科技,2012,8:50-51.

[18] 张茂省,黎志恒,王根龙,等.白龙江流域地质灾害特征及勘查思路[J].西北地质,2011,44(3):1-9.

[19] 梁玉荣.论山区道路危岩落石机理与防治技术[J].山西建筑,2011,37(22):155-156.

[20] 刘小兰.植被护坡技术理论及应用研究[J].中国科技信息,2011(11):85.

[21] 王勤.丽水山区公路边坡生态防护探索[J].公路交通科技,2011(3):241-243.

[22] 冯根裕.SNS 柔性防护技术在公路边坡防护中的应用与展望[J].黑龙江交通科技,2011(5):37-38.

[23] 聂彪,王建松,高和斌,梁龙龙.高边坡锚索结构预应力检测及补强修复技术的应用[J].岩土工程学报,2011,33(z1):239-241.

[24] 孙羽延.小议常见公路路基病害的类型与防治[J].价值工程 2011,27:110-111.

[25] 赖友兵,祝建华,周斌.浙江农村公路水毁防治经验总结[J].华东公路,2011,5:57-59.

[26] 方文俊,钱善明.浅谈山区公路防治水毁的措施[J].科技创新导报,2011(4):120.

[27] 曹建保.浅析公路路基边坡病害整治技术[J].科技创新导报,2011(10):62.

[28] 熊岚,陈开圣,殷源.贵州省公路边坡防护形式调查分析[J].施工技术,2011,40(346):51-53.

[29] 于连春.山区公路常见水毁及预防探讨[J].公路建设与养护,2011,10:33-35.
[30] 马宁晓,李晓涛,马晓峰.公路路基边坡防护施工技术研究[J].中国新技术新产品,2011(2):76.
[31] 余成武,杨娅筠.治理公路边坡坍塌技术[J].中国高新技术企业,2010(9):133-135.
[32] 唐忠林,张鲲鹏,段茶芹.公路路堑边坡冲刷形成条件探讨[J].公路,2010(5):218-219.
[33] 王伟,肖盛燮,王子健,党鹏飞.土质路基边坡坡面冲刷稳定的模糊综合评判方法及应用[J].交通标准化,2010(13).
[34] 甘岱华.浅析高陡边坡挂网锚喷施工技术应用[J].内蒙古水利,2010(4):31-33.
[35] 任琴雪.新型连锁型混凝土护坡系统[J].山西水利科技,2010(2):35-37.
[36] 吉海碧.浅谈山区公路边坡水毁的防治[J].科技创新导报,2010(14):84-85.
[37] 李随德.浅析天水—巉口二级公路水毁预防与治理[J].甘肃科技,2010,26(17):144-146.
[38] 李莉.锚喷支护施工与质量控制[J].黑龙江科技信息,2010,23:295.
[39] 杨丹,高照宇.浅谈山区公路路基存在的问题及解决措施[J].今日科苑,2009,8:148.
[40] 王月萍.高速公路绿化花灌木管护要点[J].河北林业科技,2009(4):83-84.
[41] 乐建平.山区公路路基病害及防治略论[J].科技资讯,2009,22:39.
[42] 陈洪凯,唐红梅.三峡库区公路缓倾角岩层边坡崩塌机理及警报系统[J].重庆师范大学学报(自然科学版),2009,26(3):26-29.
[43] 王念秦,罗东海.落石灾害空间预测方法研究[J].路基工程,2009(3):198-200.
[44] 何平,邵俊江.杭千高速公路的顺层滑坡问题及其原因分析[J].山西建筑,2009,35(34):286-287
[45] 张开军,殷跃平,张作辰,李晓春.滑坡崩塌泥石流灾害详细调查规范研究[J].水文地质工程地质,2008,35(6):99-102.
[46] 高志伟.地震灾害对山区铁路路基工程的影响与对策研究[J].铁路工程学报,2008(12):14-17.
[47] 贾致荣,郭忠印.公路边坡生态防护的定量评价方法[J].水土保持研究,2008,15(2):260-262.
[48] 沈波,艾翠玲.山区公路排水系统抗水灾评价指标[J].长安大学学报:自然科学版,2008,28(4):11-16.
[49] 程建军,廖小平,王浩,等.滑坡推力计算方法的对比研究与应用[J].水文地质工程地质,2008,35(1):44-47.
[50] 王浩,廖小平,程建军.路堑边坡数值仿真设计的思路与方法[J].路基工程,2008(1):15-16.
[51] 俞红光.杭新景高速公路滑坡治理[D].杭州,浙江大学,2008.
[52] 施斌,刘志彬,姜洪涛.论土体结构各层次的功能及其相互关系[J].工程地质学报,2007,15(5):577-584.
[53] 王浩,廖小平,等.三福高速公路K201滑坡病害的应急工程效果与根治工程对策[J].中国地质灾害与防治工程学报,2007,18(2).
[54] 胡跃苏,施世江,朱震海.杭金衢高速公路K103滑坡处治措施[C]//第七届全国道路与桥隧工程技术学术研讨会论文集,2007:463-466.

[55] 王浩，廖小平，等．三福高速公路 K201 滑坡病害的应急工程效果与根治工程对策[J]．中国地质灾害与防治工程学报，2007，18(2)．

[56] 马朝庆，刘柳岸．山区公路坡面防护措施应用研究[J]．建材与装饰，2007(24)：130-132．

[57] 李峰，朱鹏．降雨诱发边坡失稳的危险性评价[J]．黑龙江交通科技，2007(2)：73-74．

[58] 蒋鹏程．提高铁路路桥的稳定性[J]．中国铁路，2006(7)：65-66．

[59] 李树青，李敬．灌区排水渠道塌坡原因及防治措施[J]．内蒙古水利，2006(4)：41-42．

[60] 李树青，刘振波．沈阳市灌区排水渠道塌坡原因及防治措施[J]．吉利水利，2006(11)：48．

[61] 张季如，朱瑞赓，祝文化．生态护坡材料在路堑边坡侵蚀防护中的设计与应用[J]．华东公路，2006(3)：66-68．

[62] 吴顺川，金爱兵，高永涛．基于广义 Hoek-Brown 准则的边坡稳定性强度折减法数值分析[J]．岩土工程学报，2006，28(11)：1975-1980．

[63] 张领帅，王升玉．Hoek-Brown 经验准则在边坡参数确定中的应用[J]．山西建筑，2006，32(6)：104-105．

[64] 廖小平，刘代文，王浩．特殊地质与灾害防治[M]．兰州：甘肃科学技术出版社，2006．

[65] 廖小平，王浩，安孟康，曹国安．全长黏结型预应力锚杆的数值分析与现场测试[J]．岩石力学与工程学报，2006，25(Supp.2)．

[66] 廖小平，杨伟震．福建山区高速公路边坡工程与锚固技术[J]．公路，2005(8)：79-84．

[67] 刘国荣．常张高速公路路堑高边坡坍塌病害分析与整治[J]．公路与汽运，2005(4)：91-92．

[68] 汪益敏．路基边坡坡面冲刷特性与加固材料性能研究[J]．岩石力学与工程学报，2004，23(4)：708．

[69] 赵允辉．危岩崩塌地质灾害调查评价与防治[J]．中国地质灾害与防治学报，2004，15(z1)：33-38．

[70] 李家春，郭平，周怀治．黄土地区公路排水沟渠出口破坏机理及工程防治[J]．长安大学学报，2004，4(4)：26-30．

[71] 王浩，廖小平．路堑高边坡防护加固工程数值仿真设计技术的探讨[C]//岩土锚固技术与工程应用(中国岩土锚固工程协会 2004 年会文集)，北京：人民交通出版社，2004．

[72] 廖小平．类土质路堑边坡变形破坏类型及其锚固工程对策研究[J]．岩石力学与工程学报，2003，22(supp.2)：2765-2772．

[73] 廖小平．福建龙岩地区公路滑坡灾害规律及其防治工程对策[J]．岩石力学与工程学报，2003，22(supp.2)：2751-2758．

[74] 刘林昌，王金玉．土工合成材料在大秦线路基病害整治工程中的应用[J]．铁道标准设计，2003(1)：33-34．

[75] 王磊，马骉．黄土地区公路排水系统病害防治[J]．长安大学学报，2003，23(1)：15-18．

[76] 倪嘉．浅论路基边坡水害的防治[J]．江苏水利，2003(9)：21．

[77] 朱赞浚，颜志平，杨航宇．公路边坡监测与信息化施工[J]．广东公路交通，2001(增刊)：19-23．

[78] 徐健．Hoek-Brown 强度准则参数的改进算法[J]．重庆大学学报，2000，23(4)：68-71．

[79] 靳晓光，王兰生，沈军辉．岩土工程监测在地质灾害评价预测中的应用[J]．成都理工学院学报，2000，27(supp)：217-220．

[80] 廖小平.边坡工程设计理论与实践[J].科技情报,2000(2):35-36.
[81] 李宁,尹森箐.边坡安全监测的仿真反分析[J].岩石力学与工程学报,1996,15(1):9-18.
[82] 廖小平.一种新的边坡模拟技术[J].路基工程,1993(1).
[83] 廖小平,朱本珍,王建松.路堑边坡工程理论与实践[M].北京:中国铁道出版社,2011.
[84] 刘东明,林才奎.高速公路边坡绿化理论与实践[M].武汉:华中科技大学出版社,2010.
[85] 佴磊,徐燕,代树林,等.边坡工程[M].北京:科学出版社,2010.
[86] 张玉芳,杨延,房锐.高轻型支挡技术及应用[M].北京:科学出版社,2010.
[87] 谭文辉,蔡美辉.边坡工程广义可靠性理论与实践.北京:科学出版社,2010.
[88] 陈洪凯,唐红梅,崔志波等.公路高边坡地质安全与减灾[M].北京:科学出版社,2010.
[89] 杨人光.岩土结构稳定性理论与滑坡预测预报[M].北京:地质出版社,2010.
[90] Lynn M. Highland(美国地质调查局),Peter Bobrowsky(加拿大地质调查局).滑坡灾害防治手册[M].北京:地质出版社,2009.
[91] 张玉芳,王春生,张从明.边坡病害及治理工程效果评价[M].北京:科学出版社,2009.
[92] 张从明,李国峰,等.公路边坡治理措施及安全评价方法[M].北京:人民交通出版社,2009.
[93] 李念.SNS边坡柔性安全防护系统工程应用[M].成都:西南交通大学出版社,2009.
[94] 霍明,王恭先.中国典型工程边坡:交通工程卷[M].北京:人民交通出版社,2008.
[95] 姚爱军,薛廷河.复杂边坡稳定性评价方法与工程实践[M].北京:科学出版社,2008.
[96] 王文忠,冉启发,孙世国,等.高陡软岩边坡控制与智能匹配优化设计技术[M].北京:科学出版社,2008.
[97] 朱彦鹏,王秀丽,周勇.支挡结构设计计算手册[M].北京:中国建筑工业出版社,2008.
[98] 张永兴.边坡工程学[M].北京:中国建筑工业出版社,2008.
[99] 郑颖人,陈祖煜,王恭先,凌天清.边坡与滑坡工程治理[M].北京:人民交通出版社,2007.
[100] 姜德义,朱合华,杜云贵.边坡稳定性分析与滑坡防治[M].重庆:重庆大学出版社,2007.
[101] 郭长庆,梁勇旗,魏进,等.公路边坡处治技术[M].北京:中国建筑工业出版社,2007.
[102] 刘大文,胡建忠.工程安全监测技术[M].北京:中国水利水电出版社,2007.
[103] 王树仁,何满潮,武崇福,等.复杂工程条件下边坡工程稳定性研究[M].北京:科学出版社,2007.
[104] 刘兴远,雷用,康景文.边坡工程设计、监测、鉴定、加固[M].北京:中国建筑工业出版社,2007.
[105] 邹丽春,王国进,汤献良.复杂高边坡整治理论与工程实践[M].北京:中国水利水电出版社,2006.
[106] 陈祖煜.岩质边坡稳定分析—原理·方法·程序[M].北京:中国水利水电出版社,2005.
[107] 陈谦应,蒋树屏,柴贺军,杨建国.山区公路路基稳定理论与实践[M].北京:人民交通出版社,2005.
[108] 郜玉兰,周永昌.地质病害处治应用技术[M].北京:地质出版社,2005.
[109] 王恭先,徐峻岭,刘光代,李传珠.滑坡学与滑坡防治技术[M].北京:中国铁道出版社,2004.

[110] 霍明.山区高速公路勘察设计指南[M].北京:人民交通出版社,2003.
[111] 程良奎.岩土锚固[M].北京:中国建筑工业出版社,2003.
[112] 李建林.卸荷岩体力学[M].北京:中国水利水电出版社,2003.
[113] 陈祖煜.土质边坡稳定分析—原理·方法·程序[M].北京:中国水利水电出版社,2003.
[114] 唐辉明,等.公路高边坡岩土工程信息化设计的理论与方法[M].武汉:中国地质大学出版社,2003.
[115] 中华人民共和国国家标准.GB50330—2010 建筑边坡工程技术规范[S].北京:中国建筑工业出版社,2010.
[116] 杨志法,王思敬,等.岩土工程反分析原理与应用[M].北京:地震出版社,2002.
[117] 宋建波,张倬元,于远中,等.岩体经验强度准则及其在地质工程中的应用[M].北京:地质出版社,2002.
[118] 徐邦栋.滑坡分析与防治[M].北京:中国铁道科学出版社,2001.
[119] 赵长海.预应力锚固技术[M].北京:中国水利水电出版社,2001.
[120] 崔政权,李宁.边坡工程—理论与实践最新发展[M].北京:中国水利水电出版社,1999.
[121] 香港特别行政区政府土木工程署土力工程处.斜坡岩土工程手册[M].香港,1998.
[122] 交通部第二公路勘察设计院.公路设计手册 路基[M].北京:人民交通出版社,1996.
[123] 铁路第一勘察设计院.铁路工程设计技术手册 路基[M].北京:中国铁道出版社,1995.
[124] 台湾地区交通部国道新建工程局.大地工程设计注意事项[M].台北,1994.
[125] Hoek E,Bray J W.岩石边坡工程[M].卢世宗,等,译.北京:冶金工业出版社,1983.
[126] 公路路基设计手册编写组.公路路基设计手册[M].北京:人民交通出版社,1982.
[127] 张倬元,王士天,王兰生.工程地质分析原理[M].北京:地质出版社,1982.
[128] 中国科学院武汉岩体土力学研究所.岩质边坡稳定性的试验研究与计算方法[M].北京:科学出版社,1981.
[129] 浙江省公路管理局.浙江省高速公路施工标准化管理实施细则[S].北京:人民交通出版社,2013.
[130] 浙江省交通工程建设集团.浙江省高速公路施工标准化管理指南[S].北京:人民交通出版社,2013.
[131] 浙江省交通规划设计研究院.DB 33/T 899—2013 山区高速公路勘察设计规范[S].北京:人民交通出版社,2013.
[132] 交通运输部公路局.高速公路施工标准化技术指南[M].北京:人民交通出版社,2012.
[133] 上海市建筑建材业市场管理总站.DGJ 08—37—2012 岩土工程勘察规范[S].上海,2012.
[134] 中华人民共和国行业标准.TB 10027—2012 铁路工程地质勘查规程[S].北京:中国铁道出版社,2012.
[135] 中华人民共和国行业标准.JTG C20—2011 公路工程地质勘察规范[S].北京:人民交通出版社,2011.
[136] 中华人民共和国行业标准.DL/T 5255—2010 水电水利工程边坡施工技术规范[S].北京:中国电力出版社,2011.

[137] 中华人民共和国行业标准. TB 10025—2006 铁路路基支挡结构设计规范[S]. 北京:中国铁道出版社,2006.

[138] 中华人民共和国行业标准. JGJ/T 182—2009 锚杆锚固质量无损检测技术规程[S]. 北京:中国建筑工业出版社,2009.

[139] 中华人民共和国国家标准. GB 50021—2001 岩土工程勘察规范(2009 年版)[S]. 北京:中国建筑工业出版社,2009.

[140] 中华人民共和国行业标准. SL 386—2007 水利水电工程边坡设计规范[S]. 北京:中国电力出版社,2007.

[141] 中华人民共和国国家军用标准. GJB 5055—2006 土钉支护技术规范[S]. 北京:人民交通出版社,2007.

[142] 中交第一公路工程局有限公司. 公路工程施工工艺标准[M]. 北京:人民交通出版社,2007.

[143] 中华人民共和国行业标准. DZ/T 0218—2006 滑坡防治工程勘察规范[S]. 北京:中国标准出版社,2006.

[144] 中华人民共和国行业标准. DZ/T 0219—2006 滑坡防治工程设计与施工技术规范[S]. 北京:中国标准出版社,2006.

[145] 中华人民共和国行业标准. DZ/T 0220—2006 泥石流灾害防治工程勘察规范[S]. 北京:中国标准出版社,2006.

[146] 中华人民共和国行业标准. DL/T 5353—2006 水电水利工程边坡设计规范[S]. 北京:中国电力出版社,2006.

[147] 中华人民共和国行业标准. JTG F10—2006 公路路基施工技术规范[S]. 北京:人民交通出版社,2006.

[148] 中华人民共和国行业标准. TB 10001—2005 铁路路基设计规范[S]. 北京:中国铁道科学出版社,2005.

[149] 中华人民共和国行业标准. CECS 22:2005 岩土锚杆(索)技术规程[S]. 北京:中国计划出版社,2005.

[150] 中华人民共和国行业标准. TZ 212—2005 客运专线铁路路基工程施工技术指南[S]. 北京:中国铁道出版社,2005.

[151] 中华人民共和国行业标准. DL/T 5083—2010 水电水利工程预应力锚索施工规范[S]. 北京:中国电力出版社,2010.

[152] 中华人民共和国行业标准. JTG D30—2004 公路路基设计规范[S]. 北京:人民交通出版社,2004.

[153] 中华人民共和国行业标准. DZ/T 0239—2004 泥石流灾害防治工程设计规范[S]. 北京:中国标准出版社,2004.

[154] 中华人民共和国行业标准. JTG F80/1—2004 公路工程质量检验评定标准 第一册 土建工程[S]. 北京:人民交通出版社,2004.

[155] 中华人民共和国行业标准. GB 50086—2001 锚杆喷射混凝土支护技术规范[S]. 北京:中国计划出版社,2001.

[156] 中华人民共和国行业标准. JTG/T D33—2012 公路排水设计规范[S]. 北京:人民交通出版社,2012.

[157] 王梅. 剥落边坡黄土的土性参数试验研究[D]. 西安:西安科技大学,2010.

[158] 房锐. 公路边坡治理工程效果评价系统研究[D]. 北京:中国铁道科学研究院,2009.

[159] 张晓光. 天山公路南段环境工程地质研究[D]. 成都:成都理工大学,2008.

[160] 毛小敏. 高速公路路堑高边坡稳定性评价及处治技术研究[D]. 武汉:武汉理工大学,2008.

[161] 刘代文. Hoek-Brown 强度准则在岩质路堑边坡工程中的修正与应用研究[D]. 福州:福州大学,2008.

[162] 程建军. 路堑边坡变形特征与发展规律及安全监测评估方法研究[D]. 北京:铁道科学研究院,2008.

[163] 王浩. 岩质路堑高边坡设计理论和方法研究[D]. 北京:铁道科学研究院,2007.

[164] 李建伟. 河北省山区公路边坡生态防护系统研究[D]. 上海:同济大学, 2007.

[165] 张红兵. 丘陵地区路基沉陷加固技术应用研究[D]. 济南:山东大学,2007.

[166] 刘立莉. 公路几何参数快速自动检测技术研究[D]. 长春:吉林大学,2006.

[167] 曲元梅. 公路路基缺陷加固技术的应用研究[D]. 济南:山东大学,2006.

[168] 许义庭. 陕南山区公路水毁调查分析与防治对策研究[D]. 西安:长安大学,2006.

[169] 陈建新. 高速公路路际景观系统研究[D]. 武汉:武汉理工大学,2005.

[170] 李家春. 公路边坡降雨灾害评价方法与指标研究[D]. 西安:长安大学,2005.

[171] 李志英. 重庆市国省干线公路抗灾能力评价研究[D]. 重庆:重庆交通学院,2005.

[172] 冷景岩. 顺倾层状岩石路堑边坡失稳与加固的应用研究[D]. 北京:铁道科学研究院,2005.

[173] 王浩. 类土质路堑高边坡的失稳机理和加固工程对策研究[D]. 北京:铁道科学研究院,2004.

[174] 安孟康. 库岸边坡地下水渗流特征及其成灾规律的研究[D]. 北京:铁道科学研究院,2000.